15,-

Con los perdedores
del mejor de los mundos

Günter Wallraff

Con los perdedores del mejor de los mundos

Expediciones al interior de Alemania

Traducción de Daniel Najmías

EDITORIAL ANAGRAMA
BARCELONA

Título de la edición original:
Aus der schönen neuen Welt
© Kiepenheuer & Witsch GmbH & Co.
Colonia, 2009

Diseño de la colección: Julio Vivas y Estudio A
Ilustración: Günter Wallraff. Fotos © David Klammer, arriba izquierda, y Thomas Rabsch

Primera edición: septiembre 2010

© De la traducción, Daniel Najmías, 2010
© EDITORIAL ANAGRAMA, S. A., 2010
    Pedró de la Creu, 58
    08034 Barcelona

ISBN: 978-84-339-2590-9
Depósito Legal: B. 32228-2010

Printed in Spain

Liberdúplex, S. L. U., ctra. BV 2249, km 7,4 - Polígono Torrentfondo
08791 Sant Llorenç d'Hortons

NEGRO SOBRE BLANCO
Un extraño entre alemanes

Principescos son los jardines junto a los que hemos de pasar. El capitán de la barca, un tipo cachas, nos recibe en tosco dialecto sajón: «Les doy la más cordial bienvenida a bordo de mi barca. Durante el paseo rodearemos la parte principal del parque de Wörlitz, en concreto, los jardines del palacio.»

Soy un pasajero que se ha presentado a tiempo y he sido uno de los primeros en ocupar su asiento en la barca de remos, pequeña y plana y con bancos por doquier. Me siento en la parte trasera, a mi lado todo está libre aunque en el bote hay cada vez más gente. Uno de los pasajeros, un hombre de mi edad que a primera vista no parece antipático –tipo profesor de instituto, de física y matemáticas–, se arrima con cuidado deslizándose por el banco, me mira y me pide algo como si yo fuera el camarero: «Dos cervezas.» Como no reacciono, repite: «Dos cervezas, por favor.»

¿Cómo se le ha ocurrido? No llevo delantal ni botellas de cerveza en la mano, ni vasos, ni un paño para la vajilla; ni siquiera estoy de pie, sino sentado, como él, y allí no hay servicio de bar ni restaurante.

–¿No es del servicio? *Nix service?* –insiste.

–No –contesto–. *Nix service.* –Y de momento me deja en paz.

Sin embargo, el hecho de que yo, con una sonrisa, le haya frustrado los planes, no me hace más simpático a sus ojos. En todo caso, el señor, delgado y canoso, mantiene la distancia, aunque vamos cada vez más apretujados. El patrón de la barca pide a los pasajeros que hagan el favor de avanzar, pero el hombre objeta: «Si queremos, ésa es la cuestión. Al fin y al cabo, quiero disfrutar de este paseo», dice con aspereza. Pero el capitán no tolera excusas y vuelve a pedirlo. Y finalmente el precavido no tiene más remedio que sentarse a mi lado —«muévete un poquito»— bajo las miradas entre compasivas y divertidas de los demás.

Debe de ser por mi aspecto. Soy negro. Llevo una peluca crespa y negra, pero, y esto es algo que ya me había desconcertado durante mis investigaciones para el papel del turco Alí,* casi nadie mira de cerca y le quita a uno el disfraz, ni siquiera cuando uno sólo chapurrea alemán como «Alí» o se hace pasar por «negro».

Durante un año entero emprendo así, disfrazado de negro, un viaje por toda Alemania, tanto por el este como por el oeste. Quiero ser uno más en las fiestas callejeras, busco piso, hago una excursión en barca, intento —con mi «familia negra»— alquilar una plaza para la caravana en un camping, entrar en discotecas y bares, me mezclo entre hinchas de fútbol y me persono ante diversas autoridades.

¿Cómo se vive en Alemania si uno es negro? Eso es lo que quiero averiguar.

¿Sigue siendo sólo un tópico la idea del carácter incorregiblemente xenófobo del alemán? ¿Conocerá mi álter ego negro la Alemania tolerante que tanto se alabó hace apenas unos años, cuando se celebró el Mundial de Fútbol 2006? ¿O al revés? ¿Descubriré que la imagen del coco, tan cuidada por la prensa sensacionalista, el estereotipo del negro que trafica con

---

* Referencia al papel del inmigrante que el autor «interpretó» en su libro *Cabeza de turco*. *(N. del T.)*

drogas, el tramposo solicitante de asilo, el delincuente, es la que prima en los sentimientos del país? Quiero, una vez más, hacer la prueba del tornasol; en una palabra, ver cómo está el patio, y siento preocupación y curiosidad a la vez.

Interpretar este papel no ha sido el resultado de un capricho momentáneo. Hace años ya hice un primer intento, pero abandoné el proyecto porque creía que se me escaparía de las manos. No porque el papel fuese una insolencia para con emigrantes negros o alemanes negros. En cierto modo, cada uno de mis papeles es una impertinencia. Mis investigaciones serían imposibles sin ese paso en terreno «extranjero», sin dominar al propio yo para ser otro. No, si vacilé fue porque temía que me «desenmascarasen» demasiado pronto.

Además, si un blanco quiere transformarse en negro se enfrenta a un problema muy concreto. El maquillaje teatral no basta; hay que emplear algo más eficaz. Un hombre con mucha práctica en ese terreno fue John Howard Griffin. En 1959 viajó un mes entero por los Estados Unidos tiznado de negro y narró sus deprimentes experiencias en el libro *Black Like Me*. Griffin murió demasiado pronto porque los medicamentos que tomaba regularmente para oscurecer la piel de manera permanente le afectaron el hígado y desencadenaron enfermedades graves.

También los dichos racistas de los políticos mantuvieron vivo mi deseo de interpretar el papel de negro; por ejemplo, cuando Edmund Stoiber, ex presidente de Baviera, advirtió contra los peligros del «cruce de razas y la mezcla» del pueblo alemán, o cuando Ronald Schill, ex senador de Interior de Hamburgo, «el juez despiadado», dijo: «De mí todos los negros siempre han recibido algo más»[1] (léase, una pena más alta que la que impongo a los delincuentes blancos). O la visión racista del mundo de Wolf Schneider, el mismo que durante más de veinte años dirigió en Hamburgo la escuela de periodismo más importante de Alemania: «Los negros no son ni de lejos tan inteligentes como los blancos porque los educaron para que sólo emplearan la fuerza física. Si es tan evidente que el Creador quiso hacer a los hombres distintos por fuera, en el color de la piel, la longitud de las piernas, la forma de los ojos, ¿por qué iba a medir la inteligencia en una balanza para pesar oro?»[2] Esa clase de declaraciones reforzaron mi deseo de vivir en mis propias carnes la manera en que el racismo fomentado desde arriba se manifiesta en la vida cotidiana.

Después, hace un tiempo ya, conocí a una diseñadora de máscaras, de París, que utiliza un aerosol especial con el que es posible «cambiar el color» de los blancos, reteñirlos de tal modo que hasta cierto punto parezcan negros «reales». Por fin podía llevar a la práctica el plan tanto tiempo acariciado. Paralelamente a mi investigación surgió un documental.[3] El equipo me acompañó en casi todas las estaciones de mi viaje, llevando, como yo, micrófonos y cámaras ocultas en miniatura.

Pero volvamos a Wörlitz. La barca se desliza y recorre los numerosos canales; a veces se acerca a la orilla, y una pasajera aprovecha la ocasión para coger un helecho y ponérselo en el regazo. Cuando nuestro remero vuelve a acercarse a la orilla hasta rozarla casi, yo también estiro la mano con cuidado. Hay ortigas, y bajo la atenta mirada de los pasajeros sentados a mi lado, abro la mano y me dispongo a cogerlas. Me observan fascinados y con una mirada francamente voluptuosa; nadie considera necesario advertirme.

La barca sigue su rumbo con indolencia, yo estiro la mano muy despacio y saco una planta. A mi alrededor, asombro general; los maliciosos, cuyas miradas he podido estudiar tranquilamente, están un poco decepcionados: no ven espanto en mí, no oyen chillidos. Sacudo la mano con mucho aspaviento, para que me vean bien, como si me sorprendiera que esa planta pique tanto. Una de las mujeres aprovecha la ocasión para presumir de protectora de la flora alemana y me reprende: «¡Eso aquí no se hace! Nosotros no arrancamos nada, imagínese lo feo que estaría esto si todo el mundo lo hiciera.» Y después me explica: «Eso es una ortiga, también se puede usar para curar el reuma.» Y nadie le dice nada a la mujer que antes ha cogido el helecho.

El paseo en barca continúa. Nuestro capitán, el remero, que ya está sudando, pone manos a la obra y empieza a explicarnos las intrincadas relaciones de la familia del príncipe: «Al príncipe Francisco lo obligaron entonces a casarse por orden del rey de Prusia, aunque quería a otra. Quería ser inglés [...] Pero el rey dispuso que se quedara en su país y siguiera gobernando y se casara con la prima. Bueno, pensó el príncipe, quédate con el menor de los males y cásate con la prima del rey.»

–Pero eso está prohibido –digo yo, que no consigo morderme la lengua, y los pasajeros me escuchan divertidos–. Pero eso es... ¿cómo se dice?, un matrimonio amañado, o forzoso, ¡algo por el estilo!

—En aquellos tiempos no –me desasna escuetamente mi vecino.

Cuando el paseo por fin termina y me pongo de pie, se ve obligado a tratarme como a un niño: «¡Despacio, despacio! No te levantes. Somos los últimos.» Después pregunta: «¿Cómo es que hablas tan bien alemán?»

Si bien es cierto que en el banco hemos acortado distancia en lo que al espacio se refiere, no es de recibo que me tutee. Los otros pasajeros, al menos los que no tienen entre sí una relación de confianza, se tratan de usted, y por lo general, en lo que atañe al tuteo, los del este son mucho más reservados que los del oeste.

Contesto que estudié alemán tres años en el Instituto Goethe de Dar-es-Salaam.

¿Y tengo trabajo? No, contesto. Y eso pone fin a la conversación del mismo modo condescendiente en que empezó. El hombre me sugiere que lo intente de culi, y en lo posible, allí mismo. «¡Remar, remar!», dice, y señala el bote del que acabamos de bajar.

Que la aversión a los negros no es cuestión de edad es algo que tengo oportunidad de experimentar después en una zona peatonal de Cottbus. Paso por delante de una joyería y se me ocurre entrar a preguntar por un reloj de pulsera con cronómetro. Una idea espontánea –pienso en mis sesiones de footing– que no tiene nada que ver con mi papel. Entro y la joven dependienta me dice que no vende esa clase de relojes. Sin embargo, acabo de ver en el escaparate un reloj así y se lo señalo. Pero la mujer se pone a venderle algo a otro cliente y al final saca un reloj muy caro. Yo voy a cogerlo simplemente para hacerme una idea del peso, pero ella, con una sonrisa disimulada, sujeta el reloj de pulsera con fuerza.

No puedo imaginar que la mujer ya haya tenido experiencias –y experiencias malas– con clientes negros; pero el miedo al extranjero, exactamente igual que el antisemitismo, no tiene nada que ver con experiencias reales e incluso aparece con más frecuencia cuanto más raro es el encuentro con extranjeros.

Un compañero del equipo, que entra en la tienda en el momento en que yo me marcho frustrado, también pide a la joven que le pase el reloj por encima del mostrador y pregunta, animado por un sentimiento de compasión, si ha temido por la valiosa pieza.

Respuesta de la dependienta: «Sí. Todavía se me ve el sudor frío. Son cosas que no siempre pueden saberse de antemano.»

Mi colega blanco sí puede coger el reloj como si tal cosa; él no tiene ningún problema.

En las regiones más nobles de la República no necesito encajar tales humillaciones. Ni en un restaurante de lujo de la Königsallee, la gran avenida de Düsseldorf, ni en una de las joyerías de más categoría de esa misma calle, y tampoco para probar un Bentley muy lujoso: me permiten dar una vuelta, pero sólo porque con la ropa que he elegido para presentarme tengo pinta de ser un negro muy rico. Incluso el que puede soltar los doscientos cincuenta mil euros que cuesta el coche tiene que esperar ocho meses. No es de extrañar que tanto dinero mueva a la tolerancia. No obstante, tampoco puedo alegrarme por ello en tiempos en que la pobreza hace estragos.

Así y todo, semejantes incursiones en lugares frecuentados por «los de arriba» son la excepción. Por regla general, cuando interpreto mi papel renuncio a narrar una historia personal; soy —cuando me preguntan, cosa que me ocurre muy raras veces— un refugiado de Somalia que no puede volver a su país y que no habla alemán con soltura. Es posible que como un médico negro que hablase un alemán perfecto, o como músico negro, las cosas me fueran mejor. Pero así... No tengo trabajo (como todos los refugiados a los que en Alemania se les prohíbe trabajar) y no puedo alegar capacidades especiales ni experiencia. No soy un colega entre colegas como en el papel de temporero turco, ni como cuando fui redactor del *Bild,* panadero o teleoperador. También en mi papel de indigente fui uno entre iguales, pero... ¿como negro entre blancos?

Soy simplemente el extraño, el extranjero negro, y me presento indefenso y sin un solo valor ante una sociedad educada para rendir. Así pues, las personas que voy encontrando pueden soltar sobre mí sus reflejos racistas —si es que quieren hacerlo—, sin preocuparse por el respeto a una profesión o a unos ingresos determinados, una buena labia o unos bíceps potentes.

«Negro, negro como el de la Heidi Klum»

Es una hermosa mañana de primavera y he salido a buscar piso en Nippes, un barrio céntrico de Colonia. Me abre la casera. Es una mujer de unos cincuenta y cinco años, de aspecto cuidado y actitud decidida, que va directo al grano: precio, fría, caliente, otros gastos, fecha de entrada...; en fin, las cosas de las que se suele hablar en citas como ésta. Va hablando y me pasea por el piso, pequeño y sin muebles, me enseña las dos habitaciones, el cuarto de baño, la vista.

Nos detenemos un poco en el tema limpieza de la escalera, por la que los inquilinos pagan veintiséis euros al mes. Pregunto si no la puede hacer uno, pero ella dice que no por señas: Que para eso tiene su gente, así se garantiza que todo esté siempre limpio. También negociamos un poco la cuestión de la ducha. Compruebo, más para mis adentros, que allí falta una cortina. La mujer aprovecha mi comentario y dice que seguramente yo no querría que me dejase la cortina del anterior inquilino. «¡Con la que ya se ha duchado!»

Me encojo de hombros y replico: «¿Y por qué no? Lo principal es que esté limpia.»

Hasta ahí, todo bien. Una conversación más de las muchas que se mantienen cuando alguien visita un piso en alquiler. Ya he visitado una decena larga, pero no he recibido una sola contestación afirmativa: ¡Alto, no! Aunque una vez sí tuve una oportunidad: el propietario, un hombre exageradamente amable, sospechó, como más tarde dio a entender a un miembro de mi equipo durante una visita, que, pese a tener yo la piel negra y el pelo ensortijado, algo en mí no cuadraba. Cierto parecido con un escritor que tiene la costumbre de disfrazarse.

Ahora, en este piso de dos habitaciones, percibo cierta reserva y rigidez por parte de mi potencial casera, una cortesía profesional, distancia. ¿Discriminación? No exactamente. En caso de discriminación me ocurren cosas completamente distintas.

Para concluir la señora me pide que salga del apartamento. Me despido y le doy las gracias.

«No hay de qué, ha sido un placer», la oigo decir.

Después hace su entrada en escena la «familia Hildebrandt», gente de nuestro equipo; también buscan piso y van equipados con cámara oculta y micrófono.

Antes del montaje definitivo de la película pedimos a los actores involuntarios un consentimiento escrito. Lo sorprendente, lo alarmante, es que casi todos se ratifican en lo que dijeron. En su círculo no tienen por qué avergonzarse; antes bien, para ellos es un honor. Es su convicción, su visión del mundo, y están orgullosos de poder después, en el cine o en la televisión pública, mostrarse como son y tomar partido. Mi potencial casera dijo que sí, que no encontraba nada que impidiera incluir en la película lo que a continuación reproduzco como acta literal de su conversación con la «familia Hildebrandt»:

Señora Hildebrandt: Llegamos un poco pronto...
Casera: No es nada. Yo ya estaba muerta de miedo. Ha venido un inquilino, un negro. A ése no lo puedo aceptar yo en esta casa.
Señor Hildebrandt: Ah, sí, el que acaba de irse.
Casera: Aquí no encaja. Quería echar un vistazo al piso,

aunque claro, por teléfono no puedo saber cómo es. Pero en esta casa no.

Señora Hildebrandt: ¿Qué clase de gente vive en el edificio?

Casera: Qué quiere que le diga. Bueno, extranjeros como ése no. Yo no quería, de ninguna manera, no quería, pero... un negro. Negro como el betún, no me gusta nada. Vayan subiendo al segundo piso, ¿de acuerdo?

Personalmente yo lo habría considerado imposible, una exageración desmedida o una polémica sin mayor importancia, si alguien me hubiera contado que esa mujer se acaloró hasta el punto de quedarse sin aliento, que estaba fuera de sí. Por lo demás, me había tratado con cierta distancia y había hablado conmigo como si yo fuera una persona seminormal.

Casera: Era tan negro, y ese pelo y... ¡no! Eso no puedo soportarlo. Y por teléfono no puedo saberlo. Ha llamado esta mañana.

Señora Hildebrandt: ¿Y después?

Casera: Hablaba un buen alemán.

Señora Hildebrandt: Vaya.

Casera: Eso no se puede ver, no se puede saber si es negro. Pero era negro, negro como el de la Heidi Klum. Por eso me asusté tanto.

Heidi Klum es una modelo muy conocida en la prensa rosa, igual que su marido, Seal, un músico prestigioso de origen nigeriano-brasileño, tratado con cordialidad en la prensa alemana. Con todo, eso no indujo en absoluto a la propietaria a ser más tolerante; a lo sumo impidió que me cerrase la puerta en las narices cuando vio a un negro.

Y ahora la mujer no tiene más remedio que decir exactamente lo que piensa, admitir su repugnancia y el shock.

Casera: Ya sé que hay negros por aquí, en el mercado, pero no sé dónde viven. Pero en esta casa no. Sólo dijo que la limpieza de la escalera era demasiado cara y que podía hacerla él mismo. Y que tampoco había una cortina para la ducha. Claro, le dije, no puedo dejar colgada una cortina que ya han usado otros. ¿Le gustaría que le dejara una cortina usada? Ah, no sería tan malo. Son gente con otra cultura. Aquí no encajan. Y no tiene nada que ver con xenofobia. Pero no encajan. No puedo meterlo aquí. ¿Qué les parece a ustedes? ¿Y si por casualidad cocina con especias picantes? Después me va a oler toda la casa, ¿no? No, eso no. Prefiero esperar, que el piso quede vacío hasta que venga alguien como es debido.

No dudo en absoluto de que la mujer esté plenamente convencida de lo que afirma cuando dice que sus temores y su aversión no tienen «nada que ver con xenofobia». Sin embargo, creo que fue demasiado lista o demasiado cobarde para decirme a la cara que no me aceptaba como inquilino por el color de mi piel. Porque entonces podría haberla demandado amparándome en la nueva ley antidiscriminación. Nadie está obligado a alquilar un piso a un negro; lo único que no se puede hacer es decir que el motivo para rechazarlo es el color de la piel.

Una caminata idílica

«¿Dónde hay por aquí *morras*?»
No espero que el reducido grupo de señores y señoras mayores que se disponen a hacer una caminata por Gummersbach, en el Bergisches Land, me salude al instante con excesivo entusiasmo y me acoja en su seno como senderista novato. De ahí que pretenda romper el hielo con una inofensiva picardía. Pues no hay nada que temer de alguien que, chapurreando ale-

mán, pregunta de una manera tan ingenua y con toda la buena fe del mundo dónde crece la zarzamora.

Sin embargo, salta a la vista que para este grupo de la tercera edad soy sospechoso. A dos señoras que se esfuerzan visiblemente por mantener la compostura sólo les oigo decir que no son de allí. Y el señor mayor, todavía bastante ágil y vigoroso, con pantalones cortos y equipado con un paraguas, y que a todas luces es el cabecilla de un grupo formado únicamente por mujeres, señala en otra dirección y afirma que por allí seguro que encontraré moras.

La participación en este encuentro senderista que organiza el Ayuntamiento de Gummersbach está abierta a todo el mundo. He llegado con un poco de retraso al lugar de encuentro que me indicaron y he dado alcance al grupo de la tercera edad a la salida del pueblo. Ellos pasan por alto mis corteses disculpas por el retraso. Por eso pruebo con las «morras».

Ahora bien, al principio un grupo de senderistas –y se nota que algunos se conocen bien entre ellos– puede mostrar cierta reserva ante los desconocidos, pero aquí me recibe con abierto rechazo.

Aunque nadie responde a mi cordial pregunta: «Pero puedo hacer la excursión con ustedes, ¿no?», sigo andando junto al grupo y hasta ofrezco manzanas a los amigos senderistas. En vano.

Una colega del equipo de rodaje –blanca, naturalmente– también se ha apuntado y a ella le dan espontáneamente la bienvenida. Mi colega pregunta a dos señoras mayores qué es lo que quiero. Las mujeres se despachan a gusto: «Buscar moras. Aunque es probable que quiera otra cosa muy distinta.»

¿Qué podría querer? «Todavía no lo sabemos. En todo caso, no queremos que venga con nosotros.»

Como ya he dicho, parezco más bien ingenuo, no llevo un puñal en el cinturón, sólo una bolsa de la compra en la mano. A juzgar por las apariencias, soy un hombre al que le interesa la naturaleza y sólo quiere caminar en grupo. Pero soy negro.

Vuelvo a preguntar por las «morras» y los caminantes se empecinan en que no espere encontrarlas en el camino, aunque, como llego a saber más tarde, conocen muy bien el lugar. Es casi para echarse a reír. «¿Quizá por ese camino? ¿Al otro lado?», dice el señor mayor, todo un caballero, que quiere librar de mi presencia a las damas y me indica un camino en la dirección totalmente opuesta. Volviéndose hacia mi colega, dice por lo bajo: «Tendríamos que buscar una casa por aquí y desaparecer. Solo no es peligroso, pero, claro, quién sabe dónde ha dejado a los otros. Ayer vi *XY* [la serie de investigación alemana *Aktenzeichen XY ungelöst* de la cadena ZDF]. Si una piensa en todas las cosas que...»

De repente veo que al borde del camino empiezan a aparecer moras y más moras, yo mismo me sorprendo, pues cuando se me ocurrió caerles bien preguntando por esas bayas silvestres sólo había pensado en un *gag*. De pronto exclamo con cierta indignación: «¡Aquí!» Y ellos: «Pero si no hay *morras*.» Aunque está lleno.

Naturalmente, es una situación desagradable para esos señores y señoras de la tercera edad. Han mentido y ahora queda demostrado. Igualmente penosas suenan sus disculpas. «¿Cómo íbamos a saberlo? Es una casualidad que crezcan ahí, junto al camino», dice una de las mujeres. «Sí, pero aún no están maduras», dice otra, y una tercera acude en su ayuda: «No nos quedemos aquí. Sigamos.»

Mientras tanto, a mi valiente colega que se ha apuntado a la excursión, una de las mujeres le confía que cuando termine el paseo van a tomar café juntos. La caminata prosigue, y unos minutos más tarde pregunto si después podremos tomar café. Que no está previsto, me contestan en un tono nada cordial.

Intento entablar conversación con el único hombre del grupo sobre el paraguas que lleva. «¿Y el paraguas también sirve para protegerse del sol?», pregunto, otra vez haciéndome el ingenuo. Y el hombre blande el paraguas como si de un arma se tratase, lo agita en el aire y me hace saber con un tonillo amenazador: «Sí, es una precaución. También por si llueve. Una medida de precaución.»

Al cabo de dos buenas horas de marcha por el itinerario preferido del grupo, llegamos al aparcamiento del que ha salido la excursión. Vuelvo a preguntar por el café. En todas las cadenas de televisión de Alemania comer y beber son un tema de moda, y a lo largo de todo el camino he esperado ganar puntos con mis moras y mis manzanas... Pero a esas alturas la broma con las «morras» hace tiempo que se me ha acabado. Ya no soy consciente del color de mi piel, negro; lo que experimento, después de comprobar que las personas junto a las que he caminado se han mantenido todo el tiempo a distancia, es una dolorosa sensación de inseguridad.

De repente los excursionistas huyen a refugiarse en sus coches. «¡Ahora volvemos a casa!», me mienten las señoras del primer coche, y cuando se marchan alcanzo a verles una expresión de alivio en el rostro.

La segunda acompañante se aleja y dice en voz baja a mi colega, que había apelado a su compasión diciéndole que me habría gustado ir a tomar café con el grupo: «Ah, no, no queremos.»

También se hace valer la única mujer que durante la caminata parecía un poco más abierta y a la que sin duda mi ingenua cordialidad le tocó una fibra. Su comentario –que yo sólo busco compañía– se extingue sin que nadie lo oiga. Tampoco nadie quiere aceptarme en el club excursionista por el que apenas me da tiempo a preguntar. Ni siquiera me dicen cuánto cuesta la inscripción. Que me dirija «al ayuntamiento». Tampoco nadie se ve capaz de llevarme a la ciudad. Una de las señoras dice muy resuelta a la conductora de una furgoneta: «¡Cierra la puerta y arranca!»

La escena tiene algo de absurdo, desde luego. En la película se advierte con total claridad y mueve a risa. Sin embargo, yo he sentido en mis propias carnes toda la humillación que ese grupo de la tercera edad es capaz de prodigar a un desconocido sólo por el color de la piel. Negro.

Busco plaza en un camping, pero «tengo la negra»

Mi siguiente prueba de pertenencia tiene lugar en un camping cerca de Minden, en el bosque de Teutoburgo. Aparco el Mercedes y la caravana en la entrada, y esta vez no estoy solo; somos toda una familia: papá, mamá, dos niñas, una ya casi adulta, la otra pequeña y muy bonita, y todos vamos muy bien vestidos. Un amigo de la Sociedad germano-congoleña me proporcionó el contacto, y les pregunté si estaban dispuestas a participar en un proyecto de rodaje. Las tres son negras de verdad y creen que yo también lo soy; la hija pequeña de «mi» mujer me adoptó al instante como segundo papá y en un santiamén entablamos una entrañable relación mutua.

Delante de la recepción del camping charlan dos huéspedes fijos, es decir, personas que pasan allí casi todos los fines de semana y casi siempre también las vacaciones, en caso de que, ya jubilados, no vivan más o menos el año entero en el camping. Alrededor de las aproximadamente doscientas plazas donde aparcan las caravanas con las ruedas desmontadas crecen pequeños setos, a veces también empalizadas marrones no muy altas. Los que viven en lugares como éste se conocen desde hace años y sus hijos juegan juntos. A todo eso hay que sumar los clientes de temporada y de paso procedentes de países europeos vecinos.

Y allí me planto yo y pregunto por una plaza permanente. A los campistas, que están sentados a una mesa tomando cerveza, casi se les cae la mandíbula. El vigilante y propietario intenta deshacerse de mí: «Pero no es para vivir.» Mira a su alrededor, por si acaso, pues sabe que cada palabra que me dirija tendrá que justificarla ante los presentes.

–Si la acepta... –me dice, tratando de disuadirme de la idea de alquilar una plaza–. Se lo digo únicamente porque es pequeña.

Admito que no le entiendo y pregunto cuál es el problema.

–Sí, el problema... el problema es de dónde es uno, diría yo.

No he dicho nada sobre de dónde somos, si de Wanne-Eickel, Hoyerswerda, Timbuctú u otro lugar. Y él no ha querido mirar el pasaporte. Por lo tanto, le pregunto qué quiere decir.

Finalmente el propietario del camping se decide a hablar:

–Bueno, ¿cómo le diría? Es el color de la piel, si uno es blanco o negro. Eso es un problema. Los evitarán siempre que puedan.

Transijo y le pido que al menos nos permita pasar allí una noche. Acepta de mala gana y nos señala una plaza apartada de las demás. Ya ha oscurecido. Luego el hombre le cuenta sus penas a un miembro de nuestro equipo, que llega a todo correr, también interesado en alquilar una plaza: «Todos son alemanes, luxemburgueses, holandeses, húngaros, pero ya le digo..., blancos.»

Mi colega pregunta si ya tiene experiencia con negros. El vigilante contesta: «Hasta ahora no, pero todos los que conozco viven de nuestro dinero. A nosotros nos da igual de dónde saco yo el dinero. Da igual que esos de ahí paguen [señala con la cabeza hacia nosotros, que estamos en segundo plano dándonos consejos], los otros clientes se irán corriendo. Lo han dejado bien claro: "Si dejas entrar aquí a esos gitanos, nos largamos".» Una confusión singular, pero en algún lugar de su subconsciente debe de haber una conexión entre negros y «gitanos».

–Tampoco sé qué clase de gente es –dice el vigilante a nuestro colega–. Él habla alemán, las otras no; son cosas que siempre...

Un momento. Lo que ese hombre dice es un disparate total; «mi» mujer y «mis» hijas no han dicho todavía una palabra. Están asustadas, dolidas y tristes.

A la mañana siguiente vuelvo a probar suerte; quiero asegurarme un sitio fijo. Pero el encargado nos da la espalda para que todos lo vean y prefiere seguir hablando con los colegas del equipo de filmación, sentados a la mesa de al lado.

Nos damos por vencidos y recogemos nuestros bártulos.

Después conversamos. «Mi mujer», que vive en Alemania hace ocho años y está unida sentimentalmente a un conocido futbolista, dice, lacónica:

–Para nosotros es normal. Sabemos que a muchos blancos no les gustan los negros.

–Te ponen motes tontos –añade «mi» hija, que tiene quince años, está entre los mejores alumnos de su colegio y habla un alemán perfecto–. Los chicos a veces me llaman «negra» o «chocolate». Piensan que no los entiendo. También dicen: «¿Se está quemando algo en alguna parte?» Todo eso me pone muy triste y me entran ganas de volver a mi país, donde todos me entienden. Donde a todos les gusto tal cual soy.

Durante esta conversación, que mantenemos en la caravana, me quitan el maquillaje. La mayor de las dos niñas se queda algo perpleja cuando ve que soy blanco. «Mi» hija pequeña está casi indignada y se aparta de mí. Siente que la he engañado. Es una suerte que tengamos tiempo para seguir un rato juntos. Le explico mi intención y la finalidad de la escena que acabamos de soportar en familia, y, aliviado, compruebo que vuelvo a ganarme su confianza.

Fue Mouctar Bah, mi amigo y asesor ocasional en este papel, el que tuvo la idea de facilitarme una «familia negra» para el episodio del camping. En 2009 recibió la medalla Carl-von-Ossietzky, uno de los pocos momentos felices en un drama que me conmueve profundamente. Mouctar Bah era amigo de Oury Jalloh, un solicitante de asilo que se quemó vivo en una celda policial en 2005, en Dessau. Supuestamente él mismo se prendió fuego con un mechero, aunque después se demostró que estaba encadenado de pies y manos. Mouctar Bah fundó la iniciativa «Oury Jalloh», desde la cual, apoyado por más gente, exigió enérgicamente una explicación jurídica. En 2006 perdió la licencia de un cibercafé, punto de encuentro de afroalemanes y emigrantes negros. En diciembre de 2008 absolvieron a los funcionarios policiales acusados de homicidio por imprudencia. El Tribunal Supremo desestimó la absolución y el juicio se repetirá en 2010.

El «negro» en un huerto de Schreber

Una colonia de huertos de Schreber* ya no es lo que era; ¿o sí? Piso, disfrazado de negro, el cuidado césped del edificio de la asociación de la colonia del barrio berlinés de Marzahn; observo con curiosidad la fiesta que allí se celebra y no tardo nada en mezclarme con el público. Me llama la atención un grupo de niñas que preparan un número de danza del vientre. Esa nota árabe-musulmana me desconcierta, pues el otro único elemento exótico en esta fiesta de primavera soy yo. Ellos también me miran con curiosidad; sin duda piensan que me he perdido y he aterrizado allí por una serie de circunstancias desafortunadas.

Sólo la monitora del grupo de danza, una joven rubia, conecta deprisa. Acaba de enviar a una pequeña a que le ponga el turbante a uno de los señores presentes. Al parecer, el número de la danza del vientre, muy estudiado y ensayado, está dedicado a él, el príncipe de Oriente. La monitora me envía a la niña: «A lo mejor consigues traer al negro aquí delante, ve a ver. Tiene un aspecto tan gracioso.» La niña no se atreve a acercarse y

---

* Jardines o huertos familiares sitos en los alrededores de las grandes ciudades. En Alemania, las primeras colonias organizadas de huertos tuvieron como principal promotor al doctor Gottfried Schreber, de ahí que se denominen *Schrebergärten*. *(N. del T.)*

Con mi amigo y asesor Mouctar Bah.

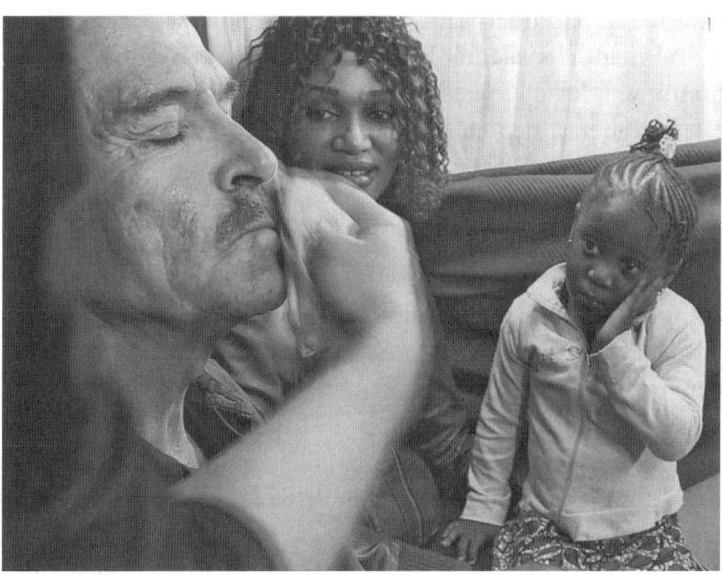

Con «mi» familia negra.

se dirige a otro hombre. «No, Sarah, no estoy de acuerdo, ése es tu papá», dice la joven. «Busca a un extranjero.» Y cuando la niña, obediente ahora, me aborda: «Muy bien, sí, ése. ¿Cómo se llama nuestro amigo?»

Nada de todo eso es un montaje; la casualidad vuelve a mandar y me coloca de repente en el centro de la fiesta. Le contesto a la niña, que ahora tengo delante, sorprendido, abrumado incluso, porque siento las miradas divertidas y maliciosas de los otros invitados: «Kwami.» El exótico nombre tarda un poco en llegar a oídos de la profesora de danza. Después me ponen el turbante, me llevan al frente y me colocan directamente delante del grupo de bailarines. Por lo visto les vengo como anillo al dedo para el exótico número: soy un «ejemplar exótico».

Algunas de las niñas, ya casi púberes, van ataviadas como mujeres jóvenes, y es evidente que les han dicho que tienen que hacer movimientos excitantes para satisfacer las exigencias eróticas de la danza del vientre. Me hace sentir mal el papel que me asignan, el visitante de un harén de niñas. Algunos de los hombres, a los que puedo observar con el rabillo del ojo, juntan las cabezas, ríen con disimulo, agresivos, y me señalan con el dedo.

Al final las niñas bailan la danza del vientre y las miro, si bien desde un lugar destacado; después me quitan el turbante y ya está. No tengo más contacto con los invitados a la fiesta de la asociación. Mi singularidad, el «otro» negro, hasta hace un momento tan bien recibido, se alza como una pared entre los demás y yo.

Sólo la directora del grupo de baile se me acerca; me da tiempo a preguntarle si puedo alquilar un huerto en esa colonia. La mujer a la que me remite me da la dirección del departamento competente.

Unos días después me dirijo a un anexo de la oficina del distrito. Una jovial empleada me tutea de entrada, pero un par de frases después corrige la fórmula de tratamiento porque se da cuenta de que domino tan bien el alemán que soy capaz de distinguir un tú de un usted. El resto son evasivas. No quiere decirme si quedan huertos libres ni darme información sobre cuántas personas cabrían en una caseta como las que hay en los huertos de Schreber. Tampoco consigo que me dé la información que le solicito sobre las normas para hacer barbacoas y celebrar fiestas.

Entre pregunta y pregunta le cuento muy alegre que de vez en cuando me gusta celebrar una fiesta con mi familia y que me gustaría mucho asar carne al aire libre, como veo que hacen los alemanes en uno de cada dos prados. Exagero un poco; el pícaro vuelve a salir a la superficie para tomarle un poquito el pelo a la empleada con mi esperanza de organizar fiestas en uno de esos huertos que unen a los pueblos. La ironía y la provocación son dos actitudes propias no sólo del *Eulenspiegel* alemán,[*] también las dominan personajes muy parecidos, africanos y turcos, Abu Nabás por ejemplo, o Nasredín Hodja.

Pero al parecer la directora de los huertos de Schreber no tiene sentido del humor. «En realidad, no puede encender fuego», dice, aunque en los huertos de los alrededores la gente hace barbacoas tan alegremente. Después pone punto final a la breve conversación con estas palabras: «No es tan sencillo como usted cree.» Primero tengo que inscribirme como solicitante, presentando el pasaporte, y rellenar un formulario. Y saca un formulario y me lo refriega por la nariz, pero no me deja llevármelo. Con todo, intento coger el papel para leerlo, pero ella no quiere aflojar de ninguna manera. Se origina una lucha en toda regla por el impreso, que sin duda se habría roto si el más sensato no hubiera cedido: en este caso, mi yo negro.

---

[*] Personaje literario de finales del siglo XV y principios del XVI, es el pícaro campesino que se burla de los clérigos, los nobles y la gente de la ciudad. *(N. del T.)*

—Me gustaría rellenarlo con mi mujer –le explico–. ¿O acaso es algo secreto?

—Sí, es secreto –responde con arrogancia, y me lo arrebata de las manos.

Que puedo volver la semana que viene, dice; sí, es la fecha de inscripción. Y fuera.

Después, sin embargo, dentro la cosa sigue. Pues toda esa escena se ha desarrollado ante el público, personas interesadas que han acudido allí para consultar la lista de huertos libres. Un grupo de unas doce personas del que no me han dejado formar parte. Alguna que otra también sonrió con sarcasmo cuando se desencadenó la peculiar batalla por el formulario. Una potencial arrendataria que presenció el resto de la representación era un miembro de nuestro equipo. Y a continuación reproduzco textualmente la conversación:

Presidenta: Es otro estilo de vida, otra mentalidad. Y no nos da la gana. No lo permitimos porque en el fondo lo único que quieren es hacer fiestas. No tenemos nada en contra de esa mentalidad, pero no encaja con lo que nosotros queremos.

Interesado 1: No cultivan nada. Sólo dan problemas. Tampoco cortan el césped...

Interesado 2: Es otra cultura.

Presidenta: Tampoco tengo nada en contra de eso, pero está bien claro que ese hombre no encaja en la idea que nosotros tenemos de esto. Sería mejor que fuese a Kreuzberg, a hacer barbacoas en la hierba. Aquí ya tenemos bastante movida, allí eso ya no llama la atención a nadie.

Interesado 3 (de nuestro equipo): Pero hacer carne a la parrilla no está prohibido.

Interesado 1: Ya, pero ellos tienen una mentalidad que... Y no es que vayan a asar un cochinillo, sino directamente un cerdo. [¿Por qué precisamente un cerdo? Yo, por cierto, por principio no como carne de cerdo, esos animales explotados de un

modo tan inhumano; además, habría podido ser musulmán.]
Y ya nos hemos dado cuenta. ¡No usan carbón de leña, sino leña de verdad! Del techado, probablemente.
Presidenta: Música y baile, de acuerdo, no tenemos nada en contra. Pero no de esa manera. A ésos les decimos que no de entrada. Por eso exageré tanto. Y la semana que viene, si vuelve con la mujer, pienso exagerar aún más, para que se vayan y no vuelvan. ¡Qué significa esto!

Esto probablemente significa la variante moderna del racismo: «No tengo nada en contra de ellos. Pero, por favor, aquí no. Aquí no encajan.» El racismo rancio niega al otro en general la dignidad humana y el derecho a la existencia, y es perfectamente palpable cuando el extraño se atreve a adentrarse en la jurisdicción del blanco. El racista moderno lo trata de otra manera. Le reconoce dignidad humana y el derecho a la existencia, pero de un modo abstracto, sólo mientras se mantenga a distancia. Con todo, en su círculo, el blanco sigue tratándolo indignamente. La diferencia no es únicamente teórica ni mucho menos, sino también manifiesta; eso fue algo por lo que tuve que pasar más tarde. Aunque, como no tengo más remedio que admitir, las transiciones son fluidas.

Hago una segunda experiencia con autoridades administrativas, esta vez en Baviera. Junto con un amigo, un alemán negro, pretendo informarme sobre los requisitos para obtener una licencia de caza. Paseando alegremente nos dirigimos los dos a la oficina competente y preguntamos con mucha amabilidad cuáles son las condiciones para la prueba y cuánto puede durar el curso. Detrás del escritorio, la mujer se queda absolutamente alelada por nuestro aspecto y llama de inmediato a su superior, que está en el despacho contiguo. Que no hay ninguna posibilidad, nos dice el jefe con cara de hombre importante.

Insistimos en nuestra petición y preguntamos por los gastos que hemos de prever. El jefe reacciona irritado: No, en primer lugar es necesario un documento de identidad, cosa que nosotros probablemente no tenemos.

Menudo necio. Como si los «emigrantes ilegales», como se llaman en el alemán oficial, se presentasen voluntariamente a la autoridad. Le aseguro que somos ciudadanos alemanes y que traeremos los documentos con mucho gusto. Ahora sólo queríamos saber si ya podíamos rellenar una solicitud y si había que aportar otra documentación.

El funcionario nos previene cada vez más encolerizado: Que nos vayamos, que ya es suficiente, y amenaza con llamar a la policía si no abandonamos el edificio en el acto. Imagínense: ¡Por solicitar una licencia de caza!

Para los negros alemanes episodios como éste son el pan de cada día. En los departamentos de la administración, en las estaciones de ferrocarril, en los controles aduaneros que se llevan a cabo en los trenes..., da igual dónde; por el color de la piel siempre son sospechosos, son los únicos que tienen que pasar controles o a los que les piden la documentación con brusquedad. No hace mucho tiempo que Charles Friedek, alemán y negro, y ex campeón mundial de triple salto, se quejó en una entrevista concedida a un periódico de esa forma cotidiana de racismo: «Ahora ya soy un hombre maduro y más viejo, y esas cosas ya me tienen sin cuidado. Pero no hace mucho me enfadé de verdad. Bajo del avión, dejan pasar a todos y ¿a quién detienen? A mí. ¿Por qué? Porque soy el único pasajero de color.»

«¡En toda la jeta! La peña alemana»

Los sociólogos no se ponen de acuerdo en lo que respecta al número de personas que en Alemania siguen teniendo actitudes racistas agresivas contra los negros. Lo seguro es que partes no desdeñables de la sociedad necesitan el racismo como aglutinante ideológico para asegurarse su identidad «nacional» y su grandeza imaginaria. Pertenecen a la clase de personas más desagradables que he conocido a lo largo del viaje. Los estudios calculan que entre el 30% y el 60% o más de la población –un porcentaje considerable– tiene prejuicios racistas.[4] Y puede darse por sentado que aproximadamente una tercera parte de los alemanes son racistas declarados.

Aunque son minoría, envenenan la atmósfera y marcan el tono en la calle y en todos los lugares donde aparecen cuando la «mayoría silenciosa» escurre el bulto, calla, mira para otro lado y deja hacer a la minoría que busca camorra. Se pueden leer noticias en todos los periódicos: en la época del Mundial de Fútbol 2006, ese «cuento de hadas de verano», se informó también sobre la existencia de zonas *no-go* para negros en el este de Alemania.[5] Los racistas no se dieron por vencidos ni siquiera cuando, en 2009, el negro brasileño Grafite (del VfL Wolfsburg) resultó elegido futbolista del año en una votación organizada por la revista *Kicker,* y Cacau, también negro, del VfB Stuttgart, debutó en la selección alemana.

Y yo quiero comprobarlo personalmente delante del estadio del FC Energie Cottbus. Hoy el equipo invitado es el Dynamo de Dresde. Durante los partidos que se juegan en Cottbus pueden oírse reiterados insultos contra los jugadores negros. Las ofensas, las groserías y las trifulcas están a la orden del día, y la dirección del club admite que es incapaz de hacer nada. En julio de 2009 se llegó incluso a cancelar un encuentro amistoso con el FSV Germania Storkow («Con *Energie* por la Tolerancia») porque el Partido Nacionaldemócrata (NPD) había amenazado con protestas. En las últimas elecciones municipales celebradas en Cottbus los neonazis consiguieron más del 7% de los votos. El encuentro amistoso programado debía marcar «un hito contra el extremismo de derechas».

No pretendo entrar en el estadio. Mantengo abiertas las vías de escape y me quedo fuera, doy unas vueltas como hacen los demás, me pongo en tal o cual cola delante de una de las taquillas, y me asusto. Esto es auténtico territorio enemigo. Calvas, miradas furiosas. Ambiente tenso, bíceps también. La ropa que lucen algunos jóvenes rebosa de símbolos nacionalsocialistas apenas disimulados; se ven también combinaciones de cifras, como «88» o «18» (que por la letra correspondiente del alfabeto son el código de *Heil Hitler* o de Adolf Hitler) y camisetas de la marca inglesa Lonsdale, que contiene las letras «nsda», las cuatro primeras de la sigla NSDAP (el Partido Nacionalsocialista Obrero Alemán), más que clara para todos los nazis convictos y confesos aunque falte la «P». Y hay un hincha que, muy orgulloso, se pasea enseñando sus prístinos orígenes germánicos: «Wotan en lugar de Cristo».

Pese a la fea sensación de que me acechan, intento trabar conversación con los hinchas.

—¿Qué significa eso que tiene impreso tu camiseta? —pregunto a uno que en su ancho pecho luce, en resplandecientes letras góticas, el nombre de nuestro país: *Deutschland*.

—No sé —me gruñe.

—¿Quién va a ganar hoy? —le pregunto a un par de jóvenes; una pregunta absolutamente normal antes de un partido.

—Tú no —es la escueta y amenazadora respuesta que alguien me da entre dientes.

No me doy por vencido:

—¿Apostamos?

—Largo —dice otro, con agresividad y desprecio en la voz; estoy seguro de que habría preferido atizarme una. Pero el chico quiere entrar en el estadio y quizá por eso renuncia a darme una paliza que sólo le habría impedido presenciar el partido. Y todo eso ocurre a pesar de que hay policías que, aunque sin llamar la atención, se mantienen al alcance de la vista.

Después del partido hago otro intento. Han empatado uno a uno; es decir, no hay motivo para la tristeza entre los hinchas del Cottbus. Cuando pregunto cómo ha terminado, uno me aparta con estas palabras: «No he estado ahí.»

Cuando admito que no he podido ver el partido porque no

tenía dinero para la entrada, oigo que uno dice: «¡Pues búscate un trabajo!» Y, echando espuma por la boca de lo rabioso que está, añade esta posdata: «Pero no en este país.» Un tipo de unos treinta años, con un cuello de toro, al que le pregunto quién ha ganado, me da una respuesta que ya he oído antes: «¡Seguro que tú no!»

Delante del estadio, los forofos del Dynamo suben a los autocares. Pregunto si puedo viajar con ellos.

—¿Quieres ir a Dresde? Entonces mejor pasa por Costa de Marfil, Afganistán, Mozambique, haz un gran arco y ya verás como llegas. Dos días vas a tardar.

Carcajadas de los hinchas que lo rodean.

Otro me señala el maletero del autobús, que está abierto, y me dice:

—Ahí, ahí abajo, junto a las cajas de cerveza todavía hay sitio. Túmbate ahí dentro.

Recorro con vacilación todo ese paisaje amenazador —algunos alzan el brazo haciendo el saludo nazi—, espero que alguien me dé un golpe en cualquier momento, sigo preguntando, aunque no me siento seguro, qué significa lo que dice una inscripción que veo en la camiseta de uno de esos jóvenes.

—Alemania para los alemanes. Eso quiere decir.

Otro me da la espalda a propósito. «Sabemos a quién odiamos», leo en su camiseta, escrito en letras góticas.

Siento que algo se va cociendo a fuego lento y me dirijo al jefe del grupo de policías, que observa la escena con indiferencia apoyado en el coche.

—Todos tipos duros —le digo—. Todos sospechosos. Fachas.

Me contesta con un no escueto y rotundo, y cuando insisto se limita a decir:

—Hasta ahora no me he dado cuenta.

Creo que en ese momento me jugué el todo por el todo; quiero saberlo. ¿Hasta dónde son capaces de llegar estos individuos? Me subo al tren de los hinchas que va a Dresde, fletado a

propósito por los ferrocarriles alemanes. Está a tope, hombres jóvenes casi todos, pero también algunas mujeres de la misma edad. Las novias del fútbol. Hay mucha gente, poco espacio, mucho ruido, apesta a alcohol, tengo miedo. Y abandono la limitación lingüística de mi papel porque no tengo más remedio que defenderme, como mínimo con palabras. El diálogo con un cabecilla que quizá tenga unos veinte años, que quiere lucirse ante los suyos y se abre paso a empujones a mi lado por el estrecho pasillo entre las dos filas de asientos, es el siguiente:
–Eh, negro, haz sitio.
–Blanco.
–Eh, ¿qué dices? ¿Blanco? Soy el campeón, sí, no te equivocas.
–No, he dicho blanco.
–Blanco es alemán, tío.
–¿Qué es alemán? Dímelo, explícamelo.
–Mi culo. (Enseña el trasero muy gráficamente.)
–Eso te lo creo. Vete a tomar por culo.
–¡En toda la jeta! ¡La peña alemana!
Al oír semejante declaración de guerra contemplo la posibilidad de bajarme del vagón. Mientras tanto, mi adversario ha pasado a mi lado, pero si escupe su amenaza en voz tan alta es por la protección que le ofrece el grupo. Pero de repente me doy cuenta de que no puedo bajar. Estoy cercado por todos esos caretos. En el vagón siguiente y en el otro también.
Se han adueñado de casi todo el tren. En su jerga, «zona nacional liberada» sobre ruedas. No puedo esconderme. Soy excesivamente visible, ¡negro sobre blanco!
Algunos empiezan a empujarme, a manosearme. No tengo más remedio que adoptar una actitud ofensiva y convencerlos para que me dejen en paz. El portavoz se pone grosero:
–¡Ven y hazme una paja!
–Puedes hacerlo tú solito.
–¿Qué?

—Que puedes hacerlo tú mismo, si es que lo consigues.
—¡Te voy a arrancar la piel! ¡Bájate, viejo! ¡Vete de este país! ¡Este país será blanco!

Para arrinconarlo de una vez por todas, le digo que tiene delante a un alemán negro.

—¿Alemán tú? ¡Ja!

Su amiga lo asiste:

—Nunca he visto a un alemán negro.

En tiempos de la República Democrática Alemana estudiaron allí o se formaron en las empresas del país negros de países «amigos». No obstante, el gobierno impedía que esos «invitados» vivieran en pie de igualdad con la población nativa, y la misma política se aplicó en la Alemania occidental en los años cincuenta y sesenta con los llamados *Gastarbeiter,* los trabajadores extranjeros. Aquí como allí a los extranjeros los alojaban en campamentos, en barracones o en lugares aislados. Mientras que en el oeste esa política no pudo mantenerse eternamente debido a que el número de trabajadores extranjeros aumentaba sin parar, en el este la separación duró hasta el final de la República Democrática Alemana. Después de 1989, muchos negros fueron expulsados de los entonces «nuevos» Estados federados. Rara vez se produjo un verdadero contacto con la población; al contrario, el racismo no disimulado se abrió más paso allí que en los «antiguos» Estados federados. Los abusos a negros representan un porcentaje claramente superior al de los que tienen lugar en el oeste, aun teniendo en cuenta que en el este de Alemania el número de extranjeros es considerablemente inferior.[6]

Mientras tanto, otro orgulloso alemán se ha puesto de pie y me cierra el paso. Tiene el puño cerrado. La situación vuelve a agravarse, casi nos rozamos. En ese momento interviene una joven policía. Valiente, por lo que veo, pues se pone de mi lado. Muy decidida y en voz alta:

—¡Déjalo pasar! ¡¿Me entiendes...?!

–¿Por qué os reís? –pregunto a uno de esos tipos rebosantes de energía.

–¡Porque eres negro, por eso nos reímos!

–Alemania para los alemanes –brama otro, y me da un empujón.

Por suerte, el tren se detiene justo en ese momento. Abandono mi plan de seguir hasta Dresde y me bajo.

Fuera, en el andén, van soltando: «¡Follón! ¡Bronca! *Sieg Heil!* ¡Queremos bronca!» Estamos en Ruhland, la «tierra de la tranquilidad», y me tiemblan las piernas. Podrían haberse lanzado sobre mí en cualquier momento. Ese odio, ese desprecio, esa voluntad de aniquilación. Si pudieran hacer lo que quieren... No soy negro, puedo volver a salir de mi piel. Sin embargo, me siento afectado, herido en mi dignidad. La valiente policía y probablemente también sus colegas, que se han mantenido en segundo plano, me han protegido de cosas peores. Debo reconocer que nunca había albergado sentimientos tan afectuosos por agentes de policía. Una suerte que no formase parte del grupo de vigilancia del tren el jefe que se negaba a ver a fachas en el grupo de forofos del Dynamo. Más tarde la joven policía me escribe una carta y adjunta el informe policial, del que se desprende que en el tren viajaban seiscientos hinchas exaltados y borrachos. También me dice que sólo hace tres meses que trabaja en el cuerpo, que también ella tuvo miedo y que nunca olvidará el modo en que yo, asustado, abría los ojos. Personalmente tengo que admitir que estuve a punto de reaccionar como un cobarde y de dejar de interpretar mi papel. Si me hubieran tirado al suelo para hacerme de todo, me habría arrancado la peluca y, muerto de miedo, habría gritado: «¡Soy uno de los vuestros!» Ahora me permito dudar de que esa reacción me hubiese servido de algo.

ARI (Antirassistische Initiative) es una organización con sede en Berlín que confecciona todos los años una lista de los ataques a refugiados en Alemania de los que ha tenido conocimiento. Según esta organización, desde 1993 setecientos sesenta y un refugiados han sido atacados a golpes y heridos de gravedad por tener aspecto de «extranjeros». Sesenta y siete han muerto en incendios provocados; quince a consecuencia de ataques racistas en plena calle. Sólo en 2008 resultaron heridos de gravedad, en ataques o incendios, diecisiete ocupantes de albergues para refugiados.[7]

La Fundación Amadeu Antonio cifra en ciento treinta y ocho los asesinatos por motivos racistas cometidos en Alemania desde 1990; según la fundación, la cifra de casos desconocidos podría ser considerablemente más alta.[8] ReachOut, una asesoría de Berlín para víctimas de la violencia de derechas, racista y antisemita, indica para 2008 un total de ciento cuarenta y ocho ataques solamente en Berlín, lo cual significa un aumento del 40 % respecto de los registrados en 2007.[9]

De acuerdo con lo prescrito por las Naciones Unidas, el Gobierno federal alemán ha elaborado un «Plan de acción nacional contra el racismo, la discriminación racial, la xenofobia y el antisemitismo». Sindicatos, iglesias y organizaciones de defensa de los derechos humanos reprochan al gobierno el no haber hecho hasta ahora todos los esfuerzos necesarios en los citados ámbitos y ven deficiencias en lo que atañe a la lucha contra actitudes racistas, especialmente en los ámbitos de la educación y también en la policía y otros organismos oficiales.[10] Si el reconocimiento y la amistad mutuas entre personas de distinta raza y color de piel y de distintas culturas no se fomentan en los parvularios y los colegios, si en los barrios no se impide la formación de guetos y si en el mundo laboral no se pone freno a la discriminación de los trabajadores emigrantes, tampoco se puede vencer al racismo.

«¿Dónde está Roberto Blanco?»

Un *Biergarten* en algún lugar del este de Berlín. Un grupo de clientes de la cervecería me señala con el índice cuando entro, y juntan las cabezas. «Oh, el morito de Sarotti»,* les oigo decir, y observo que sonríen. No es nada nuevo, normalmente mi aspecto provoca sonrisas entre bobaliconas y arrogantes y, además, todo ese aspaviento con el índice; debe de ser un trastorno neurótico muy extendido. Y eso que a los niños ya se les enseña a no señalar a los desconocidos con el dedo.

Me siento y cojo la carta. La camarera se acerca y dice (salta a la vista que nota lo tenso que estoy): «Míreselo todo con calma y quédese tranquilo. Para nervios, yo, que me paso el día corriendo de aquí para allá.» Al marcharse dice a los otros clientes: «Puede que no sepa leer bien», pero cuando le doy a entender que soy capaz de descifrar perfectamente la carta, me atiende de una manera absolutamente normal y amable, cosa que percibo casi como una distinción. Así de rápido se interpreta como cordialidad el hecho de que alguien renuncie a los habituales gestos y palabras peyorativas. Tanta empatía es rara.

En Rosenheim, en el Chiemgau bávaro, en una cervecería de lo más normal, la cosa es aún mejor. Me meto en la sala, que está a reventar de gente y llena de humo, y sin más ceremonias me dan, por dos euros, la «Tarjeta de Miembro del Club», obligatoria si uno aspira a frecuentar ese local para fumadores. Los del equipo no tienen que pagar, es cierto, pero en fin.

Sin embargo, en menos que canta un gallo empiezan a insultar; también a eso estoy acostumbrado. «Eres un negro», masculla un tipo de la barra. Ya tiene los ojos bastante vidriosos y me da miedo que me agarre o incluso que me dé una paliza. Me asusto un instante y después lo miro enfadado y desafiante. Eso parece hacerle entrar en razón y se pone a la defensiva. «No voy a hacerte nada.»

Otros dos clientes hacen suya la propuesta y también se ponen agresivos. Al grito de batalla «Ramba-Zamba» uno me em-

---

* El logo de la tradicional marca de bombones alemanes Sarotti. *(N. del T.)*

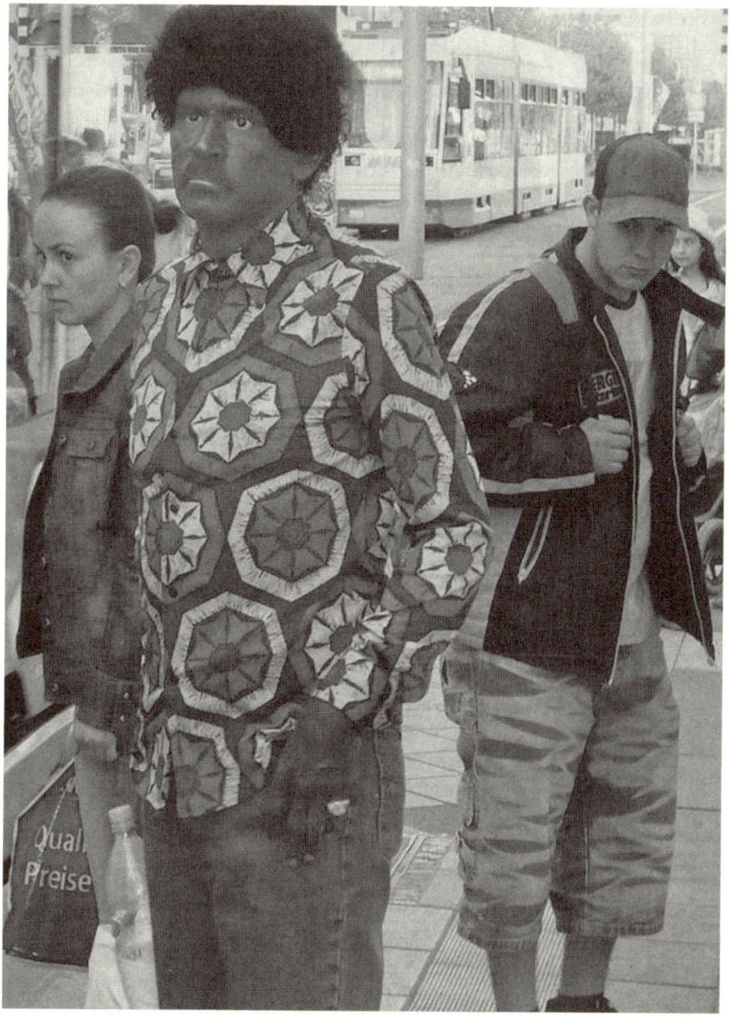
Preise

puja hacia un lado, otro se prepara para atizarme. Alguien suelta un bramido: «¿Dónde está Roberto Blanco?»

A lo largo del mes oigo una docena de veces, en la calle y en los bares, el nombre del presentador negro que desde hace cincuenta años trabaja en el *showbusiness* alemán (en 1980, durante la campaña electoral de Franz Josef Strauss, de la línea dura de la CSU, bromeó, dirigiéndose al candidato: «Nosotros los negros tenemos que mantenernos unidos»). La consigna es: Con *uno* como tú ya tenemos bastante. A Blanco lo hemos adoptado y todavía podemos manejarlo.

De pronto ocurre algo con lo que ya no contaba: un cliente reprende al que me ha empujado y otro, furioso, dice al camorrista que me ha levantado la mano: que haya paz, «pero rápido», y después la cosa se calma.

–¿De dónde eres? –me pregunta.

–De Somalia –contesto–. De la guerra, y ya no puedo volver.

Entonces, el hombre que tengo a mi lado, que tendrá unos treinta años, sereno, pero decidido, como ya hemos visto, me dice:

–Pues quédate aquí.

Me emociono al ver que alguien toma partido por mí tan claramente y me da la bienvenida, a mí, un negro. Rara vez me han pasado cosas así durante el año que he vivido con una identidad prestada, aguantando tantos insultos, ofensas, indirectas y palabras groseras que ya he perdido la cuenta.

Después nos tomamos juntos un chupito; quiero invitarlo, pero él insiste en pagar las dos copas. No resulta nada fácil mantener allí una conversación, por el ruido, pero estamos apoyados en la barra, pegados uno al otro, y me cuenta que no es de allí y que se siente un poco solo entre los bávaros. De vez en cuando nos dirigimos una sonrisa cordial y al final me despido con estas palabras: «¡Amigo! ¡Que le vaya bien!» Me da muchos saludos para mi familia, que está en Somalia.

Al salir de allí me apetece entrar en la discoteca P2.
—No tienes carné —dice el portero—. Lo siento.
—¿Puedo sacarlo aquí?
—Vuelve otro día.
—¿Dónde se saca el carné?
—Te he dicho que vuelvas otro día.
—¿Por qué?
—Da igual por qué.
—¿Cuánto cuesta un carné? ¿Dónde puedo sacarlo?
—Que vuelvas otro día.
—¿Cuándo?
—La semana que viene.
—¿Qué día de la semana que viene?
—Da igual; la semana que viene.

Dos mujeres jóvenes se apretujan en la entrada, donde está el portero, que no se corresponde tanto con el cliché del gorila descomunal.
—¿Ya tenéis el carné de socias?
—No, todavía no lo hemos sacado.
—Bueno, pues pasad directamente y pagad dos euros.

El portero las deja pasar con total naturalidad y hace exactamente lo mismo con un grupo de jóvenes de sexo masculino —tampoco ellos tienen el carné— que siguen a las dos mujeres.

Me paseo por el barrio de diversiones de la ciudad de Rosenheim, donde se mezclan lugares turbios con otros elegantes y de moda, y me detengo en la puerta del bar Mojito. Me armo de todo el valor del que soy capaz e intento pasar junto a dos hombres que me rodean y de un salto se ponen delante de mí para negarme la entrada. Mueven los brazos como locos y no son *hip-hoppers,* sino auténticos quebrantahuesos de humor etílico y con ganas de pelea.
—¿Por qué tan agresivos? —les digo.
—Bueno, allí están las montañas, y de allí se baja —me dice uno con un amplio movimiento del brazo que casi le hace per-

der el equilibrio–, y más allá, por el Mediterráneo, se llega enseguida a África. Ése es tu lugar –sentencia, y se me planta delante, amenazador.

Una palabra equivocada, un movimiento en falso, y se me tiran encima. Francamente, están al acecho, lo noto. Sería un trabajo de amor perdido enzarzarse con ellos en una discusión. En tales situaciones lo útil es ignorar las agresiones, hacerse el tonto y acercarse muy cordialmente: «No entiendo», digo, y le sonrío.

El estereotipo del imbécil vuelve al ataque: «Porque África es para los monos y Europa para los blancos.» Y como sigo fingiendo que nada de eso me entra en la cabeza, repite, acentuando cada sílaba: «¡África para los monos! ¡Europa para los blancos!»

No sé cómo lo han visto los participantes en las muchas fiestas populares que he visitado durante mi gira como «negro». Nadie me ha dirigido la palabra. Ni siquiera se digna mirarme el vendedor de un chiringuito de cerveza en una fiesta de Magdeburgo, y mucho menos decirme algo, cuando pido una «oscura». Es posible que no sepa qué hacer con la ironía. En todo caso, me veo obligado a esperar sentado hasta que, cuando ningún otro cliente pide nada, el hombre se digna servirme una cerveza también a mí.

No obstante, sí puedo sentarme en una de las mesas de madera del chiringuito. De los altavoces sale una música ensordecedora, canciones de moda. Un animador nos ha subido a los bancos y nos balanceamos dándonos el brazo. Las señoras que están sentadas a mi mesa van apartándose de mí, con no poca alharaca se sientan en otra mesa y me dejan solo. Las canciones hablan del corazón y del dolor, de nostalgia y amistad; desde lejos vuelven a señalarme con el dedo y yo sigo solito y desamparado en mi rincón. África en Magdeburgo. Europa para los blancos.

Me reconocen

En la fiesta callejera de Magdeburgo también ha montado un puesto un vendedor de automóviles. Me acerco para solicitar una vuelta de prueba. Se queda perplejo un instante y después dice: «Señor Wallraff, yo a usted lo conozco.»
El miedo me impide moverme. ¡Si se descubre! ¡Si mañana sale en los periódicos! Ya puedo olvidarme de seguir haciendo estos viajes «en negro». Sólo sé hacer un gesto espontáneo: me llevo el índice a los labios, un inequívoco ruego para que no me delate, y me largo a toda prisa.

Pero el tipo de los coches me sigue, yo corro, él corre, desaparezco entre el gentío y ya vuelvo a respirar cuando de repente lo veo otra vez delante de mí: saca un teléfono móvil con cámara. Sólo me da tiempo a taparme la cara con las manos.

Paso la noche muy inquieto y temo que el papel se me haya terminado antes de empezar de verdad. Al día siguiente voy a ver al hombre a su lugar de trabajo y le cuento mi plan de viajar por Alemania disfrazado de negro. Por suerte conoce mi trabajo y le parece bien mi proyecto de desenmascarar prejuicios racistas abiertos o disimulados. Sólo teme que me aproveche del «tópico del este xenófobo». Le aseguro que quiero darme una vuelta tanto por el este como por el oeste de Alemania. Y me promete no decir nada.

Cumplió su promesa, o casi. Hacia el final de mi recorrido como negro concedo una entrevista a un periódico de Magdeburgo. El redactor me pregunta si alguna vez me habían reconocido durante mi viaje de investigación por Alemania.

–Sí –contesto–. Una vez, y aquí, en su ciudad.

–Lo sé –dice el periodista, y siento calor y frío a la vez–. Viajaba usted disfrazado de negro. El hijo del hombre que lo reconoció trabajaba en prácticas conmigo. Pero puede estar tranquilo, no voy a delatarlo. Apoyo su proyecto. Es de esperar que contribuya a erradicar la xenofobia de nuestro país.

Me alegró mucho que personas como el periodista y el vendedor de coches me acompañaran en silencio durante el viaje. Y les doy las gracias.

También doy las gracias a un colega de Weinzheimer, la panificadora que fabrica los panecillos de mala calidad para Lidl (véase la página 169). Durante todo el tiempo que curré allí no dejó escapar una sola palabra. Tal es así que ni a mí me dijo que me había reconocido. Sólo me abordó cuando dejé de trabajar en la panificadora. «No quería provocarte inseguridad», dijo; «tenías que hacer lo tuyo sin preocuparte de que alguien se chivara.» Me hizo realmente feliz recibir tanto apoyo.

Como a un perro

Por un césped verde y a lo largo de un estrecho sendero que discurre entre arbustos se llega al terraplén; ya a lo lejos oigo ladridos de perros, más adelante llego a un jardín vallado. Abro la puerta, que está entornada, y entro en el patio delante de la caseta rectangular de tablones marrones donde tiene su sede la asociación para adiestramiento de perros. Me dirijo a los hombres ya maduros, pero todavía robustos, que por lo visto pasan allí el tiempo libre y les pregunto si puedo inscribir a mi perro para que lo adiestren como guardián.

–Le seré franco. Tenemos límite de inscripciones –reacciona uno de ellos. Sonrisas sutiles en el rostro de los demás.

Hago caso omiso de esa réplica tan tajante y apelo al amor a los animales y a la competencia de esos amigos de los perros:

–Ahora está en la edad óptima, dos años. Es un pastor. Y tiene pedigrí, es noble, tiene un *von* en el apellido. Me han atacado dos veces, radicales de derecha. Y por eso quiero que me proteja.

Los pastores alemanes no tienen la mejor imagen, pues hacen pensar en hombres dominantes y ávidos de poder, en cuerpos de guardia brutales o en la policía encargada de proteger las fronteras; pero de nada de eso tienen la culpa los perros, claro. ¿Por qué, entonces, no debería yo tener un perro pastor? Como dice expresamente un orgulloso letrero en la entrada, la asociación forma también perros policía y guardianes, exactamente lo necesario para adiestrar a «mi» pastor para que me proteja de los ataques de los radicales de derecha.

Otra vez reacciona el mismo hombre –el presidente, resulta ser después– y con una rapidez desconcertante: «Aquí cobramos una cuota anual de trescientos euros y una matrícula de doscientos cincuenta.» Una vez más, una sonrisa apenas perceptible en los rostros de los demás, y otro hombre lo apoya con sentimiento fingido y fina ironía en la voz: «Pero ahora todo va a aumentar.»

Con todo, hay en Alemania cierta decencia, también entre los racistas. Los hombres no se dan golpes en los muslos en mi presencia ni se parten de risa cuando me toman el pelo. Es probable que más tarde sí lo hicieran.

A una mujer joven, miembro de nuestro equipo, que entra después de que yo me vaya, lleva a una perra de dos años –de la misma camada que mi macho–, la reciben con los brazos abiertos. Para ser miembro de la asociación –pero con mucho gusto y mejor a partir de ahora mismo– le cobran una cuota anual de sesenta y cinco euros y sesenta euros de matrícula, que sólo se paga una vez.

Denigrar, ignorar, mofarse, amenazar..., entre los métodos de la humillación y la degradación que emplean los racistas se cuenta también la tomadura de pelo con premeditación y alevosía. Por lo visto, los graciosos se sienten especialmente estupendos con esta clase de racismo chusco.

Poco después, cuando ya han despedido a mi colega con toda amabilidad, vuelvo a entrar en escena. Esta vez con el perro.

–Vengo con el perro para que me lo adiestren –digo, altivo, con el robusto macho atado a la correa.

—¡No, no! ¡Se ha equivocado de lugar! —refunfuña el presidente de la asociación.

La hostilidad es palpable, también mi orgulloso perro pastor ladra inseguro. Vuelvo a proponerles que pasaré a recoger al perro cuando termine el adiestramiento, pero nada, no me dan ninguna posibilidad.

—Por favor, váyase de una vez.

El hombre se me planta delante con gesto amenazador.

—¿Por qué? —me atrevo a preguntar.

«Porque eres negro», eso no lo quiere decir.

—Porque sí. ¡Márchese!

Suerte que tengo un perro que me protege, pienso, y, señalándoselo, digo, en un último intento desesperado, que él al menos es «bueno». Pero en ese momento no le sirve de nada su pedigrí de pastor alemán, y a mí tampoco.

Los hombres están al acecho; el aire huele a paliza. Dominándose como puede, el presidente de la asociación dice entre dientes: «¡Le digo que se vaya! ¿Entendido? De lo contrario...» Y con un nada amable gesto de la mano nos echa a mí y al perro juntos.

De vuelta en la hermosa Colonia

Cuando, viniendo desde el este, atravieso uno de los puentes del Rin en coche o en tren, me invaden sentimientos entrañables: la gran ciudad junto al gran río es mi ciudad, la Colonia tolerante, abierta al mundo, multicultural con sus habitantes venidos de todos los lugares del mundo. Una ciudad con dos mil años de historia de inmigración y de convivencia.

También aquí hay estrés, por supuesto, pero la paciencia con la que, por ejemplo, se soportan mutuamente en Ehrenfeld, mi barrio, personas de las más distintas culturas y los más distintos aspectos, primero ejerce sobre mí un efecto tranquilizador. El número creciente de parejas formadas por personas de los rincones más distintos del mundo, que se han conocido aquí, me permite esperar que en algún momento el racismo sólo sea, para las próximas generaciones, un capítulo difícil de entender de los libros de historia.

La noche de mi regreso a Colonia me entran ganas de tomarme una cerveza antes de quitarme el maquillaje. Por prudencia, a unas dos calles de mi casa; de lo contrario podrían reconocerme. Encuentro un bar de hinchas del 1. FC Köln, un local llamado Kölsche-Klüngel,[11] y el nombre me recuerda a Bläck Fööss, una banda de Colonia que usa el dialecto local y cuya canción «Drink doch ene mit» [Tómate una conmigo] invita a la confraternidad cervecera con los solitarios y excluidos.

La música y las risas llegan hasta la calle. Entro en la cervecería. Es evidente que hoy no ha perdido el equipo de primera, y eso, en la ciudad de la catedral, es suficiente para que los forofos salgan a bailar de alegría. En la barra y en las mesas para consumir de pie todavía hay gente celebrándolo. Saboreo mi primera *kölsch,* brindo con el hombre que tengo a mi lado, cosa muy habitual aquí, y a modo de respuesta recibo un «¡Salud!».

Soy cualquier cosa menos audaz, pero de pronto veo, en una de las mesas, a una mujer con la que me gustaría entablar conversación. Me acerco a ella y a los tres hombres que están de pie a su lado. No sé si en ese momento a ellos se les pasa por la cabeza el cliché del negro sexualmente potente; en todo caso, uno me aparta enseguida.

En ese momento entra un vendedor de rosas y la ocasión me viene de perlas. Le compro un par de rosas y se las entrego a la bonita mujer, que me da las gracias con una sonrisa. El hombre que está a su lado parece hacer valer algún derecho de propiedad y comenta ligeramente mosqueado:

–¿Qué quiere éste? Yo no lo conozco.

–Pero a mí tampoco me conoces –dice ella, de lo cual debo deducir que su vecino no es su amigo, sino más bien alguien al que acaba de conocer. Por eso me atrevo a preguntarle si quiere bailar conmigo. Suena una música estupenda, poco habitual, y un par de clientes ya han empezado a bailar.

A decir verdad, una situación natural e inofensiva: no le quito la dama a ninguno de los hombres presentes, no me entremezclo en una aventura amorosa ya iniciada, empiezo con las mismas oportunidades que los demás en una pequeña justa por el favor de esa mujer, y por lo visto ella no tiene nada en contra. ¿Dónde está, pues, el problema?

Yo soy el problema.

—Oye, ahora mismo tu presencia aquí no nos gusta nada —me da a entender el dueño del local, y cuando pregunto por qué, repite la misma frase—. ¡Sólo te lo advierto! —añade dos veces.

Todo huele a tensión, tiene la agresión escrita en la cara, él y algunos clientes también.

De pronto se entromete la dueña:

—Si me hace el favor de...

—Pero ¿qué pasa?

—Diez euros. Pague ahora.

—¿Por qué?

—Porque yo quiero.

De acuerdo, la señora no quiere líos, no quiere enemistarse con la clientela fija, eso lo entiendo. Pero ¿por qué no pregunta primero qué pasa, intenta terminar con la discusión y volver a dejar que la paz reine en su bar? La decidida mujer, muy cerca ya de los cincuenta, quiere sacarme del local, pero yo me empecino y como mínimo quiero terminarme la cerveza.

Entretanto, el alma del pueblo empieza a hervir a mi alrededor. El dueño llama a dos tipos especialmente furiosos de la primera línea. Forman parte de un grupito que ha enfundado sus respetables osamentas en camisetas que dicen *Kölsch Bloot* («Sangre de Colonia», y en letras góticas) y salta a la vista que esperan que haya acción. Naturalmente, también hay tipos así en la ciudad del buen humor. Hace un año unos racistas con cazadora de piloto y botas de cuero negras atacaron en el centro de Colonia a un congoleño de veintidós años y lo molieron a palos.

Vuelve a intervenir el dueño. A la manera campechana de Colonia trata de convencerme de que me he comportado mal, de que más me habría convenido quedarme en la barra, quietecito y callado, y que ahora debería largarme sin rechistar. Cuando intento poner de mi lado a un cliente que parece neutral y le pido que se beba una a mi salud, que yo invito, el hombre también toma distancia.

Colonia es mi ciudad, Ehrenfeld es mi barrio; cierto, es la primera vez que entro en ese bar, pero nada de lo que veo allí me es extraño. Sólo yo soy un extraño.

—Vosotros también os habéis puesto a mover el esqueleto —digo, intentando justificarme. Ya tengo claro que si me hubiese quedado callado quizá me habrían soportado. Pero un negro con ganas de flirtear y que se atreve a tanto, no, eso no, en eso de repente todos, clientes y dueños, están de acuerdo.

—No discutas, vete —dice el dueño y me saca del local a empujones—. No nos conoces y nosotros tampoco te conocemos a ti —es lo que oigo fuera, en la puerta.

—Aquí nos conocemos todos, ¿entiendes? ¡Se acabó!

En esta sociedad a los negros alemanes y a los inmigrantes negros les niegan una y otra vez la posibilidad de llevar una vida normal. En el bar, en el club, en las fiestas, en los huertos de Schreber, en las plazas y calles de este país, en sus ciudades, en sus pueblos. En el mejor de los casos, los toleran y no los tratan con brutalidad, sea a puñetazos o de palabra. Cuando las cosas van aún mejor, de vez en cuando conquistan un lugar: con un esfuerzo colosal, con determinación cotidiana y un inmenso despliegue de energía para dar de lado a las groserías y las humillaciones. Admiro a los hombres, las mujeres y los niños que resisten el racismo cotidiano y no le dan la espalda a este país que con tanta urgencia los necesita.

Pues sin ellos seríamos más pobres. Eso lo sé perfectamente como vecino de Ehrenfeld que soy, alguien que aprecia el lado positivo de la vecindad multicultural. De ahí que tanto más me chocara esa última experiencia, a dos pasos de la puerta de mi casa.

Sería una alegría que la mayoría de los habitantes de este país se armasen un día de valor para enfrentarse abiertamente a los racistas en cuanto éstos empiezan a ponerse groseros o a pegar. En todas partes y en cualquier momento.

BAJO CERO
La dignidad de la calle

El día de Nochebuena, poco después de las cinco de la tarde. El centro de Colonia parece muerto, campanas de iglesias suenan aquí y allá. En su periódico, el director de una gran editorial de Colonia ha publicado que el 24 de diciembre es el «día que todos sienten como el más importante del año», pero mi ánimo está lejos de ser navideño.

El portero del albergue nocturno más antiguo y más grande de Colonia, la Johanneshaus, en la Annostrasse, me mira con desconfianza. Es posible que yo haya exagerado al vestirme: he agujereado los pantalones deshilachados, que ya tienen diez años, y he estropeado un poco la cazadora, comprada en una tienda de segunda mano. Los zapatones, sucios, son zapatos de trabajo de mi época de obrero turco en los años ochenta, cuando fui «Alí» en Thyssen. Las gafas de concha de mi juventud contribuyen a reforzar mi extraño aspecto. Las llevaba cuando tenía veintidós años y me pasé un año viajando a dedo y, tras pasar por los albergues nocturnos de Escandinavia, publiqué mi primer reportaje sobre el Pik As de Hamburgo, el albergue para indigentes más grande de Alemania. Llevo una bolsa de viaje bastante vieja con la colchoneta enrollada y una mochila.

El documento de identidad me lo ha prestado un amigo al que conocí cuando me enteré de que tenía un doble al que la gente siempre confundía conmigo; después me hizo el favor de inscribirse como *homeless* en la oficina de empadronamiento. Allí le pusieron una etiqueta en el documento: «Sin domicilio fijo». Sin esa etiqueta no se puede pasar la noche en los albergues de emergencia. También la necesidad tiene sus reglas. La burocracia, y en adelante éste será un tema sobre el que volveré más de una vez, le hace a uno la vida más difícil todavía cuando se ha llegado a lo más bajo.

Me pongo otra vez en camino, pero este viaje invernal no me conduce al mundo del trabajo, sino al de los que llevan mucho tiempo viviendo sin trabajo ni casa. Conozco a personas que viven en la calle, que a veces duermen en albergues, que viven de limosnas o de tal o cual vale de un servicio social, personas a menudo despreciadas, y que también dan miedo. Porque parecen mostrar lo que ocurre cuando se rompen todas las redes sociales y familiares. En tiempos de crisis aumenta el miedo a quedar al margen de la sociedad. Por eso quiero ir a ver qué pasa entre aquellos que al parecer ya no tienen nada que perder.

En Alemania son más de treinta mil las personas sin techo; viven y pasan la noche en la calle. A veces aparecen en un «dormitorio de emergencia», de los que habitualmente llamamos albergue para indigentes. Esa gente no figura en ninguna estadística, tampoco forma parte de la estadística de los «sin domicilio fijo» de Alemania, a los que envían a alojamientos de emergencia municipales. Según la Bundesarbeitsgemeinschaft Wohnungslosenhilfe, un grupo de trabajo dedicado a asistir a las personas sin vivienda, el número se sitúa entre los trescientos cincuenta mil y los quinientos mil, y no para de crecer desde que ha aumentado el desempleo.

Las personas a las que por lo común llamamos indigentes, los «sin techo», o, con una altivez que es reflejo de desprecio por la persona humana, «vagabundos», en el lenguaje oficial se denominan «sin domicilio fijo». Son la magnitud cero de la burocracia amante de los datos, son los fantasmas de la miseria,

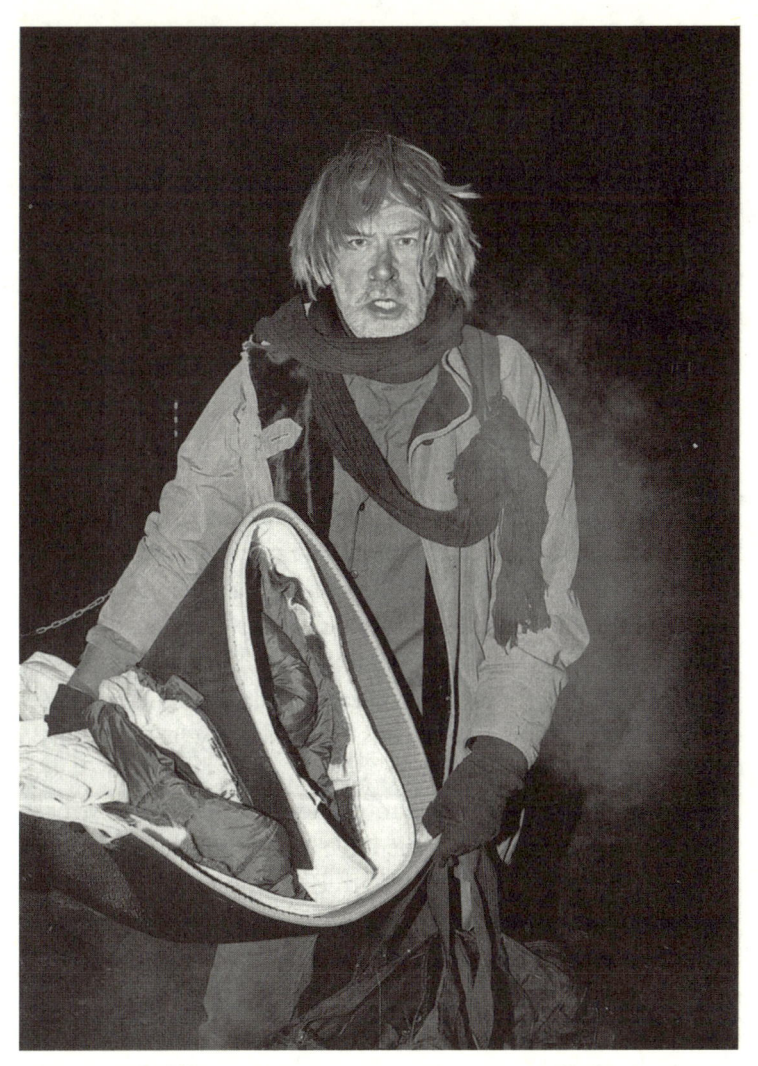

Tras una noche de frío en la calle.

los parias de la noche, los que se han caído de todas las redes. Para conocer su vida cotidiana me alojo varios meses en albergues para indigentes de Colonia, Frankfurt, Hannover, Coblenza y otras ciudades.

En la cola de la Johanneshaus tengo delante a un muchacho de unos veinte años. Apenas sabe expresarse, parece haber tomado alguna droga y, sin ofrecer resistencia, deja que el portero lo mande a paseo. «¡Largo de aquí! ¡Ve con Dios, pero vete!» A mí me deja entrar: «¡Hay que registrarse en el primer piso!»

No soy el único que quiere pasar la Nochebuena allí. En el estrecho pasillo esperan sentados o de pie otros seis tristes personajes. Todos llevan lo poco que tienen en la mochila, en el bolso o en el saco de marinero, y no lo pierden de vista. Un indigente me había contado que en la Annostrasse hay que «asegurar con clavos» todo si uno no quiere que se lo roben.

Mientras espero en el pasillo conozco a Helmut y Micha, padre e hijo, una pareja inseparable que vive en la calle desde hace años. El padre, de cincuenta y tres años, trabajó más de veinte como repartidor de cerveza, pero la tienda cerró y por primera vez en la vida Helmut fue un parado y luego se quedó sin casa. Su hijo tiene treinta y cuatro años y creció en hospicios porque la familia se separó cuando él tenía cuatro. Micha se formó para carnicero, y haciendo ese duro trabajo más tarde se pinzó un disco intervertebral. Perdió el empleo y también terminó en la calle.

Hace unos años intentó encontrar un lugar en una zona verde de Aquisgrán que ya estaba ocupada; preguntó si podía echarse allí y le dieron permiso. «Y me puse a hablar con uno de esos hombres», me cuenta. En las horas siguientes advirtieron que muchas de esas historias de antaño tenían casi todo en común. «Resultó que ya nos conocíamos. Nos abrazamos llorando. En adelante ya no dejaríamos que nada nos separase.» Desde entonces llevan el mismo anillo de la amistad, negro y sencillo.

Otro hombre, de unos cincuenta años, cuya ropa relativamente aseada a primera vista no hace pensar en indigencia, sale de la recepción sacudiendo la cabeza y protesta:

—Ahora tengo que volver a Hamburgo porque allí estoy inscrito como sin techo. Pero no tengo dinero ni para el metro. A ellos les da igual, me dicen que aquí más de tres días no pueden tenerme porque soy de fuera.

—¿Qué se te ha perdido en Colonia? —pregunto.

—Mi hija me invitó a pasar la Navidad, pero su nueva pareja, el que le paga el piso, no quiere vagabundos en casa. Así que he aterrizado aquí.

Y sigue contando que había sido dibujante técnico y que después de veinticinco años suprimieron su puesto de trabajo en un proceso de racionalización.

—Después, lo de siempre. Tres años cobrando el paro y después el Hartz IV.[*] Ya no pude pagar el alquiler. Desalojo. Más de cien solicitudes he presentado. Pero ¿a mi edad y sin domicilio fijo? Imposible.

—¿Y ahora?

—Tengo un saco de dormir y podría dormir al fresco. Pero una vez ya me pillé una pulmonía, así que seguramente viajaré sin billete a Hamburgo. Que me pillen si quieren, pasaré un par de meses de invierno en el trullo, por reincidente.

En el procedimiento de admisión la suerte me acompaña. Primero sólo quiero que me acepten por una noche. El empleado empieza diciéndome que no con la cabeza: «No puede quedarse una noche sola. Eso es únicamente para los de fuera.» No lo entiendo, pero bueno, si quiere tenerme ahí más tiempo, pues entonces me quedo a pasar las navidades y, si se tercia,

---

[*] Cuarta y última de la serie de medidas agrupadas en las Leyes para la reforma del mercado laboral, llamadas comúnmente Hartz I, II, III y IV, por el apellido del director de la comisión que en 2002 presentó el informe sobre la modernización del mercado de trabajo. *(N. del T.)*

también a «celebrar» el Año Nuevo. Pero eso le parece demasiado al trabajador social, de más o menos cincuenta años, y toma la siguiente decisión: «Haré la vista gorda, aunque en realidad no debería. Si se queda sólo una noche, lo inscribimos como turista. Son las normas.»

Lo cierto es que esas normas cambian de una ciudad a otra y no son fáciles de comprender. Tampoco en Colonia son como me las explica el cordial empleado. Oficialmente no hay estancia mínima. No obstante, la estancia se reduce a cinco días por mes, de los cuales tres han de ser seguidos. Si uno quiere pernoctar con más frecuencia en una de esas casas, tiene que ingresar como fijo en un alojamiento de emergencia de la ciudad (con contrato y toda la pesca), es decir, subir los peldaños que llevan a la categoría de los que no tienen vivienda o seguir en la categoría de «sin domicilio fijo» e ir cambiando de albergue. O pasar la noche en la calle.

Mientras el empleado mira fijamente la foto del carné de mi otro yo, pregunta a bocajarro:

—¿Conoce a un tal señor Wallraff?

Me temo que me haya descubierto antes de que la cosa empiece de verdad y finjo no saber nada de lo que me dice. Después repite la pregunta con insistencia y me atraviesa con la mirada:

—¿Conoce a Wallraff?

—No, ¿quién es? —respondo, inocente.

Por suerte en ese momento entra en la oficina un nuevo candidato y distrae al empleado, que al rato vuelve a dirigirse a mí para hacerme las preguntas habituales: «¿Por qué no tiene casa? ¿Dónde ha dormido últimamente? ¿De qué vive?» Contesto, al parecer para satisfacción suya, que mi mujer me ha echado de casa y que duermo fuera y vivo de limosnas. El empleado da por concluido el registro y me asigna un lugar en una habitación para cuatro.

Antes, el albergue Johanneshaus era tristemente célebre por su ambiente humillante; se decía que allí uno pillaba la sarna y que los bichos pululaban por las habitaciones. Sin embargo, a primera vista el lugar parece limpio y me han dado ropa de cama limpia (antes de Navidad siempre se anuncia una limpieza a fondo). Queda el desconsuelo de la habitación pelada con sus cuatro camas, el aire lleno de humo y demasiada calefacción.

Mario M., de treinta y un años, es mi vecino. Hace diez años que es portador del VIH. La enfermedad ya se le ha declarado; hoy los dolores continuos apenas lo dejan dormir. Lo ayudo a incorporarse. Con voz apagada me cuenta cómo está viviendo esta Nochebuena: «Ayer me dieron el alta después de dos semanas en el hospital. No paraba de toser, escupía sangre. Ya estuve una vez hace un año, con un absceso en la columna. Grande como un pomelo. Me abrieron en la clínica de la Universidad y me injertaron una reja de metal para que el hueso pudiera volver a crecer. Tenía un tubo en la espalda, grueso como mi meñique. Estuve cuatro días en coma inducido. Cuando desperté lo único que hice fue aullar.»

Mario, peluquero de profesión, trabajó en un elegante salón de peluquería de Colonia hasta que una clienta fija del establecimiento se enfadó a causa de un comentario, tras lo cual lo despidieron sin aviso previo. «Después empezó mi caída. Me quedé sin trabajo, no podía pagar el alquiler del piso en el centro. Desahucio. Viví como vagabundo un año entero en el estanque de Aquisgrán, bajo un sauce llorón.» El mayor deseo de Mario: «Un lugar fijo, aunque sea un cuartito. Sería genial.» Como todos los demás, sólo puede pasar cinco noches al mes en la Annostrasse, y antes de las seis de la tarde no puede entrar en el albergue; a las nueve de la mañana vuelven a ponerlo en la puerta. Los demás días lo van mandando de un centro a otro. En realidad, Mario necesita atención y cuidados constantes, pero en las instituciones las plazas son escasas y ahora, además, en estos días festivos, las oficinas están cerradas. Mario dice que hasta ahora no le ha interesado que lo admitan por períodos más largos en los alojamientos baratos de la ciudad, pero que se agobiaría haciendo todas las gestiones necesarias y rellenando las solicitudes.

Cuando tenía doce años, Mario se refugió en un hospicio porque el padrastro lo maltrataba continuamente. «No me gusta contar esto; si lo hago, me echo otra vez a llorar», dice, pero sigue contando que el padrastro también maltrataba a su hermano de seis años y a la madre. Ha vuelto a tener contacto con la madre, pero él no quiere vivir en su casa; cuidarlo y hacerse cargo de los costes de la enfermedad sería demasiado para ella.

Falta poco para las tres de la mañana cuando Mario termina de contarme su vida. Se ofrece a cortarme el pelo, que llevo largo y greñudo, para que quede un poco más elegante.

—Delante, la cara, no te la toco, pero por los lados te recortaré un poco. *Fashion*. Pero no más de cinco centímetros. —Después dice que por alguna razón le resulto conocido—: Me recuerdas a un actor, no sé.

—¿De qué películas? —pregunto.

—Creo que policiacas, algo así. Más bien el malo de la película.

Nos damos las buenas noches.

Tiempo después intento volver a encontrarlo. Es difícil; al parecer las autoridades no se han sentido obligadas a proporcionarle un alojamiento digno. Meses más tarde lo encuentro en una residencia de la Asistencia de Colonia a los enfermos de sida, que lo ha aceptado por un año. Me cuenta que el día de Año Nuevo la policía fue a buscarlo a la Annostrasse para que cumpliera una pena de prisión de dos meses. El motivo: unas multas impagadas por viajar varias veces sin billete.

Menudo regalito

Al día siguiente me dirijo a la estación central. He leído en el periódico que el día de Navidad el alcalde de Colonia, Fritz

Manfred, empresario de software
(Un encuentro en la Johanneshaus)

Yo tenía una pequeña empresa de informática en la que trabajaban diez empleados. Programación de sistemas para grandes empresas. Una de éstas, proveedora de recambios para Audi en la zona de Stuttgart, me dejó una deuda de un millón doscientos mil euros. La llevaron a juicio por fraude con las subvenciones. El Estado fue el primero en intervenir. Pero yo dejé de cobrar por mi trabajo y me condenaron por arrastrar una situación de insolvencia; me esforcé durante demasiado tiempo por salvar mi negocio, el trabajo de toda mi vida. Había ocultado su verdadero estado. Me pasé cinco meses en la cárcel. Después, cuando salí, ya no me quedaba nada, tampoco dónde vivir. Y nada de dinero, claro. Desde entonces, desde hace un año exactamente, conozco centros para indigentes.

He intentado encontrar trabajo en toda la República Federal, de norte a sur. Pero es difícil, por supuesto: ¡un ingeniero diplomado con antecedentes penales! Sólo representa un problema para la seguridad.

Antes también formaba parte de la junta de la iglesia de mi ciudad natal, repartía comida para la mesa de los pobres, sin cobrar. Ahora a menudo ni siquiera tengo un euro para comer en los restaurantes para los necesitados. Me han dejado caer. No conseguí nada.

También he dormido a veces en la calle. Cuando no había plazas libres en un albergue y nadie estaba dispuesto a ayudar con camas de emergencia, ahí estaba yo. La última vez fue en Karlsruhe. Me pasé la noche dando vueltas.

Una de las experiencias más feas fue la que tuve en Frankfurt, en el campamento de contenedores del Ostpark. ¡Cuatro personas en un minicontenedor! Hasta un perro tiene más espacio. Dos literas dobles; el que duerme arriba está como acorralado, sólo hay treinta centímetros de la litera al techo. Y una mesa y dos taburetes. Es decir, que sólo pueden comer dos personas a la vez. El lugar tiene mala fama porque ahí tienen a la gente como en un campo de concentración.

Pero también viví cosas muy bonitas. Parecía una comunidad cristiana primitiva, la gente lo compartía todo. Había que compartir, no valía que uno simplemente se sentara a comer y los demás sólo mirasen. Esa solidaridad era asombrosa, y en cierto modo resultaba casi increíble que hoy día pudiera darse algo así.

Lo malo fue Múnich, donde dormí en el Ejército de Salvación, en la Sendlinger Tor, con dieciséis personas en la misma habitación, en el sótano. Te daban un billete de coche-cama, en el mío decía «Sótano 1». No tenía ventanas, nada. Sólo una claraboya de vidrio. ¿Higiene? Para lavarse o ducharse había que cruzar semidesnudo un patio de unos veinte a veinticinco metros de largo. No había ni un lugar para colgar tus cosas.

En Frankfurt conocí al director de una caja de ahorros que de repente quedó en la miseria por culpa del divorcio. Y los nervios no lo resistieron. También vivía con nosotros en el contenedor un constructor de maquinaria. He conocido a personas de todos los niveles profesionales, desde maestro panadero a cocinero. Muchos habían perdido todo lo que tenían y psíquicamente estaban en las últimas. También había un médico que había perdido la autorización para ejercer, por culpa del alcohol. Un problema que las normas de los dormitorios de emergencia incluso agravan. Si uno quiere tener un lugar fijo, tiene que demostrar por lo menos un problema con las drogas o con el alcohol. ¡En realidad, por eso mismo empiezan algunos a beber! Absurdo.

Antes, naturalmente, tenía una opinión muy distinta sobre estas cosas. Se deja uno contagiar por los llamados principios. «El que no produce nada es escoria» y cosas por el estilo. Aunque yo sí estaba comprometido socialmente. Pero eso era una especie de bula. No van al fondo del verdadero problema. Desde que soy un sin techo, sé lo rápido que se cae en eso.

Schramma (CDU), quiere agasajar con jabalí asado a los indigentes y menesterosos. Me pongo en la larga cola que ha ido formándose desde las once de la mañana ante la puerta del Servicio Social de Hombres Católicos (SKM), junto a la estación. «Pasan primero los que yo conozco», deja bien claro el portero honorario, un profesor de deportes, cuando al cabo de una hora empiezan a empujar hacia dentro los que están pasando frío. «No sabíamos que esta vez ibais a ser tantos, pero no os preocupéis, nadie se irá con las manos vacías», nos tranquiliza. «El que termine de comer que se vaya para que pueda pasar el siguiente.» Al parecer, conoce personalmente a muchos de los de la cola, pues sólo después de dos horas de espera nos dejan entrar a mí y otros dos.

El alcalde de Colonia sirve el menú de tres platos junto con su mujer. La comida está buena. Los dos no paran de moverse; se les nota que este gesto cristiano les sale del corazón. Mi vecina de mesa, una mujer que debe de tener bastante más de cincuenta años pese a que el aspecto cuidado (todavía) no hace sospechar que lleva un año sin vivienda, se deshace en agradecimientos:

—¡Esto es un hotel de seis estrellas! ¡Hay que ver la que nos ha organizado el alcalde!

—¿Ya les han servido a todos el segundo? —pregunta el alcalde. Después me sirve el postre y me mira amablemente. Por suerte no me reconoce, aunque no hace mucho me vio en una recepción junto a Salman Rushdie. Aprovecho la ocasión para hacerle una pregunta. Dos semanas antes se hizo público que Jürgen Rüttgers, su amigo político y presidente de Renania del Norte-Westfalia, había eliminado del presupuesto de este Estado federado un millón cien mil euros para proyectos de ayuda a indigentes.

—¿Cómo puede justificarlo en un momento en que cada vez son más los parados y la gente que termina en la calle? ¿Eso es política cristiana?

Había esperado que el alcalde, sin prensa ni opinión pública delante, dejara por una vez de lado la razón de partido. Pero escurre el bulto: «Ahora no puedo explicarlo con detalle. En todo caso, se han dicho muchos disparates sobre ese asunto del dinero. Además, la ciudad tiene tantas ofertas que en realidad nadie tiene por qué ser un indigente.» Una tesis audaz cuando se calcula que son entre doscientas y trescientas las personas que viven en la calle en Colonia y que son menos de cien las camas disponibles en los albergues.

Después se pone otra vez navideño: «Ahora quiero desearos a todos una feliz Navidad. Hemos preparado para todos también una bolsita con muchas cosas bonitas. Al que no le vayan bien, puede cambiarlas con otro.» Con un apretón de manos me pasa una bolsa con regalos de las galerías Kaufhof. «¡Qué alegría!», dice la bolsa. Doy las gracias y lo primero que saco son unos tejanos negros de muy buena calidad (marca Pierre Cardin); rebajados varias veces, según puedo comprobar, la última a veinticinco euros. Tal vez sea por la talla («Size 66»); en esos pantalones caben dos como yo. Normalmente gasto una 32. Naturalmente, me gustaría cambiarlos, o regalarlos, pero tampoco en las próximas semanas me encontraré con un indigente tan voluminoso. Los bollos, que después se desmigajan, los tiro a la basura por precaución. Ya hace seis meses que han caducado.

Cuestión de competencia

El día de Navidad salgo en busca de un lugar donde dormir —quiero pasarla al fresco— y a eso de las nueve de la noche conozco a un joven delante de la Estación Central de Colonia. Bañado en lágrimas, da la impresión de estar algo perdido y apenas consigue hacerse entender. Lleva los faldones de la camisa por fuera, tirita. Habla atropelladamente y cuenta que ha escapado de un centro con viviendas atendidas y asesoradas de

Bad Honnef, una pequeña ciudad a treinta kilómetros al sur de Colonia, que lleva tres días durmiendo en la calle y que la noche anterior le robaron todo.

Lo cojo del brazo y juntos vamos a ver a la policía de la estación. Allí le toman el nombre, Thomas S., y la fecha de nacimiento. El policía busca algo en su ordenador:
—Veamos, con ese nombre no está registrado. Lo lamento, pero no podemos hacer nada.
—Pero necesita ayuda con urgencia —protesto—. Anuncian heladas para esta noche.
—Lo siento —dice el policía, que quiere que nos vayamos—. Si puede, acompáñelo a la misión de la estación, ellos son competentes para casos como éste.

La misión está en la Vía 1; nos acercamos y miramos por la ventanilla. Llamamos y un barbudo abre con cuidado la mirilla y nos examina. Cuando pregunto por un alojamiento para los desamparados, se enfada:
—¡Vaya preguntas que viene a hacer a esta hora! ¡El día tiene veinticuatro horas! De esas cosas yo no entiendo nada. Este hombre está aquí desde ayer y hoy también ha andado dando vueltas.

Apelo a su compasión:
—Pero no puede dormir en la calle, no tiene saco de dormir ni ropa de abrigo. Va a helarse. Y, además, es Navidad.

El empleado de servicio no se inmuta:
—Bah, no creo que vaya a... Si de día no se dirige a la oficina que corresponde, nosotros ahora no podemos hacer nada.

El hombre opina que el caso es competencia de la policía. Cuando señalo que acaban de enviarnos a él, dice que no le interesa. Da por terminada la conversación y cierra la ventanilla.

En fin. De vuelta al SKM, donde al mediodía saboreé mi asado de jabalí. La puerta está cerrada. Aparece una joven que apenas habla alemán y tampoco inglés. Que es rusa, dice, eso alcanzo a entender. Y por sus gestos deduzco que ha deambulado por la ciudad sin encontrar un lugar donde dormir.

Tras buscar un poco encontramos el interfono; contesta una voz de mujer joven. Puesto que sé que en la estación el SKM sólo atiende a adictos, digo que mi amigo no sabe adónde dirigirse, que es drogodependiente y que la joven rusa también. La empleada del SKM no nos deja entrar, pero suelta dos direcciones. Que allí seguramente les darán alojamiento, dice. Thomas ha de ir a un lugar llamado Notel, en la Viktoriastrasse, cerca de la estación. La rusa puede ir a la Elisabeth-Fry-Haus, un centro de acogida especial para mujeres en situación de emergencia, que queda un poco más lejos.

A esa hora ya sopla en la plaza de la estación un viento cada vez más gélido. Algunos viajeros se apresuran a coger un taxi, bien enfundados en sus abrigos o chaquetas. Son las diez y media de la noche; los dos albergues cierran a las once. Vuelvo a menospreciar otra vez el axioma tan socorrido del ejemplar periodista Hajo Friedrichs, que dice: «No hacer causa común con nada, ni siquiera con una buena causa.» Y, con actitud nada periodística, acompaño a los dos personajes desarrapados a la parada de taxis. Apunto en un papel las direcciones de los albergues para dárselas al taxista, que nos mira asqueado y se niega a llevarlos. El segundo taxista reacciona igual y dice por lo bajo que no sabe dónde quedan esas calles. En el tercer taxi, una mujer baja la ventanilla. Echa una mirada a nuestro atuendo, no precisamente navideño, y también dice que no. Lo intento con una mentira piadosa: «Le advierto que estoy haciendo un test para el gremio de taxistas. Se trata de averiguar si se toman en serio sus deberes de transportistas.» La mujer aprieta los dientes y pide los veinticinco euros por adelantado, es decir, el doble de lo que cuesta la carrera.

Dormir en el asfalto

Reanudo la búsqueda de un lugar para dormir. Algunos portales de tiendas de la Hohe Strasse, la principal calle comercial de Colonia, donde de día miles de personas van de compras, ya están ocupados. En la espaciosa entrada de una zapatería una pareja joven se ha embutido en un saco de dormir. Me dirijo hacia ellos.

–¿Tenéis algo en contra si me echo a vuestro lado? –pregunto. Es un lugar seco y en cierta medida protegido del viento.

El joven, de poco más de veinte años, ligeramente dormido por el alcohol, masculla:

–Sí, puedes tumbarte ahí detrás.

Pero su compañera, de repente completamente despierta y muy enérgica, defiende su distrito:

–¡Venga, viejo, largo de aquí! Vete a otra parte.

–Bueno, esto no lo habéis alquilado –digo, y pongo mi edad en la balanza–. ¡Además, hace mucho que yo duermo en la calle!

La chica se pone de muy mal humor:

–¡Largo, aquí con nosotros no! ¿No lo has entendido?

Su amigo me explica la situación:

–Éste es nuestro lugar desde hace seis meses, tienes que entenderlo. Tenemos permiso del dueño de la zapatería. Nos ocupamos de que no entre nadie a robar.

Me doy por vencido, les deseo buenas noches a los dos y sigo buscando.

En otros rincones de la ciudad también me mandan a buscar otro lugar para dormir. Sólo me dan la bienvenida en la Appellhofplatz, frente al histórico edificio del tribunal, directamente al lado de una de las entradas de la emisora Westdeutsche Rundfunk (WDR), que con sus horrendos anexos se ha adueñado de esta parte del centro de Colonia. Un tipo canoso con crecida barba blanca me pasa una botella para brindar por mi llegada. Declino cortésmente la invitación. Masculla algo y hace un gesto de desdén. Otro viejo me coge por la mano y me tira hacia abajo para acercarme a él.

Los tres mayores son de Polonia, el más joven es ruso; me cuentan que ya hace unas cuantas semanas que han montado allí el campamento. Guardan la posición de día y de noche, a todas horas, y también se buscan la vida mendigando. A veces, según llego a saber después, se les une una joven, casi siempre muy borracha. También hoy han consumido algo de alcohol; lo delatan dos botellas vacías de vodka y varias botellas de cerveza que han dejado junto a la pared del edificio, directamente debajo del letrero que dice «Salida de emergencia». No llego a saber si las velas encendidas se deben a la Navidad.

–¿Tú alemán? –pregunta el que me ha hecho agacharme.

–No directamente –contesto–; soy internacionalista.

Los ojos se le encienden al oír mi respuesta, me abraza y me ofrece el vaso con las monedas que ha mendigado. «Toma, hermano», dice, y me ofrece su lugar, encima de una reja de la que sale el aire caliente del sótano de la WDR. Me entran ganas de llorar; declino cortésmente la invitación y extiendo mi colchoneta a su lado bajo una luz demasiado fuerte, el único lugar que aún queda libre.

Durante la última hora he empezado a sentir mucho frío y me meto en el saco de dormir. Cuando al cabo de unos momentos oigo los ronquidos de mi vecino, caigo también en un sueño inquieto. Deben de ser más o menos las tres de la mañana cuando me despierto sobresaltado. Huelo que alguien apesta a alcohol directamente delante de mi cara y siento una mano que me sacude. Temo que vayan a robarme o que alguien en pleno delírium trémens me quiera dejar seco por equivocación.

Pero sólo es el joven ruso, que ha abandonado su lugar caliente y sin saco ni otra protección se ha tendido a mi lado en el asfalto desnudo. Intenta entablar conversación con el poco alemán que sabe. No entiendo lo que quiere decir, le oigo decir «guerra» y que repite varias veces *drushba,* amistad. En algún momento empieza a hablar de Dostoievski, a saber por qué. Le sigo la corriente y con la repetida invocación de Fiódor Dostoievski expresamos nuestro mutuo respeto. Después, Volodia, pues con ese nombre se me ha presentado, vuelve a su lugar caliente encima de la parrilla.

Más tarde alguien me traduce lo que me ha dicho, lo que grabé en la cinta: «El mundo está revuelto. Lo he perdido todo, el tractor, la mujer, mis hijos. Aquí tenía trabajo en la construcción, doce horas por día a cinco euros la hora. Pero los últimos tres meses no cobré. Duermo allí donde caigo redondo.»

Por la mañana, hacia las seis y media, el frío entra con mucha fuerza en el saco de dormir y me despido de mis despejados anfitriones, que me miran como si no me hubieran visto nunca.

No es para tirar cohetes

Para fin de año vuelvo a Frankfurt. Allí el campamento de contenedores está en el Ostpark, junto a un terraplén. Más de cincuenta contenedores bien pegados uno al otro y apilados en

En el campamento de contenedores del Ostpark (Frankfurt).

A la intemperie delante de la WDR (Colonia).

dos pisos. Son las diez y media de la noche del último día del año. Un joven que está de servicio registra mis datos personales y me asigna un lugar en un contenedor del primer piso. Un espacio diminuto con dos camas dobles superpuestas, una mesa atornillada al suelo y dos taburetes para cuatro personas. Me siento como en un cajón.

Prefiero salir fuera y aguantar el frío. Se dirige a mí un hombre de unos treinta y cinco años; va tan bien vestido que llama la atención. Me dice que cuando pasen las fiestas debería pedir que me dieran «trapos decentes» y me da una dirección.

—Ropa de calidad. De tiendas de segunda mano. Justo lo que necesitas. Éste no es lugar para ti, estoy seguro de que has vivido tiempos mejores.

—¿Y para quién es este lugar? —replico, perplejo.

Me da la razón y añade:

—Aquí la metrópolis del dinero enseña su verdadera cara. Por eso nos han desterrado tan lejos de las torres de los bancos.

Henning, que así se llama, estudió para empleado de banca en Frankfurt y cuenta, no sin ironía, que estaba en camino, en el mejor de los caminos, de llegar a ser un «consultor con un estilo de vida saludable y alegre».

–Después, borracho perdido, cometí el error más grande de mi vida. Desde entonces soy la oveja negra de la familia.

Le pregunto cuál fue ese error.

Mira al suelo y casi en un susurro dice:

–Maté a un hombre. –Tras una breve pausa añade–: En defensa propia, le había metido mano a mi mujer. En una discoteca. Un colega se me acercó y me dijo: «Ve a ver a tu mujer, está ahí, en la barra. Tiene problemas.» Me interpuse cuando vi que alguien la atacaba y la toqueteaba.

–¿Y tu mujer te apoyó?

–Sí, hasta que me soltaron; me pasé cuatro años y medio en la cárcel –dice–. Mi ex tenía sentimientos de culpa porque tuve que ir a la cárcel por ella. Pero cuando salí, pidió el divorcio.

Desde que salió en libertad, hace cinco años, Henning está en el paro. «Un empleado de banca con antecedentes penales no tiene ninguna oportunidad.»

Se oye a lo lejos el ruido sordo de los petardos que anuncian el inminente final del año. Una joven colombiana nos invita a un trago de champán. Para ella el abismo se abrió cuando murió el marido, un alemán. Después pasó un año trabajando de niñera para una familia turca muy rica, pero estrictamente religiosa. Se lo prohibían todo. «Así que me largué y desde hace más de seis meses vivo en centros como éste.»

Un hombre enjuto de unos cuarenta años viene a hacernos compañía:

–Soy de Turingia –se presenta, y nos cuenta que trabajó trece años en Múnich, en el sector de la gastronomía–. Después pasé cuatro meses entre rejas por deudas.

–Bueno, eso es inofensivo –lo tranquilizo.

Pero él lo ve de otra manera:

69

—Mi mujer no pudo asimilarlo. Tuvo que trabajar y dar en adopción a la criatura, que tenía tres meses. —Traga saliva—. Yo no termino de aceptarlo, quiero recuperar a mi hijo —murmura, y se aparta para que no veamos que empiezan a caerle las lágrimas.

Poco antes de medianoche se nos suman otros dos hombres con cara de muertos de frío y vestidos con ropa demasiado ligera para temperaturas bajo cero. Un hombre de cincuenta y dos años, parlanchín, y su acompañante, de veinticinco, más callado. Cuentan que han estado dando vueltas por Frankfurt desde las diez de la mañana y que los han enviado de una institución a otra hasta que han aterrizado aquí. No tienen un céntimo. Y no les han dado nada en ninguno de los centros de asistencia por los que han pasado. Habían interrumpido una terapia en un centro de ayuda a toxicómanos, donde, según parece, las normas eran muy duras y la presión era excesiva; ahora tendrían que ver cómo iban a arreglárselas. «En el Ostpark no nos dieron nada de comer, ni un café siquiera, aunque somos indigentes», cuenta el mayor. «Nos dieron alojamiento en un lugar para gente con problemas de adicción. Gente tumbada en la cama con jeringuillas usadas. Eso para mí es una catástrofe aunque hace mucho tiempo que estoy limpio. Se te helaba el culo de frío y el viento entraba por todos lados. Ha sido una suerte encontraros.»

Se le nota que necesita vomitar todo eso, que se alegra de que alguien le preste atención sin hacerle preguntas estúpidas: «En realidad, en aquella época fui a ese centro terapéutico de Frankfurt-Niederrad con mi mejor intención. Quería hacer una terapia voluntaria, sin la presión de la justicia. Una decisión libre. Pero todo lo que viví allí fue brutal. No había consejero para los adictos, todos son ex drogadictos, es un auténtico campo de trabajo. Te esclavizan de la mañana a la noche. Hay que trabajar ocho horas, como en un correccional. Te pasas el día limpiando aunque todo esté reluciente. No te dejan sentarte, ni siquiera apoyarte, te explotan y punto. Después del trabajo no puedes ir a la habitación, estás obligado a matar el tiempo en la sala de descanso hasta las nueve menos cuarto. No te dejan echarte aunque te hayas deslomado. Te quitan el dinero, te bloquean la cuenta bancaria. Te obligan a cortar todas las relaciones con el exterior, también las familiares.

El hombre está indignado. Tiene frío, pero no se da cuenta. Lo cuenta todo de un tirón y se desahoga. Me asombran los otros, todos nosotros, los que lo escuchamos a pesar de que ya hemos oído montones de historias: verdaderas, inventadas, retocadas, sin accesorios, limitadas a los hechos. Todo lo imaginable.

Seguimos escuchándole: «Es increíble. Por eso interrumpí la terapia. Tengo una novia, ella no tiene problemas con las drogas. Yo no permito que destruyan mi entorno social, pero ellos exigen un aislamiento total, aunque mi amiga, que tiene un trabajo fijo, sea el único verdadero sostén en mi vida. Todo me parecía como una secta, un lavado de cerebro. Tendría que haber pasado dos años en ese lugar, y es probable que después me hubiera sentido perdido, jodido, destrozado. Por eso tomé la decisión de marcharme. Pero el dinero se lo quedaron.»

Muchos de los que seguían en ese centro sólo se quedaban por miedo, porque temen que vuelvan a meterlos en la cárcel. Los tribunales sólo dejan en libertad antes de tiempo a los drogadictos que aguantan la terapia. «Pero allí no hay terapeutas. ¡Ni siquiera me trataron el problema de la adicción! ¡Sólo me ordenaron que me pusiera a trabajar!», vuelve a indignarse.

En ese momento se inmiscuye el acompañante: «Yo estuve encerrado dos veces dos años por pasar droga. Después pude salir, un periodo de prueba, para ir a eso que llaman la ayuda a los toxicómanos. Aguanté dos meses, ni un día más. Claro que ahora tengo la amenaza de la orden de detención; si me pillan, tendría que cumplir los cuatro años íntegros. ¡Pero mejor eso que terminar lisiado psíquicamente en Niederrad!»

Tiempo después voy a indagar en Niederrad. La «Suchthilfe Fleckenbühl» (desde 2009 se llaman los «Fleckenbühler») gestiona también la casa de Frankfurt-Niederrad en la que estuvieron los dos hombres que conocí aquella noche. Los «Fleckenbühler» trabajan de verdad según los principios que me habían contado. Es posible que ese programa sea útil para muchos. Más de doscientas personas viven en los centros gestionados por este proyecto, que obtiene casi la mitad de los fondos con actividades propias.

A cada nuevo habitante le imponen un periodo de incomunicación de seis meses. La intención es evitar que reincida. La desintoxicación, el «mono a pelo», como se llama en la jerga –es decir, sin drogas de sustitución–, tiene lugar en el centro. En esta institución, fundada en 1984 en un pueblo cerca de Kassel y que actualmente sigue explotando una granja, no hay médicos ni terapeutas, «tampoco nadie que necesite un tratamiento. Pues creemos que cada cual tiene la capacidad de controlar su problema de adicción por sí mismo. Nuestra comunidad sólo ayuda». Ése es el principio programático del grupo de autoayuda. Los cerebros del proyecto también admiten que los problemas surgen cuando las personas ingresan por obligación, porque los envía un juez o porque quieren evitar la cárcel. Muchos no aguantan el programa y abandonan pronto, «fracasan», porque tienen la sensación de que pasan de una coacción a otra.

En los centros de los «Fleckenbühler» está prohibido beber alcohol, consumir drogas y fumar. Y en «los círculos de conversación –llamados juegos–, se discuten y solucionan los problemas que un individuo tiene consigo mismo o con los demás». Eso establecen los estatutos. Sin embargo, la terapia propiamente dicha, si queremos llamarla así, consiste en trabajos fijos que empiezan con actividades de ayuda como ese absurdo limpiar aunque todo esté limpio y después continúa con trabajos «mejores» en las empresas del centro o en la agricultura.

Pero nuestros dos convecinos sólo se sintieron presionados, casi perseguidos por un colectivo que les resultaba ajeno, cuyas reglas no eran las suyas y cuyos objetivos no entendían y no compartían. Pero, puesto que la criminalización de las drogas, del consumo y de la dependencia hace imposible tomar decisiones en libertad, no se podían ir sin más, como uno se va cuando el entorno amenaza con hacerlo pedazos. Tuvieron que escapar, literalmente; se encontraban todavía en fuga y hoy aterrizan por primera vez en el campamento de contenedores y quién sabe si podrán salir. A sus espaldas tienen el centro de desintoxicación; delante, la perspectiva de la cárcel y la pobreza absoluta.

En el horizonte se ven fuegos artificiales; mejor dicho, un reflejo, el estruendo sordo de los petardos llega hasta nosotros desde muy lejos. Nadie parece con ganas de desearse un «feliz Año Nuevo». Sonaría a burla. A las doce y media entro en el contenedor y me meto en una de las camas altas. Los otros tres ya se han ido a dormir. Cuando le pregunto cómo ha llegado hasta Alemania, un fugitivo de guerra iraquí contesta, en inglés: «Dios me ha enviado aquí.» Da la impresión de estar totalmente trastornado, y enseguida se aleja de mí. Por la noche, habla en sueños, y a ratos lo oigo sollozar.

Los pensamientos me dan vueltas en la cabeza. Seguimos viviendo en un país rico, pero estas personas no tienen un *lobby*, nadie que se interese por ellas. Aquí podríamos ayudar a algunos, estoy convencido, pero sólo si se toma en serio al individuo y sus problemas. Precisamente en la rica ciudad de Frankfurt cabría esperar que se hiciera más por ayudarlos. Sin embargo, los que conocen el tema y han estado también por otras ciudades dicen que Frankfurt es lo peor. La frialdad y el desprecio con que los reciben aquí. «La gente nos mira como si fuéramos basura», he oído decir a muchos. Las altas torres de los bancos son la imagen característica de la ciudad. La diferencia entre pobres y ricos es más que visible. Y «los de abajo» se sienten aún más despreciados que en otras partes.

Por fin me quedo dormido. Sueño que estoy echado en las vías y que un tren se acerca a toda velocidad. Me despierto sobresaltado y oigo realmente el ruido atronador de un tren que pasa zumbando muy cerca de los contenedores.

Después de publicar mis experiencias en el campamento de contenedores de Frankfurt, los responsables reaccionan afectados. La jefa de los servicios sociales de la comunidad intenta relativizar y dice que el campo de contenedores hay que compararlo en el contexto de otros «centros de ayuda» y que nadie debe pasar allí temporadas largas. Así y todo, Peter Hovermann, gerente del Frankfurter Verein para hogares sociales, responsable del Ostpark y del campamento para pasar la noche, ataca. También para él el estado del lugar es horroroso. Es demasiado poco el dinero que se asigna a ese albergue de emergencia. Pero ahora la ciudad ha despertado de golpe de su modorra y ha prometido más fondos. Mientras tanto se ha creado un órgano de asesores para el campo de contenedores, del que forman parte activistas, interesados directos, escritores, artistas y arquitectos. La ciudad contempla la posibilidad de desmantelarlos y construir unos alojamientos más dignos.

Uno de los expertos es Richard Brox,[12] que ha vivido veinticinco años en la calle. Ha pasado seis meses como huésped en mi casa, me echó una mano con las investigaciones y al final pude conseguirle una vivienda. En Frankfurt utiliza con provecho sus experiencias a favor de otros. También yo participo con carácter honorario en el proyecto piloto.

Según las últimas noticias que llegan de Frankfurt, el alojamiento de emergencia del Ostpark se cerrará. Para sustituirlo se inaugurará en la primavera de 2010 un proyecto modelo, formado por varias unidades de vivienda móviles para grupos pequeños de entre veinticinco y treinta personas. Las unidades se agruparán en un patio interior y pondrán a disposición de cada residente un lugar propio y cerrado, con ventanas que dan al patio y una entrada privada. El proyecto se llama «O16» y se inicia y promociona con una nueva actitud para con las personas sin techo: «En O16 las personas podrán ser y seguir siendo como son. O16 ofrece posibilidades para cambiar y desarrollarse.»

Miedo frío

Empieza el año y vuelvo a Colonia, donde paso mi segunda noche a la intemperie. Es el 6 de enero de 2009. La ciudad está cubierta de nieve, algo totalmente inusual para Renania; los lagos invitan a patinar con una gruesa capa de hielo. Se anuncia la noche más fría del invierno, hasta quince grados bajo cero.

Las noticias de que varias personas ya se han congelado en la calle me impresionan ahora de una manera totalmente distinta. Oigo decir que Colonia quiere imitar a otras ciudades y recoger y alojar en albergues a los que pasan la noche a la intemperie.

Pero, en la calle, ni rastro de esa medida tan samaritana. Hacia las once de la noche cuento más de doce personas sólo en la estación, la catedral y sus alrededores, que se exponen al frío extremo bajo mantas o en sacos de dormir. El caso es que esta noche no se me acerca nadie que se ofrezca a llevarme a un albergue.

Encuentro mi lugar para dormir en un sitio céntrico, ante el café para indigentes Gulliver, situado detrás de la estación central, muy cerca del Rin. Allí ya se han instalado desde hace meses cinco indigentes que se conocen y viven como una gran familia. Thomas, el mayor, tiene sesenta y un años, y me da permiso cuando empiezo a desparramar mis bártulos y monto campamento: «Pero sólo una noche», me dice; «aquí apenas nos toleran. No puede haber más de cinco.» La recia nariz le da un aire decidido; el pelo rubio canoso le cae formando ondas hasta los hombros y enmarca el rostro con dignidad. ¡Pero los ojos! Los párpados rojos, la mirada apagada. Thomas no está bien de salud; tose sin parar hasta que la tos se le convierte en un resuello. Está allí desde octubre, después de que le robaran todo lo que tenía en la Annostrasse, donde dormía de vez en cuando. Desde entonces, para él el frío es el mal menor. «Me quitaron todo lo que había ido juntando poco a poco y llevaba conmigo en el remolque de la bicicleta.»

Thomas, que es pintor y limpiador, lleva veintiséis años en la calle. Pertenece a una especie en extinción, el vagabundo auténtico. Tiene unas manos fuertes, adornadas con muchos anillos, y un reloj en la muñeca tatuada.

–¿Por qué te quedaste sin trabajo? –pregunto.

–No me quedé sin trabajo, yo mismo lo dejé. Soy un pasota –subraya, no sin orgullo–. En la construcción, en Frankfurt, no me ganaba mal la vida, pero era muy duro. Y el ambiente, la presión, el estrés y el ritmo no me gustaban. Fue entonces cuando me dije: se acabó mi jornada, que sigan sin mí. –Tose con fuerza y sin tregua–. He conocido el mundo, hasta el extremo sur de Italia.

Thomas dice que no lamenta haberse automarginado y me asigna un lugar para dormir junto a su «hijastro» Matthias, que duerme contra la pared acurrucado junto a su perro. Matthias tiene treinta años, mechones pelirrojos y un par de trenzas. «Digo que Thomas es mi padre porque tengo con él un parentesco de afinidad y porque puedo aprender mucho de él.» Matthias lleva más de diez años recorriendo Alemania. Es oriundo de Múnich, donde creció en hospicios. Estudió para carpintero y para vendedor; mejor dicho, empezó la formación profesional pero la abandonó; también él prefiere la ruta de los albergues. Habla con arrogancia, enfundado en un jersey grueso de muchos colores y un chaleco negro, con el rostro amable vuelto hacia mí.

Riendo, prosigue: «Aquí fuera no hay olor a pies. Tienes un poco más de tranquilidad y orden. En un rinconcito se puede vivir cómodamente con gente como uno.» De vez en cuando trabaja de peón en la construcción, en una granja ecológica y de feriante. «Crecí como vagabundo; en Múnich mendigué con el padre de Mooshammer bajo el puente del Danubio. Ése sí que era un hombre.» (Richard Mooshammer, indigente, se suicidó. Su hijo Rudolph, nacido en Múnich y metido en el mundo de la moda, murió asesinado a principios de 2005.)

Hace cada vez más frío, nos metemos en el saco de dormir, el perro entre nosotros, y Matthias me habla de un «punto culminante» de su vida del que está «especialmente orgulloso». Ocurrió en Múnich. Allí, junto con un grupo de jóvenes, le tiró huevos a Edmund Stoiber, el entonces presidente de Baviera (CSU). «Fue cuando Stoiber soltó esos dichos nazis contra los extranjeros y cuando dijo esas bobadas del "mestizaje y la mezcla".» Matthias sonríe alegre. «Una pena que no le diera.» Otros, por suerte, tuvieron mejor puntería.

Pero hubo una foto de la policía en la que se lo veía con un huevo en la mano y dispuesto a arrojarlo. Lo denunciaron, y, como él mismo dice, lo condenaron a seis meses de cárcel. Tuvo que cumplir la pena porque tenía pendiente una condicional por un delito anterior relacionado con drogas. «Fue la época más hermosa de mi vida; los otros presos, entre los que había muchos extranjeros, me idolatraban.»

Marco G., de poco más de cuarenta años, es el más callado del grupo. Sólo cuenta que es de Berlín y que hace dos años lo dejó todo. Parece ensimismado, pero sigue nuestra conversación. Al final todos tenemos sueño; me cubro con el saco de dormir hasta la barbilla; el perro de Matthias gruñe y ladra. Lo acaricio otra vez, me lame la mano. En cierto modo me siento bien en esta pequeña comunidad. Me han emocionado especialmente las confesiones muy personales y también políticas de mis compañeros; no había esperado nada así, ni tanta reflexión y tanta conciencia. Pero a mí también me dan miedo la noche y el frío. Pienso en todas las personas que duermen sin darse cuenta de que el frío va haciendo presa de ellas, las que simplemente ya no despiertan.

Y el frío entra en el saco de dormir como si sólo fuera una delgada manta de hilo. Una mortaja, pienso, y me pongo a temblar. Más tarde me entero de que mi saco de dormir, según los datos del fabricante, sólo ofrece protección contra temperaturas no inferiores a cero grado. Tiritando, intento mantenerme despierto y mover los dedos de los pies helados, muevo las piernas, las junto, y los brazos también, bien pegados al cuerpo para ahuyentar de alguna manera ese frío que quiere adueñarse de mí. Pero a eso de las tres de la mañana me quedo dormido y no me despierto hasta las siete, tieso y tiritando. He tenido suerte: quitando un estornudo, he soportado los quince bajo cero, y la humedad y el aire húmedo y helado que suben desde el Rin al amanecer, y he salido ileso.

Dos semanas después alguien me cuenta que Marco, el callado, murió de repente una mañana tras varias noches de frío. De agotamiento y debilidad, probablemente. Puesto que las autoridades no conocen a ningún pariente, se dispone el entierro en una sepultura anónima para pobres, pero es evidente que las autoridades tampoco han tomado ninguna medida en especial para encontrar a los parientes de Marco. Habría sido tan sencillo. Como todos los que lo conocían del Café Gulliver, sé que era de Berlín. En la guía telefónica de Internet hay treinta y una personas con el apellido de Marco.

Decido llamarlas una por una. Hago la primera llamada y contesta una voz de mujer. Pregunto si por casualidad conoce a un tal Marco G.

—¿Por qué? —pregunta ella.

Sin pensarlo demasiado le cuento lo ocurrido.

—Porque ha muerto hace unos días. Soy un compañero de Marco y estoy buscando a sus parientes.

En ese momento oigo que la mujer empieza a sollozar con fuerza. Es la madre; hace dos años que lo vio por última vez. Después de perder el contacto con el hijo, denunció su desaparición. En vano. Me cuenta que Marco había caído en el juego, que tenía deudas muy grandes. Para no seguir abrumando a la familia, que le prestó dinero en varias ocasiones, quemó todos los puentes y eligió vivir anónimamente en la calle. Pero quizá todo sea mucho más complicado. No lo sé. En todo caso, su hermano me da las gracias. Consigue que trasladen a Berlín el cadáver de Marco, que, debido a la autopsia, todavía no han enterrado. Allí Marco descansará en el panteón familiar.

Exclusión y encierro

Sigo mi camino y llego a Hannover, a un enorme bloque de cemento en el centro de la ciudad. Los grafitis de todos los colores quitan un poco el aire amenazador a ese vestigio de la guerra. Pero cuando abro de un empujón la pesada puerta de acero, me sobrecoge una sensación asfixiante. El búnker de la Segunda Guerra Mundial no tiene ventanas. Un cartel informa de que han puesto matarratas.

Este albergue de la ciudad de Hannover es el último refugio para las personas que han perdido casi todas las esperanzas. Es un viernes de febrero, falta poco para las once de la noche, la última posibilidad de que me admitan. Un conserje grosero apunta mis datos personales y me adjudica un lugar para dormir. Por ahí detrás, en la oscuridad. No consigo orientarme, no se ve nada. Los dormitorios, a izquierda y derecha del pasillo, no tienen puerta; sólo unas cortinas de tela que supuestamente han de crear una sensación de intimidad. Las instalaciones sanitarias están ahí desde la guerra. Las puertas de los servicios no se cierran con llave y sólo llegan a media altura; cualquiera puede ver si hay alguien dentro. En «mi» habitación me esperan cuatro camas de hierro con unos colchones bastante mugrientos. Elijo una de las «camas», ordeno mis cosas, giro con cuidado el colchón para ver si hay bichos, me quito los zapatos, apago la luz y me meto vestido en el saco de dormir. Es medianoche. Media hora más tarde salgo del saco. En el pasillo carraspeo delante de la cortina de mi vecino y oigo que dice con voz ronca: «¿Qué quieres?» Descorro la cortina. Mi vecino está solo en la habitación; es un hombre de complexión fuerte, de unos cuarenta años tal vez. Está sentado a la mesa, vestido, y tiene un cuchillo a su lado.

–Disculpa –digo, en un tono deliberadamente amistoso–. ¿Podrías bajar un poco la radio? Estoy justo aquí enfrente y no puedo dormir.

–¡Vaya, vaya, conque no puedes dormir, ¿eh?! –exclama, echándome una mirada desafiante.

–Eso es –digo–. Puedes seguir escuchando música, pero un poquito más bajo, por favor. ¿Puedes hacerlo?

–Lo haré –contesta–. Pero no por ti.

–Te lo agradezco mucho –digo, pasando por alto la afrenta, le deseo buenas noches y vuelvo a embutirme en el saco.

Pero la música sigue sonando a todo volumen y oigo que mi vecino sigue monologando en voz cada vez más alta y se enfrasca en fantasías violentas: «¡Te meteré un tiro en la tapa del cráneo! ¡Estoy hasta los cojones! A ése le di una en la jeta... No, no es intimidación, sólo una técnica de persuasión. ¿Por qué estoy tan destrozado?»

En algún momento noto que empieza a dirigir contra mí sus estallidos de violencia verbal: «No puedo dormir», dice, imitándome. «Si te doy una hostia en la jeta vas a ver qué bien duermes. Es problema tuyo si no puedes dormir, no mío. Te voy a abrir un agujero en el cuerpo, ¿has entendido? ¡Cuatro tiros te voy a meter! ¡O mejor te rajo! ¡Yo me voy con los vagabundos ahí fuera!»

No puede decirse que yo sea un hombre que se asusta fácilmente, pero decir que tuve miedo sería quedarse corto. Lo que siento es pánico, y me paraliza por completo. Sería una banalidad, pienso, que te liquiden precisamente aquí. Es, sin duda alguna, el veloz recuerdo de peligros vencidos lo que me libera finalmente de la parálisis. Me levanto, cojo los zapatos, me meto el saco de dormir bajo el brazo y paso de puntillas por delante de la cortina de mi amenazador vecino. ¡Yo me largo aunque en la calle haga veinte grados bajo cero! Estoy delante de la puerta de acero y quiero abrirla. Nada. La sacudo cada vez con más fuerza. Nada. La puerta está cerrada; veo un grueso candado. A prueba de bombas. También la puerta de la fortaleza del guardia está cerrada con llave. Golpeo, pero no me abre nadie. Voy a toda prisa al pasillo que pasa por delante de las habitaciones e intento ponerme a salvo en otro dormitorio. En la oscuridad oigo que un tipo muy cabreado dice: «¡Está todo ocupado!» Finalmente encuentro un rincón detrás de una cortina y allí me acurruco.

Tengo la sensación de que el aire se vuelve cada vez más sofocante. ¡Si estallara aquí un incendio! Bastaría con que un cigarrillo prendiera fuego a un colchón. Quedaríamos todos atrapados y moriríamos por intoxicación de humo. Me quedo despierto hasta las cuatro y me asusta cada ruido que se oye en el pasillo. Pero por lo visto mi vecino ha dejado de buscarme. Al final me quedo dormido.

Cuando por la mañana le digo al conserje que me he sentido amenazado y le pregunto por qué estaba cerrada la puerta de entrada, se justifica diciendo:

—Si no la cerramos, a lo mejor por la mañana no encuentras tus cosas.

—Pero eso tiene que poder hacerse de otra manera —digo bastante alterado—. ¡No puede dejarnos así, encerrados!

Y el vigilante se enfada.

—¿Y qué quieres? ¡Déjame en paz de una vez! ¿Quieres que te den una puñalada en las costillas o qué?

Abandono la idea de seguir negociando con el vigilante, pero quiero hablar con el agresivo de mi vecino, también para liberarme del miedo que he pasado por la noche. Me armo del poco valor que me queda y voy a buscarlo a su dormitorio. Ya se ha vestido y está peinándose con cuidado.

—Mira que fuiste duro anoche —lo saludo—, ¡querías hacerme de todo!

—Claro, lógico —dice, impasible.

–¿Y por qué? Yo no te he hecho nada, ¿no?
Parece un poco más accesible.
–Porque estaba cabreado. Aquí nadie se había atrevido a quejárseme, nadie.

Luego nos pasamos una hora de palique; se llama Fred y tiene cuarenta y un años. Primero charlando en su dormitorio; después sentados en un banco que hay justo delante del búnker. Y entonces conozco otro aspecto suyo, muy diferente, un lado desesperado e incluso tierno. Me habla de su toxicomanía, de sus enfermedades, de cómo se enganchó a las drogas y ya no puede salir pese a un programa con metadona en el que está tomando parte.

Viene a hacernos compañía otro huésped del búnker. Se llama Viktor; tiene cincuenta y siete años y está casi en los huesos, la cara toda arrugada. Según dice, lleva tres días sin comer. Le espera una pena de prisión de tres meses porque ha viajado sin billete en reiteradas ocasiones y no puede pagar la multa. «Volví a largarme del búnker porque aquí no se puede estar más de dos días. Era una noche gélida. Me senté ahí fuera y me pasé la noche congelado. Uno se alegra cuando por la mañana vuelve a circular el primer tren y te montas sin billete, porque no tienes pasta, claro. Y viajas en el tren de un lado para el otro de la mañana a la noche.»

Viktor también conoció tiempos mejores. Tenía una empresa de transportes. Hace un par de años perdió a su mejor cliente y ya no pudo compensar la pérdida. Después todo pasó muy rápido. Le quitaron la casa, la familia se fue al traste. «Llevaba treinta años de casado y tengo una hija y un nieto. ¡Y si no tienes domicilio fijo ni siquiera te dan el Hartz IV! ¡El Hartz IV es el mayor delito de este país desde que terminó la guerra, y gracias al señor Schröder! Puedes trabajar treinta años, como yo, y después de un año pasas a ser automáticamente igual que un receptor de ayuda social que no ha trabajado nunca en la vida.»

Con Mario, seropositivo, en la Johanneshaus.

Con Viktor, antes empresario, en Hannover.

Fred le da la razón: «El Hartz IV es como la asistencia social. Y yo estaba orgulloso de no tener que ir nunca a la asistencia social. Antes me dedicaba a vaciar cubos de basura, era empleado municipal. Pero después llegas a una situación como la mía y terminas bien jodido. Y ya no vuelves a salir. Porque te han estampado un sello. Lo llevas en la frente. Quieren vernos a todos de rodillas. Eso ya lo notas cuando vas a la oficina, ahí nos amenazan: "Si no se tranquiliza, no le daremos nada." Ellos mandan en el ayuntamiento, de acuerdo; es su casa. Pero cuando necesité un DNI nuevo porque me lo habían robado, tenía que pagar treinta euros. ¿De dónde pretendían que los sacara? Yo también tengo que comer. A ellos eso no les interesa.»

Hartz IV: no es la última red de pesca, ni siquiera una hamaca, sino un medio coercitivo para joder a la gente, para expulsarla definitivamente de la sociedad. Viktor no se hace ilusiones: «Algunos antiguos conocidos míos tenían un trabajo fijo. Después, por insolvencia de la empresa, se quedaron en el paro. Luego, el Hartz IV. Alguna vez vendrán a sentarse aquí conmigo en este banco, qué te apuestas. Eso pasa automáticamente porque la cosa está cada vez peor.»

Convenzo a Viktor para que venga conmigo a la oficina de los alojamientos y le prometo que le pagaré la multa para que no tenga que ir a la cárcel. Nos toca un encargado joven con una larga melena. Viste de un modo bastante dejado; a primera vista parece uno de los nuestros. «Os apuntaré aquí, entonces. Veo que es la primera vez», dice, y busca una «solución duradera».

Se pone a hojear una larga lista hasta que parece encontrar algo. Nos da el nombre de una residencia en el límite urbano de Hannover. «Tres casas y unos cuarenta residentes por casa, más o menos.» A mí me bastaría con firmar un par de impresos para que todo estuviera arreglado. El empleado también apunta los datos de Viktor y le pasa los formularios para que firme. Después intenta animarlo:

–Parecen ustedes agotados; será mejor que vayan con el tranvía y el bus, de lo contrario se cansarán aún más. El alquiler son ciento cincuenta y nueve euros por mes. Pero puedo pedir a la oficina de empleo que se los reembolse.

–¿Incluye la comida? –pregunto.

–No, pero hay un Aldi cerca.

–¿De qué edad son los residentes? –pregunto.

–De dieciocho a ochenta –contesta–. Algunos ya no quieren irse, y otros sólo con los pies por delante...

Vacilo a la hora de firmar los impresos. No nos ha aclarado qué consecuencias pueden acarrear; ahí se lee algo como «análisis de TBC dentro de los próximos tres días» y una «declaración de cesión» en virtud de la cual se autoriza a la oficina de empleo a transferir directamente al albergue el dinero del Hartz IV. ¿Es necesaria tanta autoincapacitación? No queremos eso.

En ese momento el alegre funcionario se irrita de repente y nos amenaza: «Si no firman, ya no podrán volver al búnker.» Punto. Por lo visto, también en Hannover aplican un método que ya conozco para hacer ascender a los «vagabundos» en la escala social: o se deja usted trasladar del dormitorio de emergencia al alojamiento de emergencia, o se queda en la calle, porque, si no acepta, se le cerrarán las puertas del dormitorio de emergencia. Viktor sí entiende lo que pasa. Transige y firmamos. Nuestra última pregunta:

–¿Y cómo se supone que hemos de ir hasta el albergue? ¿Nos dan un billete?

–Yo no tengo billetes –dice el funcionario, otra vez con tono de astuto compinche–; yo se lo pediría a algún pasajero que baje.

Nos ponemos en camino con los formularios que tenemos que presentar en el albergue. Después de una hora de metro y autobús y una larga caminata llegamos a un lóbrego complejo de edificios de principios del siglo XX. Schulenburger Landstrasse 335. Una joven trabajadora social nos toma otra vez los datos. Le entregamos los papeles. Lo más importante es la «adjudicación de un alojamiento por indigencia». Según el certificado, se pondrá a disposición de cada uno de nosotros una cama hasta el 4 de febrero de 2010. Ya soy indigente con certificado oficial.

Asphalt, la revista de los sin techo de Hannover, ha encuestado a algunos «huéspedes» del búnker, y la mayoría de las respuestas confirman mis experiencias. «Estuve dos noches en el búnker. Eso es suficiente para toda la vida», es el resumen de Jürgen. «Mal olor, agresividad, la sensación de estar encerrado... y un personal de vigilancia que no se preocupa por nada.» «Hasta cierto punto se entiende, porque es probable que trabajen por salarios de hambre», supone Thomas. Holger recuerda: «Pasé allí dos noches y *sobreviví;* no hay una manera mejor de describir lo que ocurre en ese lugar. Más de una vez me insultaron y me amenazaron, también hubo broncas. Todos los conserjes eran muy groseros, no se interesaban por nada y se veía que estaban desbordados.» Jürgen cuenta: «En el búnker roban. Y apesta, la higiene es insuficiente. Por la mañana, cuando tenía que ir al servicio, me dije que no, que ahí no, y después hice mis necesidades en el bosque de la ciudad. Además, había que andar con mucho ojo para no pillar sarna. Todo eso es muy agresivo. ¿Y si después los vigilantes intervienen? Qué gracioso. A partir de las diez de la noche ya no se les veía el pelo. Ese lugar tiene que desaparecer, es una vergüenza.»

También en Hannover las autoridades y los políticos reaccionan cuando publico mis experiencias en el búnker. Stephan Weil, el alcalde (SPD), no quiere cerrar el búnker y opina que sólo hay que mejorarlo. En cambio, Thomas Hermann, el subjefe del grupo del SPD y portavoz del departamento de construcción y vivienda, exige: «Tendríamos que cerrar el búnker lo antes posible. Es un alojamiento indigno. Necesitamos otras soluciones, garantizar la intimidad, instalaciones sanitarias razona-

P R E S S E M I T T E I L U N G

SPD Ratsfraktion Hannover

9. März 2009

Bunker am Welfenplatz schließen, Obdachlose zeitgemäß und menschenwürdig unterbringen

„Die Verwaltung sollte so schnell wie möglich die Unterbringung von Obdachlosen am Welfenplatz überdenken. Wir sollten den Bunker schnellstmöglich schließen," sagt Thomas Hermann, baupolitischer Sprecher und stellvertretender Vorsitzender der SPD-Ratsfraktion. „Die Unterbringung dieser sehr individualistisch geprägten Menschen in Mehrbettzimmern ist einfach nicht mehr zeitgemäß und menschenunwürdig. Dazu brauchen wir andere Lösungen, die Individualität, vernünftige sanitäre Anlagen und auch die Sicherheit der Menschen gewährleisten!"

Der baupolitische Sprecher reagiert damit auf die massive Kritik an der Unterkunft, die durch den Journalisten Wallraff ausgelöst wurde. „Gerüchte gibt es schon seit Jahren. Doch auch die Zahlen sprechen ihre eigene Sprache: Von den 44 zur Verfügung stehenden Betten sind im Schnitt nur 6 bis 10 Betten belegt. Selbst im Winter bei minus 15 Grad schlafen diese Menschen lieber auf der Straße. Das hat doch Gründe!"

Hannover hat in den vergangenen 15 Jahren mit seinem Programm zur Vermeidung von Obdachlosigkeit und der Aufwertung der Schlichtwohngebiete sehr erfolgreich gearbeitet. „Wir sind im bundesweiten Vergleich der Großstädte gut aufgestellt. Eine Fortführung des Bunker-Betriebs würde Hannover in ein falsches Licht rücken", so Hermann. „Das sollten wir nicht zulassen."

„Die Verwaltung sollte jetzt schnell handeln und zügig Vorschläge für eine individuellere Unterbringung sowie eine andere Betreuung als durch Wachpersonal unterbreiten;" fordert Thomas Hermann.

Sollte es individuelles Fehlverhalten gegeben haben, so sei dies zu verurteilen und abzustellen. An den offensichtlich fehlerhaften Strukturen und baulichen Mängeln würde sich dadurch aber nichts ändern: „Wir sollten wir uns vielmehr auf einen zeitgemäßen Neuanfang konzentrieren."

Weiterführende Informationen erhalten Sie bei:

Thomas Hermann, baupolitischer Sprecher

Comunicado de prensa pidiendo el cierre del búnker de la Welfenplatz.

bles y también la seguridad de las personas.» Según Hermann, la administración debe presentar «propuestas sin demora».

En junio de 2010 el ayuntamiento decide finalmente cerrar el búnker y, a más tardar a partir de noviembre, abrir un alojamiento más digno.

La asistencia social católica

Desterrar lo más lejos posible a «vagabundos», locos, bebedores y otros personajes chocantes y curiosos ha sido siempre el método para evitar que los miembros decentes y adaptados de la sociedad tuviesen que ver a la «gentuza reacia al trabajo». En la ciudad, pero también en el campo. En la época nazi, a las personas sin casa las registraban como «asociales», las encerraban en campos de concentración y las maltrataban con especial brutalidad. Muchas de las víctimas, obligadas a llevar un triángulo marrón o negro en el traje de presidiario, no sobrevivieron a las torturas. Tras la liberación, a los supervivientes se les negó toda indemnización en la República Federal y en la mayoría de los casos también en la República Democrática. El estigma de «asocial» duró más que el nazismo.

El Petrusheim se encuentra a siete kilómetros de Weeze, una ciudad pequeña y muy limpia del Bajo Rin, cerca de Kevelaer, el célebre lugar de peregrinación. Esta «colonia obrera católica» se construyó hace cien años. Hacia finales del siglo XIX y principios del XX, las dos confesiones mayoritarias construyeron centros como éste con la intención de recuperar para el trabajo a «vagos» y «mendigos ambulantes» y someterlos a la disciplina laboral imperante. A menudo, los métodos eran draconianos: la obligación de trabajar por un salario irrisorio, una dirección autoritaria, palizas.

Este albergue sigue siendo una «colonia», lugar de residencia y de trabajo de unas doscientas personas, la mitad de las cuales viven en la residencia de ancianos del pueblo. Los demás, en las viviendas de la colonia propiamente dicha. Hay un tercer grupo formado por los que ya no están en condiciones de trabajar y son demasiado jóvenes para la residencia de ancianos.

Algunos amigos indigentes me habían hablado del Petrusheim. Para algunos es la estación término. El «albergue de los muertos vivientes», lo llaman. Las autoridades municipales de Renania del Norte-Westfalia envían allí a sus «clientes», pero también es posible alojarse durante un par de días o más por decisión propia. Incluso es posible quedarse para siempre: en el cementerio, que, junto con los edificios destinados a viviendas, al trabajo y a la administración, la iglesia, los establos para el ganado y los aperos agrícolas y el matadero, también pertenece a la residencia.

He dormido varias veces en el Petrusheim, registrado como indigente de paso. A pie es un largo camino; la carretera entre Weeze y el albergue parece no terminar nunca, de vez en cuando un coche pasa a mi lado zumbando. En algún momento aparece la entrada, a la derecha. Un sendero bordeado de arbustos lleva a la «Hauptstrasse», la calle principal, en cuyo extremo veo la iglesia, rodeada de árboles altos. Después, el camino tuerce a la derecha hacia un patio interior formado por los numerosos edificios, como si fuera una gigantesca finca rural. Las casas mismas y el patio interior, con flores, árboles y bancos dan la impresión de estar bien cuidados. El conjunto me parece un pueblecito, apartado de cualquier otra forma de vida, entre prados y con campos de maíz, trigo y patatas. El Petrusheim posee doscientas cuarenta hectáreas de tierra cultivable.

Brilla el sol a última hora de la mañana, veo a un par de residentes; algunos fuman, otros tienen una botella de cerveza en la mano. Todos los bancos están ocupados. El Petrusheim es una residencia «húmeda»; es decir, se puede beber, pero no demasiado. En el sótano hay una especie de quiosco con unas horas de atención al público más o menos fijas. No es un espectáculo precisamente bonito el que espera allí abajo; huele a moho, y un empleado de la administración vende alcohol, cigarrillos y otras chucherías. No parece muy feliz allí dentro; delante del mostrador la cola se ha ido haciendo más corta. A un cliente que ya ha comprado demasiado a cuenta no le venden nada; los ojos se le llenan de lágrimas. «Desde que estoy aquí, más allá del bien y del mal», comenta otro la escena, «ya no tengo libertad. Aquí hay que dejar casi toda la pensión; te dan noventa y cuatro euros al mes para pequeños gastos. Esto es la antesala de la tumba.»

Timo: un encuentro en el Petrusheim

Tiene veintitrés años y es el más joven del lugar. Un muchacho ensimismado; no dice una palabra, pero escucha con atención. Timo ya lleva unos dos años viviendo en la calle. Una mañana, después del desayuno, me dirijo a él: «Algo me dice que éste no es tu lugar. ¡Tú tienes la vida por delante!» El chico abandona sus reservas y pronto no hay quien lo pare: «El principal motivo por el que me fui de casa fueron las drogas. Cuando mis padres se enteraron y mi padrastro se puso violento, la cosa ya no funcionó. Y me las piré. De todos modos me habrían echado. Sí, y entonces empecé a pasar las noches al fresco. Fueron amigos los que me introdujeron en las drogas. Probé la marihuana y así hasta el *speed*. Pero no pasé de ahí. Nunca me pinché, para mí la heroína era el fin.

»Terminé la primaria superior y también empecé formación profesional, pero lo dejé. Tenía hasta mi propio piso. Cuando ya no pude pagarlo volví a la calle. Después lo intenté otra vez. Mandé unas doscientas solicitudes, me presenté para cocinero, carpintero, pintor, de todo, pero no conseguí nada. Hace dos años pasé una noche en un parque a dieciséis grados bajo cero. Por la mañana me desperté en el hospital, no recordaba nada de lo que había pasado esa noche. Alguien debió de llevarme hasta allí; estuve cuatro días ingresado. Un buen amigo me dejó vivir en su casa y ahí me quité de las drogas. Hasta aquí y basta, me dije. Mis padres estarían dispuestos a aceptarme otra vez, pero sólo si antes consigo un puesto de aprendiz.

»Lo peor lo viví muy cerca de aquí, en un albergue para indigentes de Goch, un edificio que parece como si lo hubieran montado con restos de demoliciones. Las puertas no cierran bien. Ahí la gente va borracha perdida. Conocí a algunos que tenían cicatrices por todos lados. Drogadictos, alcohólicos. Una mañana, dos de los que vivían ahí aparecieron junto a mi cama. Eran camellos y querían venderme heroína. Cuando dije que no me interesaba, me agarraron y uno quiso clavarme la aguja en el brazo, para pincharme y hacerme dependiente. A mí las agujas ya me dan pánico por naturaleza y perdí los estribos, conseguí soltarme y me largué. Ahora entiendes por qué hasta cierto punto aquí me siento seguro, aunque de vez en cuando también me coloco bebiendo.»

No obstante, aquí Timo está fuera de lugar. Pero como el Petrusheim se financia con el dinero que las autoridades pagan per cápita, hay que ocupar el máximo de plazas posible. Por lo tanto, Timo no tiene ninguna posibilidad de que lo saquen de ese ambiente habitado en su mayor parte por hombres muy mayores y alcohólicos, de que le busquen un lugar en el que pueda vivir con un grupo y con asistencia y asesoramiento para restablecerse y salir a flote. En una palabra, la posibilidad de salir adelante.

El primer día de mi estancia en el albergue trabo conocimiento con algunos de sus habitantes. Allí la gente tiene tiempo; nada distrae, ni siquiera se ve rondar a los que pertenecen a la colonia de trabajadores. En tiempos, la mayoría de los residentes del Petrusheim se dedicaba a la agricultura. Hoy lo hace gente de fuera, peones agrícolas remunerados. Se dice que los residentes del albergue no eran muy eficientes, que no estaban motivados y que ya no se los obligaba a trabajar tanto como antes; al menos así se justifica la dirección del centro. Es cierto que en el «plan de asistencia» del centro se lee lo siguiente: «Junto con las medidas asistenciales, nuestros residentes encuentran en Petrusheim un campo de ocupaciones muy variado y pueden integrarse individualmente y perfeccionarse en distintos ámbitos, como la economía doméstica, la técnica, la cerrajería, la carpintería, el trabajo agrícola, la jardinería, la carnicería del centro y el parque zoológico.» Sin embargo, la vida cotidiana parece muy diferente. Mi primera impresión es que consiste en matar el tiempo, aburrirse, fumar, beber, quizá también ver televisión. En la vida cotidiana poco se nota de los «planes de asistencia» que el albergue acuerda con cada habitante de la colonia y somete al *Landschaftsverband* de Renania, que paga una dieta fija, razón por la cual el Petrusheim se financia en su mayor parte con fondos externos.

«Hay veces que me paso una hora fregando el suelo», me dice Thomas. «Hay que demostrar que uno hace algo. Después te dan también la prima.» Sí, además de la paga mensual de noventa y cuatro euros, en el Petrusheim los residentes cobran por su trabajo. Hay colgada una «Información sobre las primas» según la cual se pagará treinta céntimos por hora «en caso de rendimiento satisfactorio», cuarenta céntimos por un trabajo «de satisfactorio a bueno» y cincuenta céntimos en caso de que el rendimiento sea «muy bueno». Nada de eso tiene mucho que ver con la «integración individual y el perfeccionamiento», como dice el ideario del centro. ¿Cuántos residentes se sienten motivados con un par de euros para huir del clima agobiante de falta de perspectivas y abatimiento que impera en el lugar? Ése es el problema principal de esta «colonia». Como gueto aislado de toda vida es, para muchos, el final del trayecto. Esa sensación contagia incluso a los jóvenes, que por sí mismos todavía no tirarían la toalla si la sociedad no los hubiese abandonado y dado por perdidos hace tiempo.

–De aquí sólo saldré con los pies por delante –dice Thomas.

–¿Tienes contactos fuera de aquí? –le pregunto–. ¿Familia, hijos, algo?

—Todo eso hace mucho que quedó atrás, en mi otra vida, cuando todavía tenía trabajo —dice—. ¡Y mi novia vive ahí enfrente, en la sección de mujeres!

»Cuando tienes un poco de dinero, te vas al mostrador del sótano —cuenta Thomas—. Antes era distinto. Teníamos un quiosco de verdad, lo llevaba un colega mío. Era genial. Él mismo cobraba. Después nos lo quitaron. A veces nos tratan como a idiotas. Somos demasiado tontos para contar un par de euros. Claro, aquí viven algunos que se han quedado sin cerebro de tanto emborracharse. La tienda de abajo existe para ellos, por supuesto. Pero no está bien que los traten con desprecio, como escoria a veces. Además, también hay gente que no es así.

Se han sumado a nosotros un par de residentes, todos mayores y con mucha experiencia a sus espaldas.

Uno de ellos interviene. «No soy tonto, hace tiempo que me he dado cuenta de lo que pasa aquí. Estamos en medio del campo y no podemos irnos. En realidad, nuestro minibús sólo va a Weeze una vez al día, y casi siempre sale. Pero quién puede ir, bueno, eso depende de la suerte. Y hay veces que el autobús no pasa. Entonces la carne se entrega directamente a la administración. A ésos les va bien. Les traen una carne de primera, de aquí, del matadero, por la mitad de lo que cuesta en la carnicería. ¡Y son los directores!»

El Petrusheim lo gestiona el Rheinischer Verein für Katholische Arbeitskolonien e.V., la asociación de colonias de trabajo católicas en cuya presidencia están el director de Diozesancaritas de Aquisgrán, el de Münster, un representante de la archidiócesis de Colonia y algunos curas de los alrededores. Entre ellos, el prelado catedralicio S., de Wesel, al que, según el *Rheinischer Post*, un colaborador honorario le ha reprochado que le gusta la pompa y que veja a sus subordinados «como un déspota absolutista».

—Nosotros les interesamos una mierda —secunda Thomas a su amiguete—. Nos despluman. Un ex director del centro se hizo

construir una casa con trabajadores empleados en el Petrusheim. ¡Ya ves cómo son las cosas!
–Olvídalo –dice el otro–. Aquí al menos no se me enfría el culo, gracias. Todo lo demás es política y no me interesa. Eso aquí no le interesa a nadie. –Coge su botella y se va a la casa donde están los demás; conversan, a veces hablan de tonterías o callan.

Luego se pone a refunfuñar uno que se llama Matthias: «¡Siempre escondiendo la cabeza como un avestruz! Trabajé bastante tiempo en la oficina y sé lo que se cuece aquí. Se han comprado incluso un programa de una empresa de informática diez veces más caro que la marca líder del mercado. Para las facturas y cosas por el estilo. ¡Doscientos cincuenta mil euros! Yo trabajé en ese sector y cuando me enteré sólo pude sacudir la cabeza. No sólo porque era demasiado caro, sino porque tampoco iba a servir para nada, no tienen ni idea de informática. Algún chanchullo hay, por supuesto. Parientes, conocidos, qué sé yo. Fue un chasco, claro. Doscientos cincuenta mil euros a la basura. Me gustaría saber si rodaron cabezas.» (Más tarde yo mismo investigo de manera oficial: no rodó ninguna cabeza; el asunto se archivó como incidente lamentable y nunca se volvió a mencionar.)

Ahora es Rainer, que nos ha escuchado todo el rato, el que no puede contenerse. «A veces te tratan como a un crío», protesta. «El dinero para los gastos, que nos corresponde por ley, la mayoría de las veces no nos lo pagan íntegro. Te dan bonos que puedes canjear en el sótano por cerveza o alguna otra mierda. Yo siempre me defendí bien contra esa práctica. Tengo derecho a la calderilla que me corresponde. En efectivo.» Da una calada al cigarrillo y se calma un poco. «En fin, hay que apañárselas de una manera u otra, respetar las reglas. Pero yo siempre soy un poco rebelde en un centro como éste. No puedo tener la boca cerrada y mucho menos delante de la autoridad. Me irrita eso de tener que pagar la terapia ocupacional. Pero,

Walter, de profesión camionero: encuentro en el Petrusheim

Walter trabajó durante muchos años de camionero en el transporte internacional de mercancías y viajó desde Noruega, Suecia y Finlandia hasta Italia, Francia, España, Portugal e incluso Marruecos.

«El año pasado tuve que transportar un gran motor hasta Agadir. Primero por Francia, con escolta policial. Salimos, y a la mañana siguiente, a las cuatro y diez, recibí una llamada del jefe. Que llevara el camión a la siguiente área de descanso, desacoplara el remolque y regresara lo antes posible. No me dijo por qué. Al cabo de tres horas y media ya estaba yo de vuelta en la sucursal francesa. Nuestra jefa de sección dijo que no estaba autorizada a decirme nada. Por eso llamé a mi casa para preguntar si había pasado algo. No conseguí hablar con nadie porque estaba siempre comunicando. Después el jefe me dijo que me fuera a casa, que tenía vacaciones. Yo me quedé mirándolo como un idiota. Volví a mi casa con escolta policial. Ellos sabían lo que pasaba, pero tampoco podían decírmelo, y quizá fue mejor así.

»Sí, y después, cuando crucé la frontera luxemburguesa, abajo, en el pueblo, sólo vi luces giratorias. Bajé despacio por la carretera y vi que algunos vecinos ya se me acercaban y me hacían señas con la mano. Entonce vi mi casa..., la fachada había desaparecido. En ese momento también pensé en mis padres y en mi pareja y en nuestro hijo. Un policía me ordenó que frenase y dijo que no podía seguir en coche. Le dije mi nombre. "Oh", dijo, "eso cambia las cosas. Ahora mismo le dejaré libre la calle." Delante de la casa había cientos de personas, bomberos, ambulancias.

»Y después vino lo peor, claro. Una vecina se me acercó y me dijo:

—Lo siento muchísimo. Han muerto los cuatro.

—¿Cómo? –dije yo–. No me lo puedo creer.

»Cuatro personas, mi padre, mi madre, mi compañera sentimental y nuestro hijo. Una explosión de gas, dijeron. Yo no terminaba de entenderlo. Después se acercó un pastor y ése fue el final de nuestro viaje. Hasta el día de hoy. Ahora, la semana que viene, sería el aniversario.»

Walter lo contó todo sin vacilaciones, sin pausas. De pronto se reclina en su asiento, reflexiona un momento y prosigue: «Después del desastre que viví, me fui a casa de un colega en el sur de Francia. Pude dejar de pensar un poco en lo ocurrido, aunque luego empecé a echar de menos el pueblo. Pero, claro, ya no existía. No quedó nada. Empecé a dormir en un hotel, más adelante sólo los fines de semana. Los demás días dormía en el coche. Gracias a Dios no al aire libre, tumbado en un banco. Casi seis meses me pasé viviendo en el coche, sólo en el coche, por todas partes, en el Eifel, en el Bajo Rin, a veces en las áreas de descanso de una autopista y después algún día otra vez en un hotel, para ducharme.

»Dejé de ver a todos mis conocidos, me aparté, me quedé solo porque así lo quería. De lo contrario no habría encontrado nunca la tranquilidad. Por dentro todavía estoy trastornado. No puedo cambiar nada. Me llamaron de Marruecos y de Suecia y me han deseado suerte. Y la paz, que a veces encuentro en soledad. En el móvil todavía guardo dos mensajes de texto y los miro regularmente porque son muy importantes para mí.»

Walter ya lleva un tiempo en el Petrusheim. Toma parte en la terapia ocupacional, tiene sesiones dos veces por semana con los asistentes sociales y agradece que intenten ayudarlo. ¿Si quiere volver a trabajar? No como simple camionero, y de ninguna manera en el transporte de larga distancia.

«La vida de un camionero es agotadora, no se duerme ni cuarenta ni cincuenta horas por semana como sería necesario. Una vez me pasé cuarenta y ocho horas al volante. Bajé desde Noruega con el vehículo pesado hasta Marruecos y de allí volví a París de vacío. En París recogí carga para Würzburg. Y todo de un tirón. Dormí dos horas y media en dos días. Ésa es la realidad.»

Lo miro incrédulo. Es imposible, pienso, aunque yo no necesito dormir mucho.

Walter sonríe: «Para eso hay que doparse, por supuesto. Pastillas de cafeína, y no muchas, más de cuatro no son acon-

> sejables. Así se puede conducir una semana entera porque el efecto dura tanto que nunca tienes sueño. Además, todos tomamos mucho café, y café con coñac también. Naturalmente, está prohibido, pero mientras no te pases, la policía hace la vista gorda. Yo siempre trabajé en el extranjero. Sí, el tiempo es oro, a duras penas se mantiene uno despierto.
> »Pero yo ya no quiero hacer recorridos tan largos. Necesito algo que se parezca a una vida normal.»

así y todo, la hago. Carpintería, economía doméstica, telefonista, cosas así. Ah, sí, y limpiar. No se requiere una gran capacidad ni un gran rendimiento, y con lo que pagan tampoco lo pueden esperar. Pero pronto me iré, no necesito quedarme aquí para siempre. Después volverán a ponerme el sello en el pasaporte: Sin domicilio fijo. Y me marcharé. Soy un vagabundo, sí, eso es lo que soy.»

Ahora que vuelve a hacer calor, puedo imaginarme perfectamente a Rainer en su papel de *clochard* arrogante. Pienso que entre la gente que vive en la calle no sólo hay pobres diablos. También están los otros, los que son como Rainer. Aunque más tarde me cuenta que ya ha pasado por bastantes cosas. «Es un trabajo duro, cansa el cuerpo más que trabajar sentado en una oficina. Estamos siempre de un lado para el otro, no sabemos qué va a pasar mañana.» Después cuenta dos experiencias que estuvieron a punto de costarle la vida. «En el hermoso Oberschwaben, justo al lado del Lech, una noche dormí a la intemperie. Había uno de esos relojes con termómetro. Cuando me desperté por la mañana marcaba veintitrés bajo cero. Es decir, que por la noche debió de hacer más frío. Después, cuando enrollé el saco de dormir y me dispuse a guardar la colchoneta, no pude. Estaba congelada, el sudor se había helado y había formado agua de condensación.»

Aunque pueda sonar a historia de lansquenetes en la lucha por la supervivencia, lo siguiente es algo que sólo puede pasarle a un indigente: «Una vez, en Baden-Wurtemberg, me pisotearon tres cabezas rapadas, radicales de derecha. Primero esperaron que me metiese en el saco y apenas pudiera defenderme. Tardé un buen rato en salir. Me pisotearon de verdad. Fue muy desagradable.»

También esta experiencia la cuenta a su manera lacónica. Es mejor no exagerar algunos sucesos. De lo contrario, el miedo a que se repitan paraliza demasiado. Sin embargo, Rainer no ha dicho adiós a su vida en la calle. Aun cuando físicamente a veces esté al límite de sus fuerzas: «Tenemos que ir siempre cargando cosas. Tengo una mochila que pesa cuarenta kilos y eso tienes que llevar en la chepa la mitad de tu vida. A la larga te destroza. Tengo artrosis en todas las articulaciones y llevo dos caderas artificiales. ¡A los cuarenta y cinco años!»

Y sin embargo: «La vida en la calle se parece a una adicción, pero es una adicción que también libera. Se pueden vivir momentos felices. Cuando todo se pone verde, cuando llega la primavera. Cuando las flores se abren por la noche. Eso me hace feliz. Porque entonces sé que vuelve a comenzar una época en que las cosas me irán bien.»

Rainer recuerda entusiasmado todos los lugares en que estuvo; en ninguna parte aguantó mucho tiempo. «Es nomadismo. No sé de dónde viene, pero en mi caso es muy fuerte.» Rainer es jardinero diplomado, tiene libreta naval, estuvo medio año en Australia, donde se dedicó a esquilar ovejas, y vivió tres años en África, primero en Marruecos, luego más al sur. Pero antes de hacerse «vagabundo» también fue alcohólico durante cinco o seis años, incapaz de hacer otra cosa que beber. En todo caso, tiene eso que se llama experiencia de la vida.

«La calle cambia a la gente, a veces para bien, otras veces para mal, depende. Conozco a personas que eran profesores, médicos y que hoy viven en la calle. Cayeron de repente del sistema y ya no pudieron pagar. Después, a eso se sumaron uno o dos golpes del destino y tomaron otro camino. No el mal camino, creo que no puede decirse así, pero otro camino, se vieron empujados a otra vida.»

Rainer se pone de pie, quiere estirar un poco las piernas. Yo lo acompaño. Salimos del enorme patio interior y primero caminamos despacio hasta el cementerio. Al final de la «calle mayor» se extiende una gran superficie cuadrangular con unas trescientas cruces de cemento, toscas, en fila y siempre a la misma distancia, con los nombres en rótulos de metal. El conjunto da la impresión de ser un cementerio militar. Pero a pesar de lo que sugiere esa uniformidad y nivelación de clases, los indigentes enterrados allí no son caídos en combate por la patria. Han muerto librando su personal batalla individual por una vida digna. Así y todo, las instituciones que los acogieron no les han profesado respeto ni siquiera en la muerte. No hay plantas ni flores ni ornamentos florales siempre verdes; sólo la tierra pelada, hierbajos, piedras. Un lugar frío e impersonal, indiferente, no apto para el duelo o el recuerdo.

Y Rainer también sabe más cosas: «Esto es mejor que un cementerio de pobres normal. Sólo hay cruces de madera. Y antes se llevaban a los muertos a Holanda porque allí la incineración es más barata. O se quedan en Holanda, donde dispersan sus cenizas. Eso es más barato todavía.»

Descubro ornamentaciones florales en dos tumbas nuevas. Flores cortadas que se marchitan lentamente. «Parientes, quizá», dice Rainer. «O una pareja que tenían aquí, en la residencia. También eso existe: el amor en Petrusheim.»

Poco me consuela. Me queda la impresión de un profundo desconsuelo. Dejamos el cementerio. En el otro extremo de la «calle mayor» está la iglesia y hacia allí nos dirigimos. Nos adelanta un coche negro; descienden dos hombres y con gran esfuerzo bajan un ataúd de la superficie de carga.

–Mi pésame –dice Rainer–. ¿Traéis a alguien?

–A uno de la residencia –contesta uno de los hombres–. Echadnos una mano.

El ataúd pesa y cae con estrépito al suelo cuando lo sacamos del coche. Rainer nos pide que tengamos cuidado; pregunto a los dos hombres cómo habrían llevado solos el ataúd a la iglesia. Dicen que habrían entrado con el coche hasta el altar, que eso no sería un problema. Volvemos a levantar el ataúd y seguimos con muchas dificultades. Cuando finalmente lo tenemos junto al altar y lo dejamos en el suelo, propongo que encendamos una vela, que nos quedemos un rato; a mí me pone de los nervios la rapidez con la que se quitan de encima al muerto. Me recuerda a la recogida de la basura. Los hombres nos dicen adiós con la mano y se marchan. Rainer y yo nos quedamos un rato, ensimismados, y después también damos media vuelta.

Ya en el pueblo, me acerco otra vez al tablón con la «información sobre primas». Tengo un vago recuerdo. En efecto, dice, en el apartado «Primas por la descarga de cerveza y por los entierros». Por la descarga de cerveza se paga una prima de 2,50 euros. Por el transporte de ataúdes en los entierros, también una prima de 2,50 euros».

En muchos de mis encuentros con los fracasados y los parias no puedo evitar recordar el poema de Friedrich Nietzsche «Vereinsamt»:

> Graznan las cornejas,
> a la ciudad migran batiendo alas:
> no tardará en nevar –
> Dichoso aquel que aún tiene su casa.
>
> De pronto te detienes,
> para mirar atrás, ¡ay!, cuánto tiempo,
> ¿por qué esa necedad
> de salir al mundo en pleno invierno?

El mundo – una puerta
muda y fría a mil desiertos;
el que perdió
lo que perdiste ya no se detiene.

Ahora, ahí estás, pálido,
condenado a errar en invierno,
como el humo,
siempre hacia el más frío cielo.

Vuela, pájaro, grazna
tu canción cual ave del desierto.
Tú, necio, esconde
el alma rota en la burla y el hielo.

Graznan las cornejas,
a la ciudad migran batiendo alas:
no tardará en nevar –
¡Dichoso aquel que aún tiene su casa!

LLAMAR Y TIMAR, TODO ES EMPEZAR
Entre teleoperadores

Reluciente como la plata se alza el rascacielos hacia el cielo de Colonia. La KölnTurm, ocho metros más alta que la célebre catedral y situada en el corazón del MediaPark, es mi punto de destino esta mañana. Voy a adentrarme en el nuevo mundo alemán del trabajo, donde nada echa humo ni esparce hollín como antaño las fábricas y las minas de carbón, un mundo mucho más libre de polvo y oculto detrás de una fachada de acero y cristal. Una puerta giratoria automática me deposita en el vestíbulo, delante de la recepción. Llevo peluca y lentillas, me he afeitado el bigote de morsa y, por si fuera poco, mi entrenamiento maratoniano me ha rejuvenecido. Tengo cuarenta y nueve años y a partir de hoy me llamo Michael G.: este nombre y, con él, mi identidad me los ha prestado un amigo de un amigo.

La joven recepcionista llama al piso al que me dirijo y pregunta si de verdad me esperan. «La necesidad de discreción ha aumentado en la misma medida que el volumen de negocios», dice la publicidad de la KölnTurm. «Y el sistema de ascensores *Lift-look* lo protege contra visitas no deseadas.» Tanta discreción tendrá un motivo, me digo. En esta torre se han instalado empresas que sólo a regañadientes se dejan ver en los mapas: servicios financieros, inmobiliarias, asesorías y los llamados *call centers*, las empresas de márketing telefónico o atención al cliente. El complejo de oficinas es un ejemplo clásico del nuevo mundo feliz del trabajo. Sin ninguna modestia se compara con edificios como el Rockefeller Center y el Empire State de Nueva York, o con la Commercial Office Tower de Philipp Street (Sidney). En el folleto confeccionado por la propia empresa, estos y otros rascacielos de fama internacional aparecen reproducidos sin comentarios en la primera doble página. Los gestores de esta *prime location* afirman que en la KölnTurm residen empresas que están «entre las casas líderes». Yo me dirijo a CallOn, el segundo comercializador de cupones de lotería de Alemania. CallOn es una empresa de márketing telefónico, uno de los *big players* de este nuevo sector de la economía. En Alemania hay más de seis mil *call centers,* un ramo que en 2007 tenía cuatrocientos cuarenta mil empleados, un sector en crecimiento que, al parecer, contrata a cuarenta mil nuevos empleados cada año. Dan la impresión de ser las minas de nuestro tiempo: en ellas trabajan escondidas miles y miles de personas que terminan volviéndose invisibles, igual que las condiciones en que trabajan. El sector prospera rápidamente y se transforma a una velocidad de vértigo: sólo a una tercera parte de estas empresas se le confían los llamados *inbound-business,* es decir, realizan encuestas y tramitan quejas o sugerencias de clientes por encargo de otras empresas. Dos terceras partes de ellas se dedican parcialmente o por completo al *outbound:* ventas. Todo el mundo sabe que venden lotería y suscripciones a revistas; menos sabido es que venden todo lo posible y más: comestibles, pólizas de seguros, viajes o fondos de alto riesgo. Todo demasiado caro, de menor calidad y, a menudo, inservible. Y casi siempre engañan a los clientes. Los *call centers* llaman sin interrupción a casa de los alemanes, y por regla general sin que nadie se lo pida. La Federación alemana de centrales de consumidores considera que desde los *call centers* se realizan a diario mucho más de un millón de llamadas no deseadas. En el 95 % de los casos, los consumidores se sienten importunados.

Por su parte, el sector afirma haber realizado veinticuatro millones de «contactos» diarios con clientes en 2009, un dato que parece no decir mucho, pero las centrales de consumidores hablan de un número en aumento de llamadas que ponen muy nerviosa a la gente, hechas a fin de «informar» a los clientes sobre supuestos premios en juegos de azar y para conseguir que llamen a los costosos números 0900 si quieren cobrar el «premio». En realidad, lo que los timados reciben poco después son facturas por importes de unos cuantos cientos de euros.

¿Quién molesta? ¿Quién quiere o debe vender? Mi intención es sumergirme en el centro de las líneas telefónicas calientes y con ese propósito llamo tras leer un anuncio publicado en un periódico regional. Dos días después me citan en la KölnTurm; cuando llego ya hay una decena de candidatos. Personas esperanzadas, de ambos sexos y de todas las edades. Esperamos el momento de la entrevista. Nervios, pocas conversaciones; uno o dos fuman como carreteros en una minúscula jaula de cristal con respiradero. Hasta que aparece un joven con paso elástico y la chaqueta abierta y nos lleva a los ascensores. No se ven ni teclas ni botones. El empleado enseña una tarjeta ante uno de los ascensores; las puertas se abren y entramos en la arteria de la torre. El ascensor se pone en marcha automáticamente –dentro, por lo visto, tampoco hacen falta botones– y nos lleva al piso deseado. Entre impresionados e inseguros, entramos en un inmenso despacho diáfano en el que predomina el blanco.

«Carne fresca», exclama uno de los veteranos. En ese momento viene hacia nosotros un tipo de aspecto muy relajado que debe de rondar los cuarenta; sonriendo con mucha amabilidad se presenta como «jefe de equipo» y nos señala los puestos de trabajo. Junto a las pantallas planas cuelgan espejos. Debajo de uno de ellos se lee: «Mírate en este espejo. ¡Lo que ves es único!»

«Hay que mirarse y mirarse en ese espejo una y otra vez, y sonreír, sonreír, sonreír», aconseja el jefe de equipo; «eso levan-

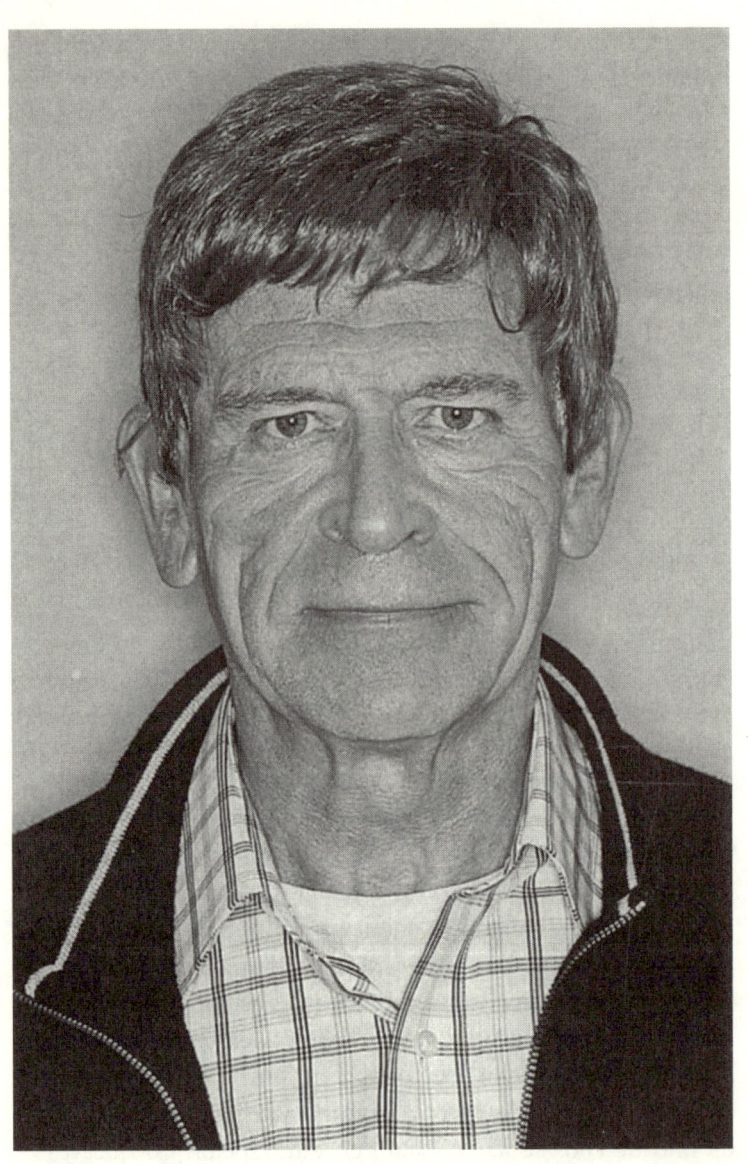

El «teleoperador» Michael G.

ta la moral. Y aquí sabemos cómo conseguirlo. Mucha risa y energía positiva. Eso se transmite a los clientes.» Me vienen a la memoria Aldous Huxley y su visión del futuro en *Un mundo feliz:* la sumisión voluntaria, la autosugestión y la autohipnosis. Minutos más tarde empiezan las entrevistas. Se presenta un profesional de las ventas, un tipo muy astuto que lleva dos años en el paro y que, por necesidad, una y otra vez se ha prestado voluntariamente como cobaya para empresas farmacéuticas. Un portero no cualificado mira algo perplejo a su alrededor; el profesor de educación física diplomado que se sienta a mi lado habla muy tranquilo sobre una entrada en la profesión que continúa sin producirse. Todos necesitan dinero. Y los puestos de trabajo no abundan. La mayoría dice que ha venido por el anuncio. A la peluquera la ha enviado una agencia de trabajo. Tiene unos veinticinco años y un hijo y no ha venido voluntariamente a la entrevista. Pero el responsable de personal no quiere saber de dónde venimos; tampoco quiere ver documentos.

El jefe de equipo evalúa si hablamos con soltura o si nos cortamos, y si exponemos nuestra biografía y nuestros motivos convencidos y de un modo convincente.

Pocos días después comunican a algunos de los entrevistados que pueden comenzar el periodo de pruebas. No todos pueden. Yo sí, y conmigo, el vendedor profesional, la publicista, la peluquera y dos estudiantes de sexo femenino.

CallOn tiene más de seiscientos empleados en sus cinco sucursales y una cifra de negocios anual de setenta millones de euros, lo cual la sitúa en lo más alto del sector. Eckhard Schulz, el dueño de la empresa, tiene la intención, según ha comunicado a la prensa, de crear otros setecientos puestos de trabajo además de los cuales hay previstos dos mil puestos a domicilio. La empresa se presenta como exitosa, un éxito que no se ha visto afectado por un largo proceso judicial (evasión fiscal por un importe dos veces millonario y la prisión provisional de Eckhard Schulz). Nuestro jefe de equipo es claro: CallOn es una

En CallOn: Sonreír, sonreír, sonreír...

casa decente. El equipo de limpieza pasa tres veces por día y hay una norma que regula la vestimenta de los empleados: «Prohibidos los tejanos; las zapatillas de deporte no son bien vistas. Por lo demás, aquí somos totalmente laxos. Tenemos jerarquías horizontales y nos tuteamos», dice nuestro instructor, que se presenta por su nombre de pila. No puedo morderme la lengua y señalo una contradicción: «¡Pero nosotros no hacemos videollamadas. ¡No nos ve nadie!» El jefe de equipo objeta: «Vuestro aspecto exterior se transmite a vuestra actitud interior. Y eso el cliente lo percibe.» Después añade: «El teleoperador que destaque con muchas operaciones favorables tiene la oportunidad de beneficiarse de un traslado a nuestra base en Mallorca. Cócteles, fiestas, esas cosas.»

CallOn llama por encargo de la empresa LottoTeam, que el propietario ha trasladado a Holanda por motivos jurídicos, y vende cupones de Systemlotto, una lotería en la que semana tras semana los alemanes se dejan unos veinte millones de euros, individualmente o en peñas. Cada peña LottoTeam agrupa a doscientos cuarenta apostantes que por apenas setecientos euros comparten un boleto muy caro de System y hacen cada semana setenta y siete combinaciones de seis números. La trampa consiste en ocultar a la persona a la que se llama que formará parte de una peña. La oportunidad de conseguir el premio mayor con un solo boleto es de una entre catorce millones. Para aumentar a una entre siete mil las probabilidades de obtener seis aciertos y el número complementario, los clientes de CallOn pagan doce euros por semana. Pero el premio se reduciría drásticamente, obvio. Si una peña ganase alguna vez realmente un millón de euros, a cada apostante que sueña con ser millonario le tocarían unos míseros cuatro mil doscientos euros.

En el gran despacho diáfano reina este principio: «Aprender haciendo.». Nadie dice directamente: Debéis engañar. En cambio, el jefe de equipo recomienda: «Aguzad el oído, orientaos imitando a los triunfadores. El que tiene éxito, tiene razón.» Y uno de los más triunfadores es Michael Fischer. En realidad, su nombre es otro, como el de casi todos los que trabajan aquí. Su secreto profesional es de lo más primitivo, pero muy eficaz:

por lo visto, acaba de tirar el anzuelo y alguien ha picado: «Mi nombre es Michael Fischer y llamo de la empresa CallOn. ¿Conoce usted la Lotto? Diga en voz muy baja: "¡Voy a ganar!" No, no, así no, ¡con fuerza! Dígalo otra vez: "¡Voy a ganar!" Ya lo ve. ¡Funciona! A partir del 2 de junio ya podrá jugar.»

«Ése ha picado», nos dice, dirigiéndose a nosotros antes de concentrarse en su próxima víctima: «Cuando gane más de diez mil euros, me invita a algo, ¿de acuerdo? ¿Tiene algo para apuntar? Muy bien, ahora le daré mi nombre para que sepa con quién ha hablado. Me llamo Michael Fischer. No. Michael, como el santo. Y Fischer, como Joschka Fischer, el delincuente.[*] ¿Cómo? ¡No, yo soy San Miguel! Muy bien. Y para empezar a jugar por los premios en efectivo a partir de dos mil quinientos euros y para la apuesta mensual de sesenta y cuatro euros necesito saber cuál es su banco. ¿La Caja de Ahorros de Kassel, por casualidad?»

En la pantalla de Fischer aparecen, en paralelo al domicilio de la persona a la que está llamando, los bancos de la zona. Michael marca en azul la Caja de Ahorros. Bingo. Eso inspira confianza.

«¿He acertado? Perfecto. Entonces ahora mire la libreta, por favor. Los dígitos del banco son 520 503 y después el 53. ¿Son los de su banco? Correcto, muy bien. ¿Y el número de cuenta? Sí, estaría muy bien, sí. Lo apunto ya mismo y enseguida se lo enviamos todo por correo.»

Pero ahí la cosa se atasca. El interlocutor no quiere soltar prenda. Michael Fischer no ceja: «Usted es autónomo, ¿no? (Esa información también aparece en pantalla o la ha facilitado la empresa proveedora de números y domicilios.) «Si yo solicitara sus servicios, seguro que me extendería una factura, ¿no? ¿Y qué vería yo al pie? Su número de cuenta, ¿verdad? Mire, a

---

[*] En realidad, el ministro de Exteriores y vicecanciller de Alemania entre 1998 y 2005. *(N. del T.)*

mí me dan entre treinta y cuarenta números de cuenta cada día. Si con eso pudiera hacer algo, hace tiempo que estaría en las Bahamas. Y lo llevaría a usted conmigo, sí, porque parece una persona muy amable. Estoy seguro de que juega estupendamente al voleibol, ¿verdad? ¿No? Ah, al fútbol. Muy bien, de acuerdo.»

Por lo visto, el «cliente» sigue sin decidirse. Michael Fischer sigue avivando el fuego: «Bueno, yo apunto aquí sus datos y le enviamos toda la documentación. Siempre trabajamos con el procedimiento de cargar en cuenta. En caso de que no quiera participar, los datos se borrarán. Estamos obligados a hacerlo por la Ley federal de protección de datos.»

Con tanta ley y tanta normalidad, el teleoperador parece haber convencido al potencial apostante, pero por lo visto en ese momento surge una última resistencia, el miedo a que se haga un uso indebido de sus datos: «Usted es practicante y eso lo sabe muy bien. No puede contarle al cliente B lo que tiene el cliente A, ¿verdad? Pues ya ve. ¿Cómo era el número de cuenta?»

Michael Fischer entorna los ojos. Esta vez la jugada no le ha salido bien. El interlocutor ha colgado.

En la llamada telefónica que el teleoperador ha realizado con voz insinuante, de hipnotizador, en ningún momento se lo oye tampoco decir que, si sus números salen, el potencial apostante tendrá que conformarse con una ínfima parte del premio (1/240). Tampoco nunca se dice que los premios inferiores a cincuenta euros no se pagan, sino que se acumulan para el siguiente sorteo. Una colega dice al respecto: «La mayoría de los que trabajan aquí saben lo que hacen. Saben que engañan a los clientes y lo hacen todos los días con una metodología inconcebible. Aunque uno no esté dispuesto a reconocerlo, creo que este trabajo puede provocar perjuicios duraderos.»

Pero el negocio va viento en popa, y eso es lo principal. Y tan en popa va que la sucursal de CallOn en Colonia puede permitirse pagar treinta y seis mil euros al mes por dos plantas de la torre. ¡Y sólo vendiendo boletos de la Lotto! Aunque: «¡Vendemos un producto, no el derecho a retractarse!», dice nuestro entrenador con cara de conspirador. La venta telefónica es legal y se realiza de plena conformidad con la ley. No obstante, al ver que varios teleoperadores en ciernes lo dudan, el entrenador lo repite. También mi colega, la peluquera, ha oído decir que no se puede llamar así como así a casa de un ciudadano escogido al azar y ofrecerle un negocio por la mera razón de que tiene un número de teléfono. La ley dice claramente que, sin un consentimiento expreso y concreto, el *call center* no puede marcar el número de un potencial nuevo cliente. Todo lo demás es una infracción de la ley que prohíbe la competencia desleal. Algo que en CallOn hacemos, y con las técnicas más modernas.

Una batería de pollos con auriculares

Al final nos damos por satisfechos con lo que nos asegura nuestro jefe de equipo, a saber, que en CallOn todo se hace conforme a la ley, y finalmente nos sueltan sobre la humanidad: con electrónica de primera calidad, pero bien pegados unos a otros, como en una batería de pollos. En el despacho, detrás de la fachada de cristal, hay cien mesas de trabajo con su respectivo ordenador. El ruido es ensordecedor. ¿Cómo se aguanta eso durante horas y horas?

A pesar de todo, la decoración de cada puesto de trabajo es convincente: pantallas planas, auriculares, un programa que marca los números almacenados con sólo un clic del ratón. En cuanto se establece una llamada aparecen en pantalla las señas del abonado y el lugar de procedencia de la dirección. Cifrados, se entiende. Por ejemplo: «McCrazy200608», «215Umzugsdaten 200607_09» o «153EasyCoupon_2006_07». En comparación, «BMW-Gewinnspiel» es un dato comprensible. Diversos ope-

Los vendedores de direcciones

Como es sabido, los vendedores de direcciones trabajan en el límite de la legalidad y, a menudo, muy al margen de ella. Ofrecen direcciones ordenadas por poblaciones, por preferencias de los usuarios o por otras características, y firman con sus clientes que las personas que figuran en esas listas están de acuerdo en que se transmitan sus datos. Por si la ley exigiera ese consentimiento.

A menudo los proveedores son los mismos que engañan con esas direcciones. Los bancos clasifican los datos de sus clientes a fin de que puedan ser útiles para sus propios *call centers* o para otras empresas del ramo subcontratadas; las aseguradoras utilizan los datos de sus clientes para poder hacer con ellos otros negocios; las casas de venta por correo estudian los hábitos adquisitivos de su clientela y procesan esos datos para las llamadas *inbound* y *outbound*.

Walter-Services, una empresa con diecinueve sedes europeas (según sus propios datos) se publicita aludiendo al procesamiento exitoso de esos datos. «Nuestro cliente está en el Top 3 de los bancos alemanes con estructura de sucursales clásica. La cartera de productos del banco debería encontrar una amplia penetración entre los clientes estables.»

Que los datos de los consumidores se venden, incluidos los relativos a las cuentas bancarias individuales, se supo por primera vez en agosto de 2008,[13] cuando la central de consumidores de Schleswig-Holstein recibió un CD con diecisiete mil datos bancarios. Bertelsmann, el coloso de los medios de comunicación, estuvo involucrado en el escándalo; él mismo comercializa datos de direcciones por intermedio de su filial AZ Direct. Al respecto, Eckhard Schulz, el dueño de CallOn, dice que el comercio de datos es más rentable que las ventas que pueden cerrarse con la ayuda de ellos. Él mismo ha vendido varias veces dos millones y medio de datos. En marzo de 2009 se hizo saber que KDG, la empresa de cable más grande de Alemania, había vendido a operadoras telefónicas poco serias datos que les permitirían obtener nuevos clientes de servicios de Internet y

> telefonía, y que había puesto a disposición de varios *call centers* las direcciones de un total de nueve millones cien mil clientes.[14]
> Programas como Data Warehousing o Data Mining[15] sirven para acelerar el procesamiento de los datos. También es útil para las empresas y los posibles proveedores de direcciones el uso de millones de tarjetas de clientes o de *payback* en el comercio minorista;[16] así se crea al consumidor indefenso. Pues, por regla general, los propietarios acompañan los datos personales con una «declaración de conformidad» en letra pequeña, en virtud de la cual dichos datos pueden seguir utilizándose.

radores de Internet que explotan juegos de azar (por ejemplo, PLANET49 GmbH) ganan mucho dinero con la venta de datos de participantes. Como vendedores de direcciones trabajan también empresas «serias» como bancos, compañías de seguros y operadoras telefónicas. El comercio de direcciones factura millones y permite ganar millones.

Nuestro jefe de equipo afirma que todos los números que allí se marcan proceden de personas que han apostado en algún concurso y que no han puesto «no» en la casilla correspondiente, es decir, que no se han negado a que sus datos se transmitan. O que se han olvidado de poner la cruz en dicha casilla. Y lo dice con un guiño: «A ésos podemos llamarlos, es totalmente legal.» Lo cual es absolutamente falso.

Tanto CallOn como LottoTeam tienen su sede central en los Países Bajos, y ambas son propiedad de Eckhard Schulz. La WestLotto, sociedad de lotería estatal, denunció a LottoTeam por evasión de impuestos y juegos de azar ilegales. La fiscalía de Düsseldorf ordenó que se congelaran cuentas de LottoTeam por un importe de ciento noventa y dos millones de euros; la denuncia se presentó en marzo de 2004 y Eckhard Schulz se buscó cuatro abogados. El 17 de noviembre de 2006, tras diecisiete sesiones, la fiscalía dictó el sobreseimiento tras suponer que Schulz no había movido el dinero de los apostantes, sino que se había limitado a aparcarlo en cuentas bancarias. De conformidad con el sorteo de la loto alemana, los premios teóricamente correspondían a los apostantes, y él los había pagado con fondos de esas cuentas, pero así había evitado pagar los impuestos correspondientes. El dueño de la empresa tenía tantas sociedades y compañías fiduciarias en Alemania, España y los Países Bajos, que resultó imposible entender el flujo de dinero. La fiscal terminó capitulando y acordó con los abogados de Schulz sobreseer el proceso previo pago de una multa de setecientos cincuenta mil euros.

Me pongo los auriculares y me comunico con una señora mayor del sur de Alemania. La mujer escucha mi versito con paciencia y dice: «No, la verdad es que no me interesa.» Le doy las gracias muy amablemente.

El entrenador, sentado a mi lado, sacude la cabeza. Me aconseja que la próxima vez diga: «Pero ganar dinero sí le interesa, ¿o me equivoco?» En la segunda llamada noto que me falta ímpetu para darle la lata a una joven madre; se oye el llanto del crío al fondo.

Un hombre mayor se queja:

—Yo vivo del Hartz IV. Sepa que los doce euros por semana los necesito como el agua, pero para vivir. Hoy no tengo ni un trozo de pan que llevarme a la boca.

—Entonces le ruego que disculpe la molestia —digo—, lo lamento, en serio.

El entrenador reacciona indignado. «¡Menudo sentimental eres!» Cuando le explico el caso, se limita a decir: «Aquí no es vuestra obligación tener remordimientos de conciencia. ¡La conciencia podéis dejarla en casa!»

Muchas de las personas a las que llamo cuelgan antes de que podamos prometerles nada. Un hombre brama: «¡Lo voy a denunciar, ya es el tercero hoy que me quiere endosar algo.» En casos así, tenemos orden de dar inmediatamente por terminada la conversación. Además, nuestro número no aparece en la pantalla del teléfono al que llamamos.

Una mujer más joven me escucha sin hacer comentarios. Después dice, en voz baja, pero firme:

—Tenemos prohibidos los juegos de azar.
—¿Quién se los prohíbe?
—Motivos religiosos.
—¿Puedo preguntarle a qué comunidad religiosa pertenece?
—Islam.
—¿Y qué sura prohíbe los juegos de azar? —pregunto, realmente interesado, y no puedo tomarle a mal que cuelgue.

Más tarde me toca un experto en matemáticas. Antes de que pueda explicarle nuestro sistema me interrumpe: «Hace tiempo que lo he calculado con todo detalle. El 52 % de la recaudación de la loto no se reparte nunca. La loto es lisa y llanamente un impuesto adicional. La probabilidad de que a uno lo parta un rayo es cuarenta y cinco veces superior a la de acertar seis números.»

Una señora mayor del este de Alemania se queja con voz lastimera:

—¿También usted quiere estafarme? Acabo de darme de baja y no me han aceptado la solicitud.

—Pero seguro que ya le ha tocado algún premio —digo, para intentar apaciguarla.

—Sí, dos euros con cincuenta —contesta—, pero no me los pagaron, me los descontaron de otra apuesta.

Contra eso no pude objetar nada.

Máxime cuando el porcentaje de los ingresos que se embolsan CallOn y las diversas operadoras telefónicas es totalmente opaco; tampoco se sabe cuánto destinan realmente a comprar boletos de la Lotto. De eso en los *call centers* no se habla, y es muy probable que sólo lo sepan Eckhard Schulz y algunos de sus hombres de confianza.

Por último me toca una mujer de Leipzig que dice ser una colega veterana del ramo. Deja que salmodie todos mis hipócritas argumentos y sólo después se da a conocer:

—A mí no puede hacerme creer nada de eso —dice—. Hace tres años que trabajo en un *call center* y sé cómo le toman el pelo a la gente.

—Entonces podrá enseñarme un par de tretas. Para serle franco, soy nuevo en esto.

—Secreto profesional. Tiene que descubrirlo usted solito. Yo también tuve que esforzarme. Pero nosotros lo tenemos más fácil que ustedes. Vendemos cupones de la Süddeutsche Klassenlotterie (SKL). Para nosotros el señor Jauch es una gran ayuda.

Günther Jauch es el presentador del programa de la SKL (RTL) y anunciador omnipresente de esta lotería estatal.

En total, en mi primer día de trabajo doy la tabarra a unas ochenta personas. La palabra «clientes» me repugna; lo correcto sería decir «víctimas potenciales». Ninguna me da la impresión de haber deseado la llamada. La mayoría se enfada y se pone nerviosa. Muchos dan a entender que eso de que los molesten continuamente con ofertas siempre nuevas es algo que perciben como terrorismo telefónico. Yo apunto a escondidas todos los números a los que he llamado y al día siguiente llamo a esos mismos números desde casa y pregunto si los «clientes» telefónicos de CallOn han participado en algún concurso o han firmado una declaración de conformidad por la cual han consentido en recibir esa clase de llamadas. Todos —sin excepción— dicen que no. Nadie ha dicho, como exige la jurisprudencia, que está «voluntaria o conscientemente» dispuesto a recibirlas.

El objetivo de todas y cada una de las llamadas de CallOn es sonsacar un número de cuenta para domiciliar el pago. Los novatos no lo conseguimos ni una sola vez. Sólo uno consigue preguntar por los datos bancarios, pero su interlocutor se niega a contestar. El jefe de equipo dice: «¡Así no funciona! No se puede pedir con una pregunta. Tienes que decir que sólo podremos transferirle el importe del premio si tenemos el número de cuenta. Y que para jugar antes hay que pagar, por supuesto. Eso está claro.»

Y nos aconseja: «Tenéis que llevar la conversación con suavidad. ¡Y después asestar bien el golpe! Decid que hace unos años nos tocó varias veces el bote. Ellos no pueden comprobarlo. Y argumentad siempre en positivo. Si alguno os sale diciendo que no quiere jugar a la loto, decidle: "En eso no se equivoca, y precisamente por ese motivo lo llamo."» A los receptores del Hartz IV y a otras personas sin recursos hemos de susurrarles: «¡Usted también debería disfrutar por fin de las cosas buenas de la vida! ¿No tiene ganas de irse al Caribe?» Si ni con ésas conseguimos que pique, podemos atacar sin tantas vueltas. «A nuestras chicas les gusta decir eso de "¡Si cobra nuestro cheque, nos vamos juntos al Caribe!"»

Cerca de la cocina modular hay dos mesas y diez sillas. Es el lugar en el que los empleados pueden pasar el tiempo de descanso; un cuarto de hora por turno. A nuestro quinteto, ligeramente frustrado, se suma Frank, todo un profesional. Hace dos turnos por día: el primero de nueve y media de la mañana a dos y media de la tarde; el otro de tres y media a ocho y cuarto. Y, según dice, consigue cerrar como mínimo diez ventas por día.

Frank nos aconseja que en las conversaciones con los potenciales clientes prestemos atención a la secuencia. «Nunca dan los datos bancarios al que empieza diciendo cuánto cuesta jugar. Si os preguntan para qué los necesitamos, debéis responder: "¡Porque tenemos que saber adónde transferirle el premio!" O decid sencillamente: «¡Porque una vez hicimos una transferencia de cincuenta y cinco mil euros a una cuenta equivocada y nunca más vimos el dinero!" La secuencia es importante. Y se trata de eso y de nada más, debéis grabároslo en el cerebro, tíos: el banco, el banco, el banco.» Y el que tenga escrúpulos, que se ponga un seudónimo, un nombre artístico, «aquí todos lo hacen».

Para protegerse de posibles quejas de los clientes, CallOn hace firmar a sus empleados lo siguiente: «Por la presente declaro que todos los clientes obtenidos en las diversas modalidades han recibido de mi parte información suficiente y que me he limitado a transmitir los números, datos y hechos conforme a la verdad. También he recibido información suficiente sobre mi obligación de transmitir los datos sólo conforme a la verdad.»

Sin embargo, el que trabaja siguiendo esas instrucciones, no vende, y el que por ese motivo miente u oculta información ha de asumir la responsabilidad. Y CallOn lo tiene por escrito de todos sus empleados. La empresa se lava candorosamente las manos cuando los clientes se quejan o cuando la atacan abogados o centrales de consumidores: la culpa siempre la tiene el teleoperador.

Por otra parte, el contrato de trabajo contiene una alusión muy clara: en reiteradas ocasiones habla de «habilidad para las ventas»: «Se espera del vendedor que, en un mes natural, realice una venta bruta por hora. Por venta bruta se entiende que el empleado consigue un cliente gracias a su "habilidad para vender."» Y el novato no sabe que está leyendo una perífrasis para decir trampas, mentiras y engaños; sólo lo sabe cuando ya está incondicionalmente a merced del sistema.

La mayoría de las llamadas terminan en fracaso. Por regla general, incluso los mejores sólo consiguen cerrar una venta cada veinte llamadas. A pesar de todos los cursillos y otras medidas de formación que CallOn y empresas similares organizan como «perfeccionamiento interno». He aquí un ejemplo de la KölnTurm (el profesor es jurista y, además, ha estudiado psicología):

«Tenemos que guiar al cliente. Nosotros sabemos adónde vamos. Desde la primera frase –"¡Muy buenos días!"– ya sabemos que queremos su número de cuenta. El que todavía no lo sabe es el cliente, por supuesto. En las ventas desempeña un papel especialmente importante el hecho de que el vendedor utilice las convenciones y las reglas de cortesía que hemos interiorizado en la sociedad occidental. Por eso hay muchos que no aceptan que se les hable con dureza y sencillamente dicen: "¡Déjame en paz!"

»El ritmo también es muy importante. Es como en el cine de acción de Hollywood: cortes rápidos, aluviones de imágenes, persecuciones. Un auto gira a toda velocidad en la esquina: sí, claro, lo veo, pero al instante vienen la información siguiente y la siguiente. Así se consigue que el otro se deje llevar, pues si hago muchas pausas, el cliente vuelve a adoptar su postura, que, por principio, es de rechazo.

»Si el cliente dice: "¡Por principio nunca doy mi número de cuenta por teléfono!", ya tenemos la mitad del terreno ganado. "En principio", "por principio": son indicadores de ventas. Porque lo que el cliente en realidad dice es: "En principio no lo hago salvo que me des un motivo para hacerlo. Por ti, llegado el caso, puedo hacer una excepción." Y por eso yo intento, como las termitas, carcomer los cimientos de sus objeciones. Desintegrarlos.»

El «perfeccionamiento» se parece a un lavado de cerebro; los teleoperadores son cobayas que han de sentir en las propias carnes cómo se convence a los caprichosos: «¡No dejéis que surjan pausas en la conversación! ¡A la energía responded con energía! Yo desintegro la actitud del cliente como la termita carcome los cimientos.» ¡El jefe de equipo está encantado con la termita! «Y después, bloquear las objeciones. Lo principal es no decir una sola frase que contenga una negación. ¡Nada de noes ni de peros! "¡Necesitaría su número de cuenta!" Muy mal. Ahí el cliente percibe que le estoy metiendo la mano en la cartera y robándole el dinero. Mejor algo totalmente impersonal: "Ahora procederemos a pedirle sus datos bancarios." Sugerir algo inevitable: "Antes el dentista siempre me daba miedo. Pero claro, alguna vez hay que ir. ¿Cuál es su número de cuenta?" Eso es como vudú.»

Los teleoperadores de CallOn también reciben esas instrucciones por escrito. Unas sugerencias que, con el título «Otras maneras de hacer frente a las objeciones», ocupan toda una página en la que se lee, por ejemplo, en relación con el «Complejo de problemas Confianza»: «Señor Mustermann, ¿quiere que le diga una cosa? Yo confío en usted, sé que me dará el número de cuenta correcto. Usted podría darme el de su vecino y adiós, muy buenas. Yo no puedo saberlo. Claro que hacemos una prueba de admisibilidad, pero primero confío en usted.»

Este asunto de la confianza no siempre funciona a la inversa. Eckhard Schulz, el propietario de CallOn, confía sólo parcialmente en sus empleados. Cuando en septiembre de 2006 los empleados de la sucursal de Dortmund decidieron fundar un comité de empresa, Schulz reaccionó violentamente contra ese intento de reivindicar un derecho garantizado por ley. La dirección afirmó que en realidad sólo había un instigador, y muy peligroso, e hizo correr el rumor de que ya había intentado extorsionar a la empresa y sacarle dinero. Sin embargo, CallOn nunca presentó denuncia por un delito tan grave. La dirección prefirió aislar al empleado en una sala aparte, sin calefacción, y puso a prueba sus nervios por partida doble haciéndolo llamar a largas listas de números de conexiones muertas para después calificarlo de inepto. En una entrevista radiofónica Schulz calificó de «parásitos» a los fundadores del comité de empresa, y del candidato a presidente dijo que era un «Rambo dispuesto a emplear la violencia». Y fue aún más lejos: «Son cosas que se aprenden en la escuela; uno saca un Colt y empieza a disparar. Ya ha atentado antes contra objetos inanimados. Una vez rompió un florero de una patada. Así son las cosas. ¡¿Cuándo les tocará a los seres humanos?!» Poco después circuló por la empresa una hoja para recoger firmas. Una parte considerable de los empleados declaraba que ya no quería trabajar con el «rebelde»; el empresario había amenazado con cerrar en caso de que se formara el comité. Los firmantes entregaron finalmente al empleador, «como prueba de nuestra fidelidad a la empresa», la lista de firmas completa.

Y, en una muestra de lealtad absoluta, le regalaron también dos botellas de vino.

A pesar de todo, Eckhard Schulz terminó cerrando la sucursal de Dortmund, que de todas maneras sigue funcionando: con otro nombre, pero con los mismos cuadros directivos, el mismo mobiliario y el mismo producto, Vollsystem-Lotto. Naturalmente, los «serviciales» teleoperadores quedaron decepcionados y sacaron a la luz toda la verdad. En realidad, la dirección de la empresa los había forzado a declarar que no estaban dispuestos a seguir trabajando con el candidato a presidir el comité de empresa.

La idea comercial de Eckhard Schulz, consistente en ganar más de doscientos millones vendiendo la ilusión de un premio millonario, es algo que él mismo ha resumido, en el círculo de confianza al que pertenecen los jefes de la empresa, con esta práctica fórmula: «La mayoría sueña en vano toda la vida con el millón. Yo, en cambio, he ganado un millón al mes, mi millón.» Aunque vive del hecho de que sus insinuantes empleados transmitan a los clientes mentiras y engaños sin cometer faltas y sin interrupción, él también tiene grandes problemas y, aunque probablemente a nivel subconsciente, cierta dificultad para expresarse cuando intenta convencer a la opinión pública de que su conducta empresarial es seria. Sirva como ejemplo la siguiente declaración de hace dos años en una emisora radiofónica local de Dortmund:

> *Aquí en el quinto piso tenemos a varios empleados que lo único que tienen que hacer es comprobar la calidad de las conversaciones. Que antes hemos grabado con autorización de los empleados... No necesitamos prohibir las elecciones al comité de empresa. No sólo tenemos CallOn Team-3, sino también CallOn-Team 2 y 1 y 4 y 5 en las otras sedes. Y no sólo aquí vivimos con un comité de empresa o no tendremos solamente aquí un comité de empresa, sino también en las otras sedes tenemos comités de empresa.*

Pero claro, debemos tener uno, naturalmente, como dice la constitución. *Aquí lo que hay en marcha es un proceso de aniquilación de la mejor calidad. ¡Y los medios de comunicación toman parte en el juego!*

En realidad, las grabaciones se hacen de manera ilegal. ¡A ningún cliente se le informa de que la conversación será grabada y ninguna sucursal tiene un comité de empresa!

Gángsters de honor

Al final del primer día de prueba, dos candidatos consideran que ya han visto suficiente; ni el esplendor de la KölnTurm, ni las chaquetas, los pantalones de vestir y los zapatos cerrados consiguen ocultarlo: en este trabajo se llama a personas a casa de manera ilícita y se las presiona con argumentos dudosos para que acepten un contrato aún más dudoso. Los chicos mandan el trabajo al cuerno y al día siguiente no vuelven.

En este sector la fluctuación es muy alta. Son los menos los que aguantan más de un par de meses contradiciéndose de esa manera. También es alto el número de bajas por enfermedad, el doble que en el resto de la economía. Esta clase de trabajo conlleva forzosamente crisis nerviosas, afecciones psicosomáticas, abuso de drogas y el síndrome del quemado.

Un ex formador de CallOn me cuenta: «Teníamos que poner constantemente grandes anuncios en los periódicos de nuestras sedes para reclutar personal suficiente, pues la mitad se marchaba antes de que pasara un mes y al cabo de seis meses sólo quedaba, quizá, el 10%. Por eso se nos ocurrió dar una prima de tres mil euros por la contratación de un vendedor de primera.»

Por lo demás, según el «código de honor» del sector, CallOn no sería una oveja negra. El Call Center Forum de Alemania (CCF), una de las dos federaciones de grupos de presión, redactó el código a finales de 2006. El texto, de tres páginas y media, es una acumulación de lugares comunes salpicados con varios párrafos de la ley que prohíbe la competencia desleal. Sin embargo, el lector ya puede buscar en vano una crítica a la *cold call*, la llamada «fría», o «en frío», es decir, sin consentimiento previo. Sólo se recomienda que «se termine de inmediato el contacto no deseado». Pero, ¡¿no es el teleoperador el que mejor sabe lo que desea el cliente?! Según el código, el *outbound* sin petición expresa del cliente no es, en ningún caso, una práctica oprobiosa, y el que no «se aprovecha de la falta de experiencia comercial, especialmente de niños y adolescentes» (que, por cierto, no pueden cerrar ningún contrato por teléfono), puede, según el código, seguir haciendo esas llamadas, «frías» pero honrosas.

En CallOn conozco a una colega a la que una agencia de trabajo había enviado a un *call center* llamado ZIU-International. Me cuenta que allí le exigieron ciertas prácticas de ventas que no pudo hacer compatibles con su conciencia, pues eran claramente delictivas. Después de exponer el caso a la agencia, ésta no lo notificó ni a la Inspección de Trabajo ni a la policía criminal, sino que castigó a la trabajadora con una suspensión temporal. En un *call center* no se pueden tener escrúpulos. Y hay quien sencillamente no puede permitírselos.

Por lo tanto, mi siguiente objetivo es ZIU-International. En el camino tiene lugar un encuentro curioso. Esta mañana he postergado todo lo posible mi hora de salida, me he tomado otro café, he hojeado el periódico y me he arreglado la peluca. Ya cuesta bastante esfuerzo actuar en contra de las propias convicciones e interpretar el papel de alguien que uno no quiere ser. Así pues, como no he previsto el atasco del Zoobrücke, intento ganar tiempo en el Pfälzer Ring y piso el acelerador hasta que giro en contradirección en la Wiener Platz, entorpeciendo también el tráfico que viene de frente. En el espejo retrovisor veo que un policía en motocicleta se me acerca a toda velocidad y después, con brío y elegancia, me adelanta y me ordena que frene. La cosa se pone fea. No tengo ni la documentación del coche ni el carné de conducir, y tampoco el de identidad.

Intento marcarme un farol:

—Colega, voy disfrazado, estoy de servicio y tengo muchísima prisa.

—¿De qué departamento? —pregunta de forma rutinaria—. ¿Tiene su tarjeta de identificación?

Prefiero darme a conocer antes de que, por una infracción de tráfico más bien leve, terminen castigándome por «usurpación de función pública».

—Bueno, lo de que estoy de servicio lo digo en sentido figurado —tartamudeo—. En realidad, estoy por descubrir un asunto verdaderamente criminal. Me llamo Günter Wallraff.

El policía me atraviesa con la mirada, sacude la cabeza y dice:

—Usted no es Wallraff, yo esa cara la reconocería.

Le explico que llevo peluca, que no llevo las gafas y que me he quitado la barba.

—A las nueve en punto tengo que entrar en acción —digo—. De lo contrario, la cosa peligra. Puedo pagar la multa si quiere.

Al parecer, lo he convencido, pues dice que no con la mano y renuncia a ponerme la multa. Nos despedimos con un apretón de manos. Al irse me grita:

—Suerte. Y alguna vez escriba algo bueno sobre la policía.

—Lo haré, no lo dude —contesto.

ZIU-International es una empresa emergente y pujante que también se puede encontrar en los anuncios que la agencia de empleo pone en Internet. A diferencia de CallOn, ZIU-International me pide un currículum. Lo he preparado deprisa y corriendo por la noche y me presento en Köln-Mülheim. El dueño, que tendrá unos treinta y cinco años, hojea el currículum y asiente respetuosamente con la cabeza. He puesto también algunas estancias en el extranjero, cosa que él difícilmente podrá comprobar: «Animador de cruceros (Mediterráneo oriental y ruta del Atlántico Norte)» y «tres años de guía turístico en Na-

Guten Tag [_____] mein Name im Auftrag für den Deutschen Jugendschutz.
Den Chef oder die Chefin Bitte ! (Wie ist der Name)

Herr/Frau_____ sie haben ja eine Jugendschutztafel in ihrem Betrieb hängen?

Die von wann?

Es gab dieses Jahr schon Erneurungen vom Jugendschutzgesetz Wir kümmern uns darum das sie immer informiert werden, wenn sich etwas ändert, damit sie keinerlei Busgelder befürchten müssen.

Die Bundesjugendministerin wird auch noch weitere Änderungen vornehmen, da die Jugend immer Frühreifer wird nicht wahr Herr/Frau_____.
Und wir müssen das Stoppen Herr/Frau_____ nicht die Politiker haben den direkten Kontakt zu den Jungendlichen sondern WIR!!

WIR müssen diese Entscheidungen die die Politiker treffen weitergeben.
(Die Jugendlichen Rauchen mit 10 Jahren Trinken mit 12 Jahren das muss gestoppt werden)

(Bestätigung vom Kunden holen)

Für die deutliche Darstellung des Jugendschutzgesetzes sorgt der neue Grosse Aluminium Klapprahmen Rahmen, wie der Gesetzgeber das vorschreibt.
Und wir senden ihnen immer die Aktuellste Version der Jugendschutztafel zu.

Ich mach dass für sie Fertig Herr/Frau_____ damit sie auf der sicheren Seite stehen

Wir nehmen keine Monatlichen Beiträge nur eine einmaligen Bearbeitungsgebühr von nur 89€ .

Notieren sie sich bitte noch meine Daten.

Mein Name ist [_____] von Ziu-Service.

Unsere Tel.:
Und der betrag von 89€ ist per Nachnahme beim Boten fällig.

Sie werden den Rahmen in den nächsten 3 Tagen zugestellt bekommen Herr/Frau_____
Haben sie noch Fragen?

Gut dann Wünsche ich Ihnen noch einen schönen tag.

Auf Wiederhören.
(Warten bis der Kunde Auflegt)

Instrucción interna de ZIU-International.

mibia». Parece algo desconfiado, pues me pide que le dé más detalles sobre mi actividad.

—Oh —digo, sin darle mucha importancia—, los turistas que hacían safaris me querían mucho, pues tenía fama de ser siempre el que más me acercaba a los leones.

Parece impresionado. Me dice que él mismo ha aprendido las «técnicas de ventas innovadoras» en el *call center* del grupo ECS y que ha seguido desarrollándolas. Se supone que he de vender para su empresa «artículos de limpieza ecológicos y únicos en el mercado», unos productos que supuestamente comercializa «en colaboración con el Ministerio Europeo de Medio Ambiente» (que no existe). En su empresa trabajan empleados de distintas culturas. «Sin tensiones ni problemas de ninguna clase», dice el jefe; «todos comprometidos con el mismo objetivo: vender.» Me dirige una mirada cordial y añade: «Aquí somos casi una familia», y empieza a tutearme. Me dice que está empezando a ampliar la empresa, que quiere alquilar otros cuatrocientos cincuenta metros cuadrados en la planta baja y que sus expertos ya están desarrollando nuevas ideas de ventas.

Sin embargo, antes de que en ZIU-International me dejen solo con los artículos de limpieza que no tienen competencia, primero tengo que vender a los propietarios de diversos establecimientos de restauración, *snack-bars* incluidos, hojas de la ley de protección de la juventud. El jefe de ZIU en persona ha copiado la primera página de la ley. También es suya la idea de que interpretemos el papel de una autoridad («Somos de la Deutsche Jugendschutz e.V.»).* Es obligatorio tener colgada la versión válida en cada momento; por eso los teleoperadores de ZIU-International tienen que decir que también llaman en nombre de la Cámara de Industria y Comercio. Todo eso tiene

---

* La Asociación alemana para la protección de la juventud; *e.V.*: asociación registrada. *(N. del T.)*

algo de patraña, pues la «Deutsche Jugendschutz» (a veces con *e.V.*, a veces sin) ni siquiera existe.

ZIU ha hecho enmarcar la hoja con la actual Ley para la protección de la juventud –en un marco de IKEA que cuesta cuatro euros con cincuenta– y la envía al comprador contra reembolso de sesenta y nueve euros. Son muy pocos los hosteleros que saben que la ley se puede descargar gratuitamente de Internet.

Me pregunto: ¿por qué se prestan a esto los teleoperadores? ¿Quién los obliga? La mujer de CallOn que se había marchado de ZIU había salido en defensa de sus antiguos colegas, a menudo personas desesperadas con una larga temporada en el paro y que se aferraban a la última tabla de salvación, gente que no tenía más remedio que derrochar energía y buen humor al teléfono aunque las cosas les fueran fatal. Pero ¿qué efectos tiene un trabajo así en los empleados? Una vez dado por supuesto que aquí no trabajan estafadores diplomados que se dedican a timar a los demás alegremente.

La propia decoración del despacho da una respuesta: en la pared hay un tablón donde se registran las ventas realizadas y el nombre del empleado que las ha hecho. El que consigue cerrar una venta pasa al frente y lo apunta. Así surge automáticamente una presión por el éxito y la competitividad. A mi lado, una voz suave que inspira confianza dice muy convincente: «En serio, sólo la vendemos nosotros. Antes podía comprarla en tiendas y en el metro, pero como los del gremio de la gastronomía no se tomaban la molestia, nos encargaron a nosotros que las enviemos.» Mentira. En el metro se puede conseguir la actual Ley para la protección de la juventud, enmarcada, por diez euros con setenta céntimos.

Este ardid de ZIU-International funciona especialmente bien con los turcos propietarios de *dönerbuden*,[*] los taberneros

---

[*] Locales, normalmente de dimensiones reducidas, en los que se vende *döner kebab*, láminas de cordero o pollo asadas en un torno giratorio y servidas normalmente en pan de pita. *(N. del T.)*

griegos y los heladeros italianos. Muchos de ellos tienen problemas para hablar y entender alemán, es fácil hacerlos vacilar y creen que están tratando con una autoridad cuyas instrucciones deben seguir sin rechistar.

Especialmente riguroso con sus compatriotas es Murat, el jefe de nuestro equipo, que es turco-alemán. Su voz supera en volumen y autoridad a todas las demás. Se presenta así: «Soy Horst Müller y llamo en nombre de la Protección de la Juventud Alemana. ¡Vaya y mire de cuándo es la ley que tiene colgada!» Es una orden, y al darla me guiña el ojo. Después suelta una amenaza: «Señor Turan, ahora escúcheme bien. ¡1985! ¡Hace más de veinte años que no es válida! Si pasa por allí alguien del Ordnungsamt,* le pondrá una multa de trescientos euros. Tiene que entender que es la ley, es obligatorio. De lo contrario pasaremos con el Ordnungsamt.» Después, con voz amable de funcionario, dice: «Se trata sólo de unos derechos de tramitación de sesenta y nueve euros que se pagan una sola vez. Dentro de tres días el cartero le llevará la nueva ley y usted la recibirá contra reembolso. Y ocúpese de colgarla en un lugar bien visible.» Luego me dice: «Lleva quince años en Alemania, tiene una *dönerbude* y apenas habla alemán.»

«¿Por qué no hablas en turco con tus compatriotas», pregunto.

«A los alemanes los respetan más y les tienen más miedo», contesta; y añade, en dialecto: «Yo soy de Colonia.» Clarisa, que según el cuadro de honor es la segunda más eficiente del equipo, toma medidas de precaución e, igual que Murat, el jefe de equipo, hace las llamadas comerciales con un nombre falso. «Me he puesto el nombre de la mujer a la que más odio», dice. Una vez muestra tener verdadera compasión por su víctima, pero a posteriori. «Acabo de llamar a un tipo muy tierno. Me ha dado verdadera pena, me decía que sí a todo. Habría hecho mejor en imprimirse el texto él mismo.»

* Departamento municipal encargado, entre otras cosas, del empadronamiento y determinados asuntos relativos al orden público. *(N. del T.)*

La única que no se esconde tras un nombre falso es Daniela, la más veterana. El jefe me la presenta como ejemplo luminoso. «Daniela trabaja muy motivada. Si ella no vende, no vende nadie.» Tras casarse con un árabe, Daniela se convirtió al islam hace dos años, y desde entonces lleva, como una monja, una ancha túnica blanca, se cubre la cabeza y sólo se le ve el rostro. En sus llamadas utiliza todos los registros posibles. «Señor Constantinos», resuena su voz, que llega hasta mí desde el otro extremo de la sala. «No hago esto para divertirme, quiero que eso le quede bien claro de entrada. No, nosotros no ganamos nada. Se trata de un pago único. Después no correrá ningún riesgo y estará tranquilo para siempre. Le deseo que le vaya muy, muy bien en su negocio y que no se estrese mucho.» Tras cerrar un número no desdeñable de ventas, nos mira radiante y triunfal. Daniela se identifica plenamente con su trabajo y a veces incluso se toma personalmente las discusiones telefónicas.

El siguiente sermón punitivo lo reproduzco aquí textualmente: «¿Cómo dice que se llama? Si no me da ahora mismo el número de teléfono de su hija, le envío enseguida a un inspector del Ordnungsamt. ¡Quiero saber cómo se llama! Sí, lo recibirá también todo por escrito, nosotros no timamos a nadie. Porque por lo visto su hija es la única capaz de contestarme como es debido. ¿Tanto le cuesta decirme cómo se llama? ¿O tiene algo que temer? Tengo que saber con quién he hablado. Porque en Alemania es absolutamente normal. Porque no estamos en un país del Tercer Mundo, sino en Alemania. También usted tiene que aprender cómo hay que comportarse en Alemania. ¿Está aquí ilegalmente? ¿No tiene papeles? Si lleva tanto tiempo en Alemania, entonces sabrá que lo normal es decir el nombre. Si no me lo da, no puedo enviarle ningún documento. Y ahora no quiero seguir discutiendo con usted. Tengo mucho que hacer. ¿Dónde le han dicho que lo han engañado? ¡¿Ha oído decir alguna vez que la Deutsche Jugendschutz se dedica a engañar a la gente?! Sí, será mejor que no vea tanta televisión, puede ser perjudicial. Le repito que no querría seguir discutiendo con usted, me resulta muy infantil. Quédese con la mala experiencia. No le enviaré nada. Ha tenido mala suerte. ¡Se acabó! ¡Ahora mismo le envío al inspector!»

Después de reaccionar de esa manera, en la siguiente llamada Daniela es la amabilidad en persona. «Hacía mucho que no me pasaba. ¡Dos tablas de la ley seguidas, he vendido! ¡Y a un alemán!»

Lisa, que ya ronda los cuarenta, se sienta directamente a mi lado; ha pasado mucho tiempo en el paro. No es tan descarada ni está tan en forma como los más jóvenes. Hay cierto desaliento en su voz, a veces ligeramente irritada. Intenta aumentar su escasa cuota de éxito haciendo hincapié en las multas en efectivo que pone el Ordnungsamt, supuestamente para amenazar. No dice expresamente multas, sino «castigos» de hasta trescientos euros, una mentira por partida doble desde el punto de vista jurídico. Y como hasta la pausa del mediodía sólo consigue una venta y los demás se le adelantan en el cuadro de honor con cuatro o cinco «presas» (como llaman aquí a las ventas), oigo que la amenaza se eleva draconianamente a los mil euros.

A la salida llamo al Ayuntamiento de Colonia. Me dicen que el propietario de un establecimiento que, pese a reiterados requerimientos, se niega a colocar en su establecimiento una versión actualizada de la Ley para la protección de la juventud, a lo sumo tiene que contar con una multa de veinticinco euros.

De compañero a cómplice

Tengo que confesar que el segundo día de trabajo en ese despacho cerrado ya compito con los demás. Mi intento de investigar el negocio de las llamadas *outbound* para poder demostrar con una experiencia personal la culpabilidad de los instigadores, produce gradualmente un cambio de personalidad que me resulta inquietante. Al principio todavía me siento aliviado cuando tropiezo con una negativa rotunda; los que más resistencia oponen son sobre todo los *kneipiers* alemanes. Después, el jefe de equipo me dice: «Ahora proponte cerrar una venta de una buena vez. ¡Ataca a los extranjeros!» Tras mi primera operación exitosa, el jefe y el jefe de equipo me felicitan y los demás aplauden. Me han aceptado en la familia de timadores. «Te sale sin ningún esfuerzo. Seguro que no es la primera vez», es el elogio de Vanessa. De compañero a cómplice, así de rápida es la cosa. Me estremezco. Y los colegas me cuentan que a ellos les pasó algo parecido. En ese clima fatal de presión grupal interna, y con el miedo al paro y al Hartz IV, los escrúpulos morales de los teleoperadores desaparecen irremediablemente. «O haces como todos los demás o lo dejas», me dice uno que lo ha dejado de verdad. «Cuando oyes a la gente por teléfono, a alguien que sólo cobra una modesta pensión y vive solo, y tú no pierdes de vista ese hilo conductor por el que tienes que orientarte para sacarle dinero del bolsillo, tienes una sensación muy desagradable. Me iba a casa y había algo que seguía preocupándome.»

Yo, a diferencia de los demás, no tengo que temer por mi puesto de trabajo. Por la noche llamo desde casa a las personas a las que he convencido y les dejo claro que no tienen por qué aceptar la tabla y que ellos mismos pueden descargarla de Internet sin coste alguno. Pero a la larga no es una solución.

El quinto día, durante la pausa en nuestra actividad delictiva, que combina hechos delictivos con coacción y con usurpación de función pública, intento conversar con mis colegas. Para no despertar desconfianza abordo el tema con mucho cuidado: «¿Podemos realmente decir "en nombre de la Deutsche Jugendschutz"? ¿Nunca nos ha denunciado nadie? ¿Nunca ha ocurrido nada por el estilo? ¿Y la mentira de que el cuadrito no se consigue en ninguna otra parte?»

Primero, silencio y perplejidad; después Vanessa contesta en tono casi conspiratorio: «No pasará nada, no pasará nada.» Y al final todos lo afirman y todos lo creen: ¡Así lo ha dicho el jefe. Todo se hace como es debido! Daniela es la que más convencida está de su inocencia: «Si tuviera algún remordimiento de conciencia, algo que entrase en conflicto con mi religión, la primera que dejaría de trabajar aquí sería yo.»

«Y yo te seguiría», se apresura a secundarla Gerda.

Tras la pausa llega el jefe de equipo. «Nueva orden del gran jefe. Lo de la Ley para la protección de la juventud va de maravilla. El que puede pagar sesenta y nueve euros, también puede pagar ochenta y nueve. Y ahora con marco de aluminio plegable en lugar de uno de madera.»

En ese momento yo prefiero poner punto final a mi representación. «Tengo que ir al dentista, es una urgencia», digo.

«No tardes mucho y trae el certificado médico», me previene el jefe. «Tú tienes verdadera madera de teleoperador, en serio.»

Esta clase de ventas delictivas llevó a un colega literalmente a la locura. Lo conocí en CallOn, donde, en comparación con ZIU, el negocio no era tan criminal. Voy a llamarlo Holger, un joven concienzudo con una percepción absolutamente normal del bien y del mal, de lo que es correcto y de lo que no. Nos mantuvimos en contacto. Más tarde Holger me envió una especie de diario que había escrito sobre su trabajo en CallOn. No puede continuar –porque, según ha escrito, se pierde «en expectativas defraudadas cuando se le viene abajo la imagen ideal de un *call center* serio»– y quiere marcharse: «En este momento veo ante mí con claridad sólo tres perspectivas: 1) complicidad: me he convertido en un estafador y, en consecuencia, soy culpable porque para vender miento; 2) subordinación: sigo siendo honrado, pero me rebajo delante del jefe de mesa [un puesto especial en CallOn, en el que de manera rotatoria se va designando a un empleado que será el encargado de llevar el café a la mesa de sus colegas]; 3) verdad: dedico todos mis esfuerzos a evadirme de esta trampa. A cualquier precio. Es el único camino que puedo tomar.»

Lo que a posteriori suena algo exagerado −¿por qué no puede Holger sencillamente renunciar y marcharse?−, para él se ha convertido realmente en una carrera de baquetas. Holger quiere que su contrato de trabajo se haga pedazos o que termine en la trituradora de papel ante sus propios ojos, como si nunca hubiera trabajado allí. Sin embargo, el gerente se niega. No comprende el deseo de Holger y prefiere pensar que no actuó de manera fraudulenta. Holger quiere volver a ser inocente. Se encierra en esa idea con una esperanza desmedida. Una palabra trae la otra y Holger se desespera cada vez más, se siente engañado y perseguido. Finalmente coge el teléfono de la secretaria y llama al número de emergencias de la policía. «¡Arresten a esta gente!», exige. «¡Son todos delincuentes!» Quiere reclamar su derecho con ayuda de la policía, su contrato, su inocencia. Se enfurece, llora. La policía no viene. Unos días después Holger termina en un psiquiátrico.

El Estado también juega

No sólo mi colega de CallOn, la peluquera, sino también uno de mis colegas de ZIU-International, han conseguido el puesto de teleoperador por mediación de una agencia de empleo. Es posible que la agencia no sepa lo que hace. Sin embargo, cuando mi colega de ZIU dice adiós al trabajo porque no puede conciliarlo con su conciencia y cuenta toda la historia a la agencia, ésta, en lugar de elogiarla, no lo notifica a la Inspección de Trabajo ni a la fiscalía. Lo que hace es castigar a mi colega, y en el acto: suspensión temporal. En cristiano, nada de subsidio de desempleo ni Hartz IV, es decir, nada de dinero. La justificación es que ha puesto fin a la relación laboral por decisión propia.

Por desgracia no se trata de un caso aislado. En gran escala las agencias de trabajo locales envían a parados a los *call centers* y los municipios pagan, además, el fomento del empleo. Un sector en auge. ¿En qué otro lugar hay puestos de trabajo y, encima, para personal no cualificado?

La oficina de trabajo de Halle invitó incluso a jóvenes desempleados a asistir a una «jornada de información». «Las empresas informan a los jóvenes sobre las oportunidades de empleo en *call centers*», dijeron. Como esas empresas tienen «falta de personal», han querido acoger esta iniciativa porque «es precisamente la gente joven la que tiene más posibilidades de entrar en el mundo laboral y de hacer carrera en este sector dinámico e innovador, pues los jóvenes a menudo aportan, por su formación, todo lo que el sector requiere». Sobre esta invitación de Halle trata un artículo de *Report* (Maguncia). En junio de 2009, este *magazin* político descubrió que entretanto los parados tenían que hacer periodos de prácticas no remunerados en *call centers*. A veces, los parados, que sólo cobraban el subsidio del Hartz IV, trabajaban varios meses «en prácticas», y a menudo haciendo el trabajo de un empleado a tiempo completo.

Y ver.di, el sindicato del sector de los servicios, dedicado por entero a que en los *call centers* no se rompan todos los diques del salario mínimo y la seguridad laboral, comunica que los ayuntamientos, especialmente en el este de Alemania, suelen hacerse cargo del 50 % de la inversión inicial y las agencias de empleo aportan la mitad de los costes salariales durante un año. Una vez terminado ese periodo de empleo «fomentado», los *call centers* ponen a la mayoría de los teleoperadores de patitas en la calle y reclutan nuevo personal, también financiado con dinero del contribuyente. Hasta que reúnen a los más capaces (léase, los más tramposos).

Por si fuera poco, las estadísticas del paro se maquillan. Más o menos las dos terceras partes de los teleoperadores sólo aguantan pocos meses esa forma de sacrificio y prueban suerte —presionados por la agencia de empleo— en el siguiente *call cen-*

ter, siempre con la esperanza de que quizá no sea tan malo como el anterior. Ya se habla incluso de los teleoperadores «nómadas».

Desde la primera publicación de mis investigaciones, muchos ex colegas me cuentan que la agencia los obligó a aceptar los puestos más dudosos. «En mi ciudad natal (con una tasa de desempleo superior a la media)», escribe una mujer, «me enviaron a un *call center* que vendía de una manera lisa y llanamente fraudulenta abonos y cupones de la SKL. La oficina de empleo estaba muy entusiasmada, pagó la subvención salarial y también la "formación", un cursillo de perfeccionamiento de dos semanas. Y los primeros que empezaron a estar descontentos con el trabajo no pudieron renunciar, naturalmente.»

Con la amenaza inminente de quedarse sin recursos aumenta la disposición a dejarse formar para llegar a ser un buen timador. Tanto más asombroso es, pues, que muchos se liberen de las tenazas de las agencias de trabajo y renuncien. No obstante, también recibí una carta en la que una antigua colega cuenta que a ella no le impusieron un periodo de suspensión después de abandonar el trabajo en uno de esos *call centers* sin escrúpulos. Al contrario, la agencia de trabajo local dejó de enviar parados a esa empresa. O sea, que también pasan otras cosas.

Sin embargo, los apuntes de un participante de la Arge-Werbeveranstaltung que tuvo lugar en Colonia muestran cómo actúan las agencias de trabajo que hacen conscientemente la vista gorda a las anomalías detectables en los *call centers:* «17 de junio de 2009. El acto debía empezar a las diez. En la sala había nueve parados invitados por la ARGE. Quería presentarles un *call center* dedicado a las ventas. El acto no empezó puntualmente y nos pusimos a intercambiar nuestras experiencias como teleoperadores. Algunos no conocían de primera mano el sector del *outbound* y yo conté lo rápido que uno empieza a engañar y a mentir, y animé a los demás a que formularan preguntas críticas.

»Después llegó el gerente de la empresa, un hombre de veintiocho años, y presentó el portal de Internet *pkw.de*. No tardaron en oírse preguntas críticas: ¿no están prohibidas las ventas en frío?; ¿por qué, pese a la crisis económica, se llama a concesionarios de automóviles abollados para venderles anuncios caros?; ¿cómo se garantiza la protección de datos?, y otras preguntas por el estilo. Si la empresa respetaba los tiempos de descanso de pantalla, qué tipo de modelo salarial aplicaba, etcétera, etcétera. La señora de Arge protegió a la empresa. El empleado pagaba las cargas sociales y, por tanto, tenía derecho a presentarse en ese acto. Cuando le pidieron más información, confirmó que el que rechazaba el puesto de teleoperador que le ofrecían podía estar seguro de que lo vetarían con una suspensión temporal. No, no había una regulación especial para los *call centers*.»

Que el sector reciba apoyo estatal seguramente también tiene que ver con el hecho de que el Estado gana dinero con el *outbound*. La Klassenlotterie (tanto la del sur como la del norte) factura mil trescientos millones de euros anuales; de ellos, los Estados federados alemanes ingresan en sus arcas al menos trescientos millones. Los gerentes de las loterías estatales dicen que una parte considerable de los cupones se vende por teléfono, y anuncian horrendas disminuciones de ingresos en caso de que se prohíba o se obstaculice seriamente la publicidad telefónica. ¿Deben, pues, las nada boyantes arcas públicas renunciar al dinero sólo por decencia y por los clientes engañados en todas esas llamadas? ¡Por favor, mucho cuidado!

Y cuidado tiene también CallOn. En el lavabo de los empleados cuelga una comunicación del jefe de equipo: no está permitido cerrar ventas con «personas nacidas antes de 1920». Uno podría mostrarse cínico y quejarse: ¿por qué las personas de más de ochenta y nueve años no tienen derecho a la suerte que vende CallOn? Podríamos incluso mostrarnos más cínicos y preguntar si no estamos ante, por así decir, una escandalosa discriminación por motivos de edad, una maliciosa retirada virtual del carné de conducir para el viaje al bote de la loto. Claro que, con mucho espíritu conciliador, también podría decirse: qué decente es CallOn. Por otra parte, a los que tienen más de ochenta y nueve años no les queda mucho tiempo en este mundo. Así evitamos a ambas partes un disgusto innecesario. Y no puede negarse que eso es tener clase.

El grito y la soledad

Tras la publicación de mi reportaje sobre los *call centers*, los grupos de presión del sector pusieron el grito en el cielo. «El 99 % trabaja con seriedad», aseguró el presidente del Call Center Forum de Alemania. Con más habilidad táctica reaccionaron los representantes de las otras dos organizaciones del sector: Deutscher Direktmarketing Verband e.V. y Kundendialog in Deutschland e.V., y admitieron que, según sus datos, había entre ellos un 25 % de ovejas negras. Pero todos estaban convencidos (o al menos afirmaban estarlo) de que el trabajo de las grandes del sector no era criticable. Y, naturalmente, se señaló que todos sacamos provecho del trabajo de las empresas serias.

Y eso es más o menos cierto en lo que respecta al sector del *inbound*. No todas estas empresas tienen como objetivo forzar a la gente, por medio de *cold calls*, promesas falsas y presión psicológica, a que firme contratos de difícil rescisión. Y, además: ¿quién no marca encantado uno de esos números cuando, por ejemplo, quiere bloquear la tarjeta de crédito? De todos modos, no se ha de ocultar que para los empleados de las empresas *inbound* las condiciones de trabajo son similares a las que imperan en las *outbounders*, sus groseras hermanas. Como en los primeros tiempos del capitalismo, o como en las cadenas de montaje del capitalismo tardío, en el mundo feliz del trabajo la presión es extrema, y en los grandes y económicos despachos diáfanos el ruido apenas se soporta. Y lo decisivo es que cada vez son más los *call centers* que, si hasta ahora sólo se han dedicado a recibir llamadas, se reciclan y se hacen más rentables añadiendo las ventas a sus actividades.

¿Y cuál es la situación en los grandes del sector, los «intachables»? El ECS-Group –uno de los grandes, realmente grandes a nivel europeo, con presencia en cuatro países de la Unión–,[17] le ha alegrado la vida, según sus propios datos, a cuarenta y tres mil empresas de toda Europa vendiendo para ellas tubos fluorescentes, productos de limpieza y «cartuchos de alto rendimiento para impresoras». La empresa trabaja también con anuncios clasificados publicados en cooperación con la Oficina Federal de Empleo para las ventas de «empresa a empresa».

También según sus propios datos, el ECS-Group ocupa una posición «líder» en su segmento y tiene la sede en el lugar donde tiene que estar, «en el corazón de Europa, instalada en uno de los edificios comerciales de mayor prestigio», a saber: –ya lo imaginarán– la KölnTurm, el emblema moderno de la ciudad renana de la célebre catedral. Así pues, el ECS-Group reúne todas las condiciones para estar entre los buenos.

ECS quiere decir «European Cleaning Support», lo que no deja de sonar un poco irritante si lo traducimos: «ayuda europea a la limpieza». En fin. Según una cláusula del contrato de trabajo, un teleoperador del grupo que trabaja en la KölnTurm tiene que realizar cien llamadas al día. Cientos de veces ofrece ayuda para limpiar sin que nadie se lo pida, y esa supuesta ayuda para combatir la mugre es un artículo superconcentrado del que nunca se dice quién lo fabrica. El producto se diluye en quinientas (!) partes de agua y ya está listo para usar. Según con quien se tope al teléfono, el teleoperador debe ensalzar las cualidades especiales de ese limpiador universal, unas cualidades que el producto despliega en todas partes: «en el sector sanitario, en la gastronomía, en hospitales, en baños, en toda clase de suelos, cocinas, vidrio, goma, linóleo o cerámica, en la limpieza de escaleras, herramientas de construcción», etcétera.

A continuación tiene que decir (y en Internet la empresa se lo asegura al cliente también por escrito): «Nuestros productos son ecológicos y, naturalmente, biodegradables.» Una mentira como una casa. Pues en realidad el producto en cuestión «no puede desecharse en aguas freáticas pues puede provocar daños medioambientales»; «hay que eliminarlo como si de residuos especiales se tratase» (según la información interna del producto).

El ECS-Group vende con los mismos métodos telefónicos productos como tubos fluorescentes y cartuchos para impresoras, que al parecer son especialmente ventajosos y ofrecen una buena relación calidad-precio, aunque en realidad son mercancías de lo más baratas que pueden adquirirse a un precio mucho más bajo en cualquier mercado de materiales de construcción.

También en el ECS-Group la presión sobre los teleoperadores es tramposa como la publicidad. El que no supera las dos ventas diarias vive amenazado por el despido. No es de extrañar que los vendedores telefónicos se apliquen y echen mano de todos sus recursos con tal de concretar una operación. Al parecer, ese estado de ánimo eufórico lo consiguen con estimulantes, incluso con cocaína. Un teleoperador me confió lo siguiente:

«Un día se puso al teléfono la propietaria de un pequeño hotel de Austria. Cuando le explico la oferta, me habla de su hija, una niña de corta edad gravemente enferma y en tratamiento, y me dice que ella lleva el hotel sola, que no puede acompañarla al médico y que ahora tampoco tiene dinero para gastos extras. Se me hizo un nudo en la garganta, de veras..., verme confrontado así con la enfermedad de la niña. Tuve la impresión de que la mujer llevaba mucho tiempo sin sincerarse con nadie de esa manera, y siguió hablándome de la enfermedad crónica de la hija. Me tocó muy de cerca e intenté consolarla de alguna manera, y como por casualidad había oído hablar de un nuevo medicamento, se lo mencioné. De repente veo que el jefe de equipo se planta a mi lado y me dice al oído: "¡Ahora ofrécele nuestro producto, joder, esa mujer ya está a punto, vamos!" Pero yo no podía interrumpir esa conversación y seguí hablando con ella de sus miedos. El jefe empieza a gruñir, a echar chispas por los ojos, pero no porque esté cabreado, sino porque está eufórico: "¡Vamos, hombre, ahora cierra el trato!" Y yo me lanzo, le ofrezco el producto a la mujer, cincuenta litros, veinticinco del producto de limpieza y veinticinco de desengrasante. Ella acepta y añade sin que venga a cuento: "De acuerdo, lo compro. ¡Estoy tan contenta de que por una vez alguien me preste atención!" Mi jefe, el codicioso, no cabe en sí de alegría, y no es para menos: ¡acabamos de cerrar una venta por un importe de quinientos cuarenta y nueve euros con cincuenta! Yo podría haber vomitado de vergüenza.»

Lo que a algún lector podría sonarle a melodrama remite a las circunstancias, nada románticas, en que se realizan las ventas telefónicas más absurdas. Pues la propietaria del hotel acababa de comprar doscientos cincuenta mil litros del producto de limpieza y del desengrasante (si respeta la instrucción de diluir una parte en quinientas de agua), y con eso podría morir y volver a vivir tres veces y limpiar diariamente el hotelito del sótano al desván, siempre y cuando la policía europea de medio ambiente no le confiscara antes ese mejunje de productos químicos.

La soledad es algo que un teleoperador hábil puede aprovechar; hace a la gente vulnerable precisamente cuando el que recibe la llamada se anima y, al amparo del anonimato, se confía. La soledad es una enfermedad de nuestra sociedad: las personas socialmente aisladas acogen a los teleoperadores como si fueran asistentes sociales y lo pagan caro comprando toda la basura imaginable.

El sector explota la soledad despiadada y conscientemente. En los cursillos se instruye a los teleoperadores para que simulen sistemáticamente una sensación de proximidad. Así lo formula en su manual un *call center* de Hannover que vende seguros: «Refrescar cada ciertos minutos la relación con el cliente potencial empleando palabras cordiales, atentas y personales para así tenerlo "bien agarrado"; es decir, el/la teleoperador/a conduce la conversación estableciendo un vínculo personal con su objetivo. Cabe, por ejemplo, hacer un par de cumplidos sobre lo interesante que es la profesión del cliente potencial o lo bonito que es el lugar en que vive. ("¡Ya me gustaría a mí hacer vacaciones en su pueblo!") Esas palabras personales pueden ser la clave del éxito porque así el cliente potencial se siente comprendido u honrado.»

La sensación que se tiene al otro lado de la línea, es decir, del lado del cliente, la describe la hija de un hombre ya mayor: no pasa una semana sin que tenga que anular pedidos que le endilgan por teléfono al padre, un hombre de ochenta y cuatro años. Viajes, vino, medicamentos, cupones de la SKL, una alarma para la casa..., en los últimos cuatro años ha anulado contratos por valor de ciento ochenta mil euros. No obstante, el padre ha tenido que pagar varios miles de euros una vez vencidos los plazos para presentar la reclamación. ¿A cuántas personas que no tienen esa clase de protección las despluman todos los días? ¿La empresa de venta por correo Quelle, sociedades de lotería, operadoras telefónicas y miles y miles de *call centers?* Con esa táctica acosan y estafan a residencias geriátricas enteras.

Un día vino a verme a casa un señor mayor que se quejó de que los teleoperadores le daban continuamente gato por liebre. «En realidad, me dejé influir por la amabilidad, sobre todo cuando llamaban mujeres. Si le soy sincero, no querría cortar de mala manera, sino decir cordialmente que no me interesa lo que me ofrecen. Siempre hablan de regalos. "Recibirá un regalo si compra tal cosa o tal otra..." Es decir, cuando reacciono positivamente. Sólo más tarde me di cuenta del riesgo, pues en el fondo no son regalos, lo que pasa es que uno termina aceptando y compra algo demasiado caro o inútil.» Después, el señor K. se pone a hablar de una de esas compras por teléfono. Justo en ese momento le suena el móvil. El señor K. activa el altavoz para que yo pueda oír la conversación. «Hola, señor K. Es usted cliente nuestro desde 1999 y por sus facturas hemos comprobado que llama a números fijos desde el móvil», dice una voz femenina.

Por casualidad está presente un equipo de filmación y documenta el intento de dar un golpe de mano.[18] Es una locura. Una y otra vez tengo la sensación de que, desde arriba, alguien está codirigiendo. Por suerte, soy escéptico y agnóstico. ¡Otra vez se trata de una casualidad!

–Sí –contesta el señor K. a la teleoperadora.

–Y actualmente le cuesta cuarenta y nueve céntimos el minuto. Desde ahora mismo puede empezar a pagar sólo cuatro céntimos.

–Es usted muy amable –dice el señor K.–, es muy interesante lo que me dice. ¿Podría enviármelo por escrito?

–Lo recibirá por escrito, no tema; ahora mismo se lo envío. Sólo quiero que quede grabado en cinta que se trata de esa opción, por su seguridad, para que se la envíen por escrito a su casa y pueda leerlo todo con calma. Es una modalidad que sólo podrá utilizar tres meses.

Le sugiero al señor K. que me pase el teléfono.

–Disculpe que me entrometa –digo–; soy un gran amigo del señor K. y quisiera ayudarle porque él ya tiene cierta edad. No ha entendido cuáles son las ventajas y está contento con las tarifas que paga.

–Es una posibilidad que ofrecemos durante tres meses.

–¿Por qué lo hacen por teléfono? Por teléfono es imposible decidir qué es ventajoso y qué no lo es. Hoy día nos ofrecen tantas tarifas... ¿Cómo es esa tarifa respecto de las de otras operadoras? Vale la pena comparar. La vuelvo a llamar, ¿de acuerdo? –sugiero–. ¿Cuál es su número?

–Eso no se lo voy a decir.

—¿Cómo? ¿No va a dármelo?
—Por alguna razón su actitud me resulta muy extraña y me ha fatigado hablar con usted. Pero creo que ya no sacaré nada en limpio.
—Pero si me da su número de teléfono, puede que aceptemos la oferta. ¿Oiga?
Ha colgado.

¿Qué tiempo hace en Fürth?

Todo ese descaro, toda esa mendacidad y esa zalamería, actitudes que el cliente no tiene que percibir, sino que deben parecer serias y sentidas, los teleoperadores también las pagan, por supuesto, sólo que con otra moneda: con sentimientos de culpa o la deriva gradual hacia el cinismo y la brutalidad, pues brutal es el método con que los teleoperadores sin escrúpulos explotan la soledad y la necesidad de la gente.

Si alguien tiene inhibiciones, el empleador se ocupa de que no se desvíe del camino. En muchos *call centers,* también en Call-On, se graban las conversaciones con los «clientes». Y a los muy abatidos los citan al despacho del jefe. Por aquello de la «jerarquía horizontal», se entiende. Walter Services, otro grande del sector con sede central en Karlsruhe, que trabaja por encargo de empresas prestigiosas e instituciones como Unicef o T-Mobile, funciona igual. Los teleoperadores tienen que someterse a unas normas bien claras. Por ejemplo, tienen que convencer a diez personas para que acepten el envío del catálogo de un cliente determinado; para otro cliente deben llamar únicamente a pensionistas que figuran en las listas de una empresa de venta por correo para ofrecerles ropa de cama terriblemente cara a un precio «especial».

Sobre este punto se explaya Herbert, de cuarenta y ocho años, un colega de CallOn, empleado de comercio diplomado y una y otra vez a la búsqueda de trabajo, razón por la cual siempre termina dando con sus huesos en alguna de estas empresas: «En Bade-König, un *call center* de Colonia, tenía que vender elevadores para bañeras a gente mayor y a un precio cuatro veces superior al real. Normalmente el seguro médico se hace cargo de los costes; se trata de una silla que en el comercio especializado cuesta cuatrocientos o quinientos euros; pero nuestro elevador no. Consiste en una cinta rígida de nailon que se sujeta a la pared por encima de la bañera accionada por un motor, ¡una cinta que sube a la gente y la saca de la bañera! ¡Y teníamos que venderla por dos mil euros! Naturalmente, la mayoría contestaba que no la necesitaba. Pero a algunos los convences. Siempre hay quien pica.»

Cuando en Walter Services hay poco trabajo, a los empleados los mandan a casa y, por supuesto, no cobran nada; el empleado puede pasarse el día en casa, esperando y sin cobrar, hasta que vuelven a llamarlo y puede seguir vendiendo «bajo control». Las llamadas se graban y se evalúan regularmente. Una colega me lo cuenta así en una carta: «De repente los empleados no pueden decir lo que quieren; se introduce un criterio, sólo pueden decirse unas frases preparadas de antemano. Y los jefes de equipo tienen que controlar a los teleoperadores. Si el empleado no sigue esas instrucciones, lo amonestan. Si no está dispuesto a identificarse con las normas, llega el despido.»

Argumentos del sector: con los vendedores por teléfono, el «control de rendimiento» y el «fomento de la calidad» sólo pueden hacerse de esa manera. Ahí reside el problema. Las empresas de ventas de productos que el cliente no ha solicitado, que no puede ver ni tocar y de los que ni siquiera tiene delante una ilustración, sólo pueden optimizar las ventas si el vendedor disipa los reparos con éxito, también los propios. Y eso sólo se consigue controlando y presionando, dos cosas que son al sistema de *outbound* lo que la instrucción militar al ejército.

El balance total es muy rentable para las empresas. De lo contrario, ¿cómo explicar que muchos *call centers* obligaran al *outbound* a teleoperadores que siempre han trabajado en la modalidad *inbound,* es decir, recibiendo llamadas de clientes? «Hay que transformar cada llamada entrante en una venta»; así define esa táctica un colega del *call center* de ADAC, responsable del «Regional Club Hansa» (Mecklemburgo y Pomerania Anterior). Los empleados tienen que llevar estadísticas sobre las ventas que realizan; al que acredita demasiado poco, se le insinúa el despido. «Tiene que aumentar las ventas por socio; es secundario si ese objetivo se corresponde con los intereses de los socios.» Sus colegas de Berlín pudieron alegrarse al recibir un correo electrónico de su superior: «Hola a todos. Hasta ahora Hansa nos ha superado, ¡pero seguimos en la brecha y lucharemos hasta la última gota de sangre!» En otras palabras: no sólo a los empleados de tal o cual *call center* los empujan a competir para conseguir cifras superiores con la venta de productos de ADAC, sino que también compiten los distintos *call centers* entre sí. Cada empleado tiene que hacer diariamente una estadística de sus ventas, y las conversaciones individuales «motivadoras» para aumentar el volumen de ventas están a la orden del día.

Por lo general, los *call centers* compiten ferozmente entre sí y se quitan mutuamente los encargos.[19] Con ofertas a la baja (a costa de los salarios), ganan clientes simulando tener datos extensos y detallados (e ignorando las prohibiciones existentes). Naturalmente, también en ADAC se hacen llamadas «frías».

La tendencia general, en ADAC y en otros *call centers,* es aumentar el número de ventas, sean altas de líneas telefónicas, seguros, etc. Un estudio sobre tendencias realizado en 2007 (Callcenter Trendstudie 2007) constató que el 75 % de los *call centers* encuestados quieren seguir bajando los precios y «seguir llevando a los clientes cada vez más hacia el *outbound.* El volumen de llamadas entrantes no varía».[20]

En este terreno tienen también mucha experiencia los teleoperadores de Quelle-Neckermann, miembro del Call Center Forum de Alemania. Con seis mil empleados, Quelle-Neckermann tampoco es uno de los pequeños del sector. A sus empleados también se los obliga a convertir en *outbound* las llamadas de los clientes. El jefe de márketing habla por los codos del «aumento del cansancio de los clientes» a causa de los procesos de *up-and-cross-selling*. El objetivo deseable eran tres ventas por hora, en interés de los clientes, por supuesto, a los que debían engatusar con «gangas». Los llamaban sin que lo solicitaran, pero ya no para venderles productos de Quelle, sino también cupones de lotería y seguros y para invitarlos a participar en dudosos juegos de azar. Un empleado importante de un *call center* de Quelle me cuenta: «Ahora hay que hacer el máximo posible de ventas adicionales. No, no el *best seller* que mejor encaja en la estantería, sino productos ajenos. NKL, SKL, la Lotto y varios otros juegos dudosos, y pólizas de seguros también, ¡todo eso hay que ofrecer ahora a la querida abuelita que en realidad sólo quiere encargar el nuevo catálogo! ¡Alto! ¡No sólo ofrecerle, sino venderle! El rendimiento y la facturación pesan.»

La presión de la competencia en el sector, la búsqueda de más ventas y más ganancias pesa también despiadadamente sobre la espalda de los empleados. Y lo digo literalmente. Quelle, por ejemplo, ha cerrado la sucursal de Berlín sólo para ofrecerles al personal la posibilidad de trabajar muy cerca de allí, en el nuevo *call center* «independiente» por cuatrocientos euros menos al mes y una semana menos de vacaciones al año.

Quelle también tenía un *call center* en Estambul, donde trabajaban turcos que habían regresado de Alemania y hablaban alemán, empleados condenados a endilgarles cupones de lotería y otros cachivaches inútiles a clientes que sólo querían un determinado producto del catálogo. A fin de que resultara creíble que se encontraban en la casa central de Fürth, tenían que estar informados sobre las condiciones meteorológicas en esa localidad.

A eso que ocurre en Berlín y Estambul se le llama *outsourcing*, la subcontratación, y en el sector de las empresas telefónicas se realiza a menudo como muerte rápida y aún más rápida resurrección con un nuevo traje. A veces con los mismos muebles y los mismos cuadros directivos. Lo que queda en el camino durante la mudanza suele ser únicamente una parte considerable de los muy magros salarios de los teleoperadores.

Creatividad por un tubo

Arndt no necesitó mucho tiempo para ser un alto ejecutivo, pues vendió de todo y con toda clase de argumentos. Hasta que dijo adiós a la empresa y abrió su página personal para todos los empleados de *call centers* que se sienten ninguneados, traicionados y vendidos, y también para los clientes a los que tantas llamadas sacan de quicio.[21] Asimismo participa en las acciones del sindicato ver.di.[22]

Me ha contado su historia:

«Sentía curiosidad; ya había oído decir muchas cosas de los *call centers* y tenía ganas de trabajar alguna vez en una de esas empresas. Hablar y convencer eran dos cosas que yo sabía hacer. Por tanto, ¿qué más natural que eso? Una amiga me mencionó el Tectum-Group, uno de los más grandes; en Renania del Norte-Westfalia lo consideran una empresa seria y tiene más de tres mil empleados. Investigué un poco en Internet y encontré muchísimas entradas; las opiniones negativas las pasé por alto. En su página la empresa se presentaba como moderna, abierta y cordial.

»Preparé con mucho cuidado la solicitud, el currículum, los certificados. Lo envié todo en formato PDF y después impreso y acompañado de un CD que yo mismo había grabado, para impresionar. Fue más sencillo de lo que imaginaba. Recuerdo que nos introdujeron en la psicología de ventas de la empresa. El jefe de equipo, de poco más de treinta años, un tipo sonriente, triunfador y en buena forma física, le pasó a un joven que debía de tener apenas veinte años un montón de lápices y le dijo que escogiera uno. El chico parecía un poco perdido, hasta que al final cogió uno. El jefe se plantó ante nosotros y preguntó por qué el joven necesitaba un lápiz. Nos encogimos de hombros. El jefe: "¡Así trabajamos nosotros! Ponemos al cliente a elegir y elige. Da absolutamente igual si necesita o no lo que elige."

»Después vinieron dos días de pruebas no remunerados; yo no tuve reparos en hacerlos. Me entusiasmaba la idea de conseguir el puesto y el primer día estaba bastante nervioso. El triunfador volvió a hojear los documentos que yo había presentado y dijo: "Tiene buena pinta; creo que podremos entrenarlo y ponerlo a punto." Me sentaron junto a un teleoperador –voy a llamarlo Frank– y pude escuchar y "aprender". En algún momento nos convocaron al *meeting* del día, tuvimos que dejar inmediatamente de llamar y nos reunimos en medio de la sala. Aplaudimos a los dos mejores vendedores del día y a los otros les indicaron que tenían que aplicarse más y mejor si de verdad les interesaba que les renovaran el contrato. El principio de la competencia, pensé. ¡Vaya por Dios!

»Volví a sentarme junto a Frank, que en ese momento trataba de venderle a un cliente una nueva línea telefónica con tarifa plana de Internet incluida. El problema: el cliente no tenía ordenador. La reacción de Frank no deja indiferente: "Si yo, que soy soltero, me compro una cocina, quiero que tenga horno empotrado. Aunque sólo use los fuegos. ¡Y si me compro un coche, quiero que tenga cenicero, lo cual no tiene por qué significar que tenga que empezar a fumar!" Convenció al cliente. Frank le vendió el alta de la línea y con la tarifa plana de Internet. Después de colgar, Frank me dijo: "También hay sin Internet, pero la comisión que me pagan es más baja."

»"Tenéis que ser lo más creativos posible; sólo el que arde puede encender a los demás", había dicho el jefe. "Los más creativos son los que más venden. Y sólo a ellos les renovamos el contrato de trabajo." Con eso me quedó clara la dirección de marcha y con mucho ímpetu puse manos a la obra. Se trataba de una campaña que teníamos que hacer para Arcor, captación de abonados que hasta entonces tenían Telekom. En ese momento yo estaba muy entusiasmado. Cuando se empieza como teleoperador, uno se identifica con el producto, uno es Arcor, yo era Arcor.

»Parte del contrato que teníamos que vender era una conexión de Internet con módem, un modelo estándar barato por el exagerado precio de veinte euros, un aparato que ni siquiera valía los gastos de envío (que se cargaban aparte: 9,95 en cuenta). Naturalmente, no decíamos que si se daban de alta con nosotros perdían el antiguo número de teléfono, ni tampoco que el nuevo contrato incluía un compromiso de permanencia en Arcor de dos años.

»Convencer a los clientes para que comprasen el paquete completo, con la conexión a Internet, no era precisamente coser y cantar; aunque pueda parecer extraño, a menudo llamábamos a personas mayores de sesenta años. Las más de las veces terminábamos con bonitas promesas o diciendo cosas totalmente falsas. Había bastante gente que no tenía ni idea de cuánto pagaban de teléfono al mes y a la que podíamos prometerle lo imposible. Yo les decía que Telekom pronto doblaría la tarifa mínima y que con Arcor podrían reducir a la mitad la factura mensual, o que la conexión estándar con Telekom se les terminaba y que pronto se quedarían sin línea si no cambiaban de compañía.

»Me acuerdo de una señora de casi noventa años que pagaba veinte euros de teléfono al mes. Le ofrecí la conexión complementaria, "nuestro paquete de 29,95 euros todo incluido, no podrá encontrar un precio mejor". Con tarifa plana. No dije nada de la conexión a Internet; si lo hubiera hecho, la habría confundido totalmente. Me respondió que todos sus amigos ya habían muerto y que tampoco le quedaban parientes. Que sólo necesitaba el teléfono para llamar al médico. Yo tenía que mantenerme firme, tenía al entrenador al lado, escuchando la conversación, eso que llaman *side-by-side-training*. En una situación así, tienes que conseguir la venta; si no lo haces, después viene el rapapolvo. Así que amenacé a la anciana diciéndole que dentro de unos días ese teléfono iba a dejar de sonar si no cambiaba de compañía ya mismo. Y la mujer se desesperó. Soltó un hondo suspiro y aceptó; no podía vivir sin teléfono. Mi entrenador me miró radiante y se dio por satisfecho con mis argumentos. Yo preparé los documentos, pero después los tiré a la basura. Aunque sólo porque ese mes ya había vendido bastante, o sea, que una venta menos no podía influir negativamente en mi cuota. Así le ahorré muchas molestias a esa mujer.

»Es exactamente así: tu empleador viene y te dice que lo hagas, no importa cómo. Y tú lo haces sin que te importe cómo. Sólo uno de los que trabajaban allí, un tipo algo tímido, era muy honrado. Tendría unos cincuenta y cinco años y estaba muy contento de haber encontrado trabajo en Tectum. Ya no parecía importarle cuánto ganaba. Desde el principio fue el único que explicaba al dedillo hasta el último detalle del contrato, pero también el único que a final de mes solía irse con menos de setecientos euros en el bolsillo. Cuando lo recuerdo, sólo puedo decir que siento respeto por él. Nunca agachó la cabeza, nunca se vendió.

»Otro ejemplo: Daniel, un colega, llama a un cliente, un tal señor Meyer, y dice que es de Telekom. "Sólo llamábamos para comunicarle que en el tercer trimestre procederemos a aplicar un aumento de la tarifa mínima." El señor Meyer no parece muy entusiasmado. "¿Que por qué lo hacemos? Se lo explicaré con mucho gusto. Gasta usted demasiado poco con nosotros, ya que llama principalmente con otras operadoras. Por ese motivo tenemos que compensar los gastos que nos origina. De todas maneras, sólo serán ocho euros al mes, IVA incluido." El señor Meyer maldice. "Señor Meyer", dice Daniel, echando más leña al fuego; "entre nosotros, puede irse usted adónde más le plazca. Tenemos bastantes clientes solventes y renunciamos con gusto a los cicateros. Dios sabe cómo le irá a usted su economía si para ahorrar marca continuamente prefijos baratos de otras operadoras. Es probable que en algún momento tengamos que perseguirlo para cobrar las facturas." El señor Meyer cuelga de golpe. Miro irritado a Daniel. Él ríe y dice que volverá a llamar al señor Meyer cuando pasen dos días. Esta vez en nombre de Arcor. Con mucha cortesía y un contrato nuevo más económico. Los colegas del departamento de telefonía de Tectum utilizaban la misma táctica, aunque presentándose como empleados de Arcor.

»Yo tomaba ejemplo de Daniel y de Frank. Mis ventas mejoraban día tras día, igual que mis argumentos "creativos". Y llegué a mentir que daba gusto. Sin embargo, subjetivamente me encontraba en una fase de imaginación creativa. Precisamente en esos días se vendió Telekom, las tarifas mínimas se pusieron por las nubes, nuestras ofertas ya no costaban casi nada. Cuando tuve la posibilidad de enviar por fax la documentación relativa a la solicitud, mis ventas aumentaron, recibía por fax los contratos firmados y cada vez que llegaba uno, gritaba "¡Fax!" para que todos se enterasen de que acababa de concretar una venta. En sólo tres semanas llegué a estar entre los tres mejores teleoperadores de la casa.

»Pero hubo un momento en que caí en un agujero negro. Tanto llamar, sin un respiro, a veces hasta noventa llamadas por día, me pasaron factura. Me ocurrió después de un fin de semana que tuve libre. El lunes por la mañana empecé de nuevo a llamar y sentí como si tuviera una voz en la cabeza. La voz hablaba más rápido que yo y, concretamente, repetía el texto que en realidad yo le quería recitar al cliente. Estaba aturdido, no pude volver a concentrarme, empecé a decir tonterías por teléfono. Mi cuota descendió en picado y el jefe de equipo me preguntó qué pasaba.

»Cuando le dije que no podía más, que había perdido los nervios, él, restándole importancia, dijo: "¡No digas tonterías! Lo conseguirás. Haz de entrenador de tus compañeros para cambiar un poco. ¡Después volverás a estar en forma!"
Por lo tanto, el fenómeno no parecía resultarle totalmente desconocido. Me mandaron a entrenar a los otros, a llevarlos de la mano, a corregir sus argumentos, a exigir ventas. Lo hice espontáneamente, tal como lo había aprendido en el *meeting*, y a la primera colega junto a la que me senté le dije: "¡Eso es pura mierda!" Me puse borde y conseguí que espabilara, me prestó atención y al final incluso me dio las gracias. El jefe de equipo lo oyó y me confirmó: "No se cansa uno de decirles que son una mierda. Sólo así se consigue que rindan más. Cuando los elogias, se duermen en los laureles."

»Yo, en efecto, conseguí que la voz que me sonaba en la cabeza desapareciera y reanudé el trabajo con nuevas fuerzas. Me pasé otro mes entero mintiendo y ni siquiera tuve mala conciencia. Los jefes me estimulaban y llegué a hacer horas extras, no remuneradas, por supuesto. Tectum no pagaba horas extras.

»Fuera, ni mis colegas ni yo contábamos nada de nuestro trabajo, o muy poco en todo caso. Nos convertimos en una pandilla de conspiradores, en una secta casi, en la que regían otras leyes y otros criterios morales, distintos de los del resto del mundo. Y todo ocurrió sin querer, sencillamente ocurrió. El paso a la fase de timador rutinario fue fluido, un proceso furtivo. Oíamos el argumento de un colega, lo incorporábamos, observábamos que nos daba buenos resultados, y con eso nos quedábamos, perfeccionábamos la "argumentación". Las comparaciones eran constantes, quién iba delante, quién ocupaba el primer puesto en cantidad de ventas, quién contribuía a que el proceso siguiera adelante. Así se llega a un punto en que ya no se tiene en consideración a los demás, llegas a no ver que estafas sistemáticamente a la gente. Si hasta nos divertíamos con eso; tomarles el pelo a los clientes era un deporte que se practicaba muy a gusto en nuestra sección, nos presentábamos como Telekom y pedíamos al cliente que permaneciera en línea para hacer una prueba de conexión. La «prueba» podía durar treinta minutos; el cliente permanecía al aparato y esperaba. En algún momento volvíamos a ponernos y le preguntábamos si había oído un pitido. El cliente contestaba que no, claro, y le decíamos que la prueba se había realizado con éxito. Y nos descojonábamos de risa.

»Después, pese a todo eso, un día desperté, fue un despertar realmente repentino. El motivo fueron las críticas abiertas a las prácticas de los *call centers* a que dieron lugar el reportaje de Wallraff publicado en el *ZEIT* y su película *Bei Anruf Abnzocke.*[*] Entonces Tectum había cambiado tanto el sistema salarial que los teleoperadores sólo podían mantener el sueldo si conseguían hacer aún más ventas. Nos obligaban a engañar cada vez más. Ocultándome bajo un seudónimo en un foro de Internet amenacé con hacer públicas esas condiciones francamente delictivas. Al mismo tiempo me puse en contacto con Günter Wallraff, que me animó a registrar en un diario las cosas que pasaban en Tectum. Yo ya tenía suficiente. No asistí al cursillo de formación para jefe de equipo, que ya estaba programado para mí. Ni siquiera intenté disculparme; sencillamente abandoné el puesto de trabajo. Y me alegré de poder escapar de esa ciénaga de estafas toleradas y de "formación" al estilo de una secta.

»En el verano de 2009 supe que en Tectum las cosas se siguen haciendo a la antigua usanza. Ver.di volvió a informar sobre abusos casi increíbles a los operadores de esa empresa. Los latiguillos del jefe de mi equipo, los que usaron para maltratar-

---

[*] El título del presente capítulo en el original alemán. *(N. del T.)*

me, ahora son más nobles; por ejemplo, se han impreso en "rótulos para fomentar la motivación" y cuelgan en el gran despacho diáfano sobre la cabeza de los teleoperadores: "¡Sólo el que arde puede encender a los demás!" o "Darse por vencido significa un fracaso de la voluntad". Sabiduría propia de una secta, que siempre significa echar la culpa a todos los que trabajan peor que los mejores.

»Está visto que cuando alguien toma la baja la empresa reacciona de un modo aún más enérgico. Primero aplica un sistema de remuneración ideado con mucha astucia. Los pagos de primas se vinculan con el rendimiento colectivo, y tus colegas ganan menos si enfermas. En consecuencia, renuncias a la baja. Y si faltas por enfermedad, después tienes que recuperar ese tiempo para cobrar la prima. Además, Tectum ha inventado las llamadas conversaciones para los enfermos que se reincorporan al trabajo, una denominación que no augura nada bueno. En una de esas conversaciones *tienes que* poner sobre la mesa los motivos por los que has caído enfermo; después el jefe de equipo te pone verde o te deja claro que no te renovarán el contrato temporal.

»Las noticias de julio de 2009 vuelven a hablar de los "castigos de pie". Yo ya los conocía por experiencia; el que concreta pocas ventas tiene que hacer las llamadas de pie. Eso recuerda al castigo escolar de hace cincuenta años, cuando te ponían en un rincón. Y la humillación es la misma, porque todos te ven y saben que no te van bien las cosas. Sin embargo, llevaba tiempo sin oír nada de otro "método educativo": los jefes de equipo «azuzan» a los subordinados que venden poco con una aguja de tejer. Cuando te dan un pinchazo así en el costado, sin que te lo esperes –y exactamente eso es lo que se desprende de los informes depositados bajo juramento ante notario–, no sólo te asustas; también duele. Y es humillante.»

Comprometidos en cuerpo y alma con la máxima satisfacción del pueblo

Como tiene por costumbre, Hubertus Küpper, el propietario de la empresa, niega todas las acusaciones y afirma que el 99 % de sus empleados están contentos. Y eso que en la prensa mostró la hilacha sin querer.[23] Küpper intentó, ante varias empresas de Tectum, presentar las medidas de ver.di como «destrucción deliberada de puestos de trabajo». Curiosa idea de la democracia y de la libertad de opinión y de manifestación.

El 9 de julio de 2009, Küpper mandó a unos cuatrocientos empleados de Tectum que se manifestaran ante las oficinas del sindicato ver.di en Bochum. A los manifestantes los invitaron a una «excursión de la empresa» y desde las distintas sucursales los transportaron a Bochum en autobús durante la jornada laboral[24] para que mostraran cuán orgullosos estaban de su trabajo. «Le estoy muy agradecido al director de nuestra empresa por ofrecerme un puesto seguro en este momento de crisis económica», grita por megáfono uno de los manifestantes. Los demás responden con pitidos y gritos de «¡Tectum, Tectum!».[25] «¿Parecemos esclavos?», dice una de las grandes pancartas pintadas y firmadas por «Los aprendices de Tectum».[26] «Mi silla es mi puesto de trabajo», se lee en otra. «¡Ver.di, gilipollas!», grita uno de los presentes, y sus colegas le ríen la gracia. «¿Nos tratan como a esclavos?», grita por megáfono uno de los organizadores, y la masa contesta: «¡No!» «¿Tenemos un buen empleador?» «¡Sí!»

A continuación, un manifestante lee un texto que, según dice, ha redactado en colaboración con algunos de sus colegas de Tectum:

«Soy un teleoperador feliz. Tengo una jefa de equipo comprensiva que siempre respalda y tutela a su equipo, que se preocupa por nuestro bienestar y transmite una enorme motivación.

Un cebo para forofos: Campaña publicitaria para captar empleados lanzada en carteles y en Internet. A la izquierda, Hubertus Küpper, el propietario de Tectum; a la derecha, el presidente del Rot-Weiss, el club «rojiblanco» de Oberhausen.

»Tengo un jefe de sección de primera. Un hombre humilde, muy culto y muy inteligente, que en caso necesario se toma tiempo para cada uno de sus colaboradores y que comprende y trata sus deseos con la mayor seriedad.

»Tengo un jefe de sucursal que primero actúa y después da a conocer las ventajas que ha conseguido para sus trabajadores, sin promesas huecas y orientándose por las necesidades de su personal. Así ha llevado a cabo una verdadera revolución en la empresa y ha elevado a un grado inconmensurable mi lealtad.

»Tengo un superorganigrama que "permite" todo lo que también es técnicamente posible y de esa manera facilita que yo vaya a trabajar a gusto.

»Tengo responsables de calidad muy juiciosos cuyas intervenciones siempre son para derretirse.

»Tengo unos entrenadores increíbles que se ocupan de que los colegas estén siempre muy motivados y sean cordiales.

»Tengo un médico de empresa perfectamente preparado para brindar atención médica y que, además, cura el alma.

»En una palabra, no soy una oveja gris y mucho menos una oveja negra, sino un trabajador feliz de Tectum-Group, que, en caso necesario, también mantiene conversaciones con los empleados que se reincorporan tras una baja por enfermedad para que lleguen a la jefa de equipo, venerada como una reina, las circunstancias humanas. No quiero tener por colegas a parásitos que se pasan más tiempo de baja que trabajando y a los que por ese motivo no les renuevan el contrato.»

Puede que el empleado de Tectum que lee esas líneas desbordantes de alegría esté enamorado de su jefa «real». Pero eso no es lo más importante. El problema reside en que esos discursos de lealtad incondicional provocan el intenso entusiasmo de los manifestantes. Y nadie silba, la multitud no se aleja avergonzada, aun cuando el texto tiene un fuerte regusto a esas adulaciones rastreras que abundan siempre en tiempos y naciones de «grandes caudillos». ¿Estamos ante un caso de autosugestión, de sumisión propia de una secta? ¿Ante el orgullo rebelde de un colectivo de trabajadores que se siente amenazado, que tiembla de miedo ante la posibilidad de perder el puesto de trabajo?

En efecto, Hubertus Küpper ha amenazado con cerrar la empresa. Stollcom, la predecesora de Tectum, en cuyo consejo de dirección también estaba Küpper, cerró a finales de la década de 1990, si bien no totalmente por voluntad propia: quebró tras un fraude con subvenciones que se elevaban a unos cuantos millones de euros que dio lugar a la intervención de la fiscalía.[27]

¿Un buen «empleador»? Sólo el último año y medio se celebraron veintisiete juicios contra Tectum ante distintos tribunales de trabajo.[28] Así pues, la manifestación de Bochum es más bien un ejemplo grosero de la sumisión «voluntaria» de una parte considerable de la plantilla, característica de un mundo feliz del trabajo que quiere funcionar sin sindicatos y no tener nada que ver con el principio de la defensa solidaria de los intereses comunes, independiente y al margen de la empresa. Y que más bien sólo piensa en una cosa: «elevar» a cotas más altas la «lealtad» de sus seguidores.

Por si fuera poco, en Internet (véase studiVZ) el modélico orador de la manifestación de Tectum revela lo mucho que su mundo laboral se orienta según la «ideología de la comunidad del pueblo» propia del nacionalsocialismo –¿o «solamente» por el feudalismo?–: «Somos un equipo muy exitoso en una empresa que ofrece su competencia profesional especializada a las principales compañías de telefonía móvil de Alemania. Bajo la monarquía perfecta de la reina Colette Pfannmüller, vivimos en un noble reino donde todos trabajamos comprometidos en cuerpo y alma con la satisfacción total del pueblo.»

En lugar de la loto, altas telefónicas

Hasta su prohibición en 2009 (véase más abajo: «¿Qué queda? ¿Qué cambia?»), las peores empresas de venta por teléfono actuaban en nombre de Günther Jauch, y fueron cientos de miles las personas que vivieron esa experiencia en sus propias carnes. La desvergüenza con la que los teleoperadores ofrecían cupones de la SKL no tiene parangón. La treta era siempre la misma: tenían que hacer creer a los clientes potenciales que los habían elegido mediante, por ejemplo, un generador de números al azar para invitarlos al programa de Günther Jauch en la cadena RTL. Les prometían un dinerillo (dos mil euros) y el alojamiento en un hotel de lujo, y también invitaban a un allegado suyo. Después los clientes debían mirar en su agenda si estaban disponibles para la siguiente grabación del *SKL-Show*. Ah, sí, y un detalle: para recibir la invitación, naturalmente, la condición previa era comprar en ese momento, por teléfono, un boleto de lotería o una participación.

Eran muchas las pequeñas empresas que con ese sistema vendían cupones de la SKL; pero también las «grandes» colocaban lotería por teléfono: por ejemplo, el *call center* de Quelle. A la SKL, una lotería estatal controlada oficialmente que suministra a las arcas públicas unos cuantos cientos de millones de euros al año (y a Günther Jauch, de la cabeza a los pies la quintaesencia de la honradez alemana, su anunciante omnipresente a cambio, sin duda alguna, de un salario nada desdeñable), nunca le ha molestado. Según un método bien conocido en el sector de la construcción, SKL descarga su responsabilidad en subcontratistas y no tiene nada que ver con la manera en que se maneja el negocio. Dicho brevemente, cedía la venta de cupones a las administraciones contratadas estatalmente, unas ciento veinticinco en el territorio federal.

Por su parte, dichas administraciones encargaban luego la venta a los *call centers* y, según la SKL, eran responsables de que en estas empresas todo fuese «serio»: desde la selección de las listas de números de teléfono hasta la conversación y el cierre de la operación. De ese modo SKL se quitaba de encima toda responsabilidad y Günther Jauch, su caballo de tiro, contribuía indirectamente al engaño.

Si SKL afirma que observa estrictamente las normas que garantizan la calidad del «márketing telefónico» y que en su poder obra incluso la lista de los *call centers* subcontratados, lo hace únicamente para protegerse. Pues, de ser así, la SKL tendría que haber conocido, por ejemplo, a Call Now, de Dortmund, una empresa que entrega a sus teleoperadores por escrito las cadenas argumentativas más exactas para «convencer» a clientes potenciales, pero todavía reacios. Así tenían que iniciar una conversación: «Buenos días, mi nombre es Müller y llamo de la Agencia Weisheit.»

Justificación frente al teleoperador consternado: «Desde que ese mierda de Wallraff nos ha echado a perder el negocio y la gente cuelga en el acto, ya no decimos que somos de Call Now, sino de la agencia Weisheit.»

«Me alegra poder hablar directamente con usted, señor/señora... Hoy estamos haciendo la planificación de candidatos para el *show* de los cinco millones de euros, con Günther Jauch. Sí, por la RTL. Ése es también el motivo de mi llamada, pues *usted* tiene hoy la oportunidad de resultar invitado/a, con el acompañante que usted elija, al próximo programa de verano de RTL, en Múnich.» Después de una página y media de promesas imposibles de cumplir, el teleoperador llega a la cuestión decisiva del número de cuenta y puede terminar la conversación. Y para que todo fuera sobre ruedas, Call Now entregaba a sus empleados otras cinco páginas de ayuda para estar en condiciones de argumentar en toda clase de situaciones.

Si la persona a la que llamaban decía, por ejemplo: «Mi marido/mi mujer ha muerto», el teleoperador debía simular compasión y decir: «Lo siento mucho, no lo sabíamos. ¿Cuánto hace que murió? Espero que tenga hijos y hayan podido/puedan estar a su lado en este/ese momento. Señor/señora ... ¡Tengo muy buenas noticias para usted, hoy es su día de suerte!» Y más adelante en el texto, para que no se le olvidara: «¡Pedir el número de cuenta cada dos argumentos!» En esta empresa, un teleoperador que trabaja cuarenta horas por semana cobra un sueldo mensual garantizado de ochocientos veinticinco euros brutos. En caso de que el empleado dimita sin previo aviso, o si lo despiden, tiene que pagar el equivalente al salario de un mes en concepto de multa por no cumplir íntegro el contrato.

Una empleada de otro *call center* de SKL cuenta una estrategia de engaño similar: «Desde el primer día nos inculcaban a machamartillo cómo mentir y engañar a los clientes. No nos permitían decir cómo nos llamábamos. En caso de que el cliente preguntara en qué ciudad estábamos, teníamos que darle el nombre de otra ciudad. Si preguntaba: "¿Por qué no aparece su número en mi pantalla?", teníamos que decir: "Porque si llamamos, usted no contesta y tiene un contestador e intenta devolvernos la llamada, no podemos seguir llamando y llevar la suerte a otras personas.»

La misma empleada ha puesto por escrito, textualmente, la manera en que la jefa de equipo instruía a los nuevos:

«Buenos días, señora Meier. En este momento estamos haciendo la planificación de los espectadores y candidatos que podrán asistir a nuestro programa de los cinco millones de euros de RTL, con Günther Jauch. Aquí establecemos la lista de candidatos mediante un procedimiento limitado de selección, y la verdad es que ha tenido mucha suerte. Le explicaré brevemente cómo funciona (...) Todo esto se lo cuento ahora así porque siempre que llamo se lo cuento a mis clientes para que se les haga la boca agua...»

»En caso de que el cliente ponga peros y nos pregunte: "¿De dónde ha sacado mi dirección?", reaccionamos diciendo: "¿Ha hecho alguna vez un donativo?" O: "¿Tiene una tarjeta de *payback?*" Yo digo que el *show* de los cinco millones de euros lo producen RTL y la Süddeutsche Klassenlotterie. RTL es una emisora poderosa, pero, por supuesto, tampoco puede repartir así, dos veces, cinco millones de euros entre la población. Tiene otras obligaciones; de ahí que se uniera con la SKL y que juntas produzcan el programa desde hace seis años. La SKL es estatal y, naturalmente, sólo puede seleccionar a un número limitado de concursantes con derecho a participar. Es decir, que yo afirmo que la dirección nos la da la SKL.»

Yo había reprochado públicamente al señor Jauch que le corresponde una responsabilidad especial y muy personal por el terror telefónico cotidiano de los vendedores de la SKL, y propuse que en sus programas se distanciara claramente de semejantes manejos.

Así como la publicidad de un medicamento tiene que terminar obligatoriamente con esta frase: «Éste producto es un medicamento y puede tener efectos secundarios. Lea el prospecto y consulte con su médico o su farmacéutico», Günther Jauch, en sus apariciones publicitarias para SKL y NKL, tendría que estar obligado a decir: «Si lo llaman por teléfono en mi nombre para venderle lotería, por su seguridad cuelgue o diríjase a la oficina de protección del consumidor más cercana a su domicilio.» Tras la publicación de mis investigaciones sobre SKL y Jauch, Eckhard Schulz, el dueño de CallOn, confirmó en una conversación que mantuvo conmigo:

 –SKL es el timo puro y duro.
 –Según usted, ¿qué porcentaje de esos *call centers* trabajan engañando a la gente? –le pregunté.
 –Todos –se limitó a decir.
 –¿Todos?
 –Todos –repitió Schulz, que lo sabe mejor que nadie–. De lo contrario, no venden nada. Antes eran los cartuchos, hoy es el teléfono.

En el periódico *Kölner Stadt-Anzeiger*, Griebsch, el abogado de CallOn, calificó así a los teleoperadores: «Cada vendedor es un timador en potencia.» Lo dijo a modo de disculpa. En una versión libre de Lao Tsé ideada para darle un toque de sabiduría del Lejano Oriente a la página web de CallOn: «Sólo el que conoce sus objetivos encuentra el camino.» O también: todo es posible, todo vale.

Pero cabe suponer que ahora ya no todo vale. Ahora, es decir, en junio de 2009, se han aprobado dos nuevas leyes, pues a la vista de las virulentas críticas que se han oído después de mis publicaciones y tomas de postura en la primavera y el verano de 2007 sobre los *call centers* dedicados a las ventas, la clase política ha reaccionado de verdad. Primero, el 1 de enero de 2008 se aprobó el nuevo convenio estatal para los juegos de azar, que prohíbe la publicidad de lotería por teléfono y televisión (o la limita, pues el sorteo no se ve afectado). Tras varios pleitos, en mayo de 2009 desapareció de las pantallas incluso el programa de la SKL; a Günther Jauch ahora sólo se lo puede ver haciendo ese trabajo en Internet.

El sector reaccionó de inmediato a esas prohibiciones y, según informaciones de la central de consumidores de Berlín, cambia de disfraz: «La práctica demuestra que las empresas que hasta hoy se han dedicado a la publicidad telefónica para productos de la loto ahora llaman ofreciendo otros servicios. ZKV Marketing GmbH, con sede en Berlín, ofrece, con el nombre "Preisspitzel" ["el espía de los precios"], toda clase de productos supuestamente rebajados. Speyer, de la dirección de desarrollo tecnológico de Dienstleitung GmbH, promociona ahora por teléfono –camuflada como comunicación de premios– la llamada "tarifa plana vacacional".»[29]

Después, en junio de 2009, se aprobó la Ley para combatir la publicidad telefónica abusiva,[30] cuyas principales disposiciones son: en primer lugar, ningún *call center* puede ya ocultar su número (una infracción que puede costarles hasta diez mil euros); en segundo lugar, la persona a la que llaman tiene que haber consentido expresamente de alguna manera para que la llamen (en caso contrario, el que llama puede tener que pagar una multa de hasta cincuenta mil euros); en tercer lugar, el cliente puede anular la venta cerrada por teléfono si ha comprado revistas o participaciones en la *loto* o se ha dado de alta en una compañía de electricidad, de agua o de teléfono.

Entonces, ¿se han terminado las *cold calls,* las llamadas no deseadas y no autorizadas? Lo dudo.

La ley acababa de ser aprobada por el Bundestag y esperaba aún la ratificación del Senado y su publicación en el Boletín Oficial alemán, es decir, que todavía no estaba en vigor, cuando el sector ya se dispuso a aprovechar al máximo las escasas buenas rachas del negocio de las ventas por teléfono. SNT, que según sus propios datos es, con cuatro mil seiscientos empleados, uno de los *call centers* más grandes de Alemania, presentó una «hoja de instrucciones» en cuyo capítulo final se lee: «¿Cómo puede usted beneficiarse de la nueva normativa legal?»

En el espíritu del sector –pensar en positivo, tomar siempre la ofensiva–, en dicho capítulo SNT habla, entre otras cosas, de la prohibición de ocultar el número de teléfono desde el que llama. «La indicación del número desde el que se llama no sólo debe utilizarse para satisfacer la ley; también puede considerarse un instrumento de márketing muy interesante. La posibilidad de que el cliente pueda devolver la llamada aumenta las oportunidades de venta, pues el cliente final llama movido por cierto interés, aunque sólo sea por curiosidad. Esa llamada ofrece la posibilidad de convertir la anterior llamada *outbound,* que supuestamente no ha dado ningún resultado, en una exitosa operación de *inbound.* No obstante, la condición previa es que el empleado que atiende el teléfono posea la información necesaria para manejar la llamada del cliente según los objetivos específicos de una campaña. En suma, las llamadas que nos hacen pueden contribuir a que cerremos una venta.»[31]

Pinta bien, ¿no? Y es probable que los estrategas de SNT tengan toda la razón. Nada puede con su negocio. En todo caso, sólo una medida muy inofensiva como la Ley para combatir la publicidad telefónica abusiva. Muy inofensiva porque permite que se sigan haciendo ventas por teléfono; las reivindicaciones de las uniones de consumidores y otras, en el sentido de que se prohíban tajantemente tales contratos verbales, en todo caso los que van más allá de llamar un taxi o pedir una pizza, se las lleva el viento.

Con todo, ahora hay que hacer por escrito la anulación de contratos vinculantes a largo plazo con proveedores de servicios de telefonía, electricidad y gas, si bien también esta ley tiene un defecto, a saber, sólo se aplica si uno cambia de proveedor. Lectores, si su actual proveedor de teléfono, gas o electricidad les cuela un contrato peor que el actual: mala suerte. Anularlo sigue siendo tan complicado como antes.

En consecuencia, el *lobby* del sector ha impedido que se prohíba cerrar contratos telefónicos. ¡Eso destruiría puestos de trabajo! En efecto. Pero no afectaría a la minoría de los *call centers* y sus empleados, que aconsejan con responsabilidad, apoyan a sus clientes y preparan la toma de una decisión que puede culminar con la firma del contrato en casa, con calma y por escrito. Afectaría a la mayoría, a las ovejas negras. Hay que insistir: no necesitamos terrorismo telefónico y no necesitamos puestos de trabajo que atan de pies y manos a los empleados y los convierten en estafadores fomentados por el Estado. Al contrario, necesitamos que nos protejan de eso.

¿Qué queda? ¿Qué cambia?

Hace años ya que la justicia prohibió la «llamada fría», la publicidad telefónica no deseada, pero en vano. La Ley para combatir la publicidad telefónica abusiva, de agosto de 2009, sólo es un retoque. No obstante, amenaza con multas de hasta cincuenta mil euros a los *call centers* que llaman a personas que no han dado su consentimiento expreso (por ejemplo, la famosa crucecita en encuestas, juegos de azar, etc., mediante la cual declaran aceptar que sus datos se utilicen y se transmitan). En caso de constatarse una violación de la mencionada ley, hay que actuar según la nueva reglamentación estatal; al consumidor ya no se lo dejará solo, aunque, naturalmente, tendrá que ser él quien ponga en marcha el proceso. Por lo tanto, tendremos que esperar para ver si son muchos los que se toman esa molestia, es decir, si los *call centers* tendrán que renunciar de verdad a las llamadas abusivas.

Del mismo modo, primero habrá que ver si la prohibición de ocultar el número desde el que se llama surte efecto, pues, en lo tocante a ese punto, el legislador no dice qué número debe aparecer en la pantalla del teléfono del consumidor; teóricamente puede ser una línea muerta o un número 0900 de los que despluman al abonado.

También en ese aspecto la hoja de instrucciones de SNT es alentadoramente abierta: «La ley no se infringe si contesta una persona, un contestador o un sistema IVR [reconocimiento de voz] perfeccionado, si la conversación es *ruteada* [es decir, retransmitida] o si se ha aceptado sin más.» Por lo demás, SNT ofrece a todos los *call centers* interesados un número caro (0900).[32]

También la rescisión a posteriori de un contrato de suscripción a periódicos o a una lotería cerrado por teléfono (el derecho a rescindir esos contratos ya se aplicaba a ventas de lotería a largo plazo) hace recaer en el consumidor la carga del trabajo. Al respecto, SNT señala con arrogancia: «En este ámbito hay que contar con las cuotas de anulación habituales en otros ámbitos.» Las asociaciones de consumidores siguen exigiendo que por teléfono sólo se pueda mantener una conversación previa, no firmar el contrato. Es decir, que la venta, la suscripción, etc., sólo puedan cerrarse por escrito. Sin embargo, de acuerdo con la nueva legislación, esa regulación sólo rige cuando un usuario cambia de compañía de electricidad, de gas o de teléfono. Y aquí «por escrito» también significa, únicamente, que hay que enseñar al cliente por escrito la notificación de la baja del antiguo proveedor y el alta en el nuevo. En todos los otros casos, el consumidor sigue quedando enganchado al papel cazamoscas. Y el que no anule a tiempo el contrato de «sus» revistas o de sus cupones de la lotería, tendrá que pagar.

PANECILLOS PARA LIDL
Trabajos malos, mala comida

La carta no tenía remite. Apareció una mañana en mi buzón y contenía una descripción de las pésimas condiciones de trabajo en una panificadora determinada. A lo largo de varias páginas, el anónimo remitente se explayaba sobre las condiciones insoportables que imperaban en el lugar. Al final se leía: «Por favor, comprenda por qué no me doy a conocer. Soy un trabajador, tengo familia y dependo de este puesto.»

Todas las semanas recibo cartas o correos electrónicos de toda Alemania en los que la gente me cuenta las vejaciones a las que está expuesta a diario; hay también quien se presenta directamente en la puerta de mi casa a contarme sus penas. Sólo en raras ocasiones puedo actuar, y en ningún caso cuando un informante no está dispuesto a salir del anonimato.

Esta vez la cosa iba a desarrollarse de otra manera: un par de semanas más tarde suena el teléfono; la persona que llama, un hombre, me habla de *mobbing*, de despidos injustificados y de riesgos de accidentes, todo en la misma fábrica. Y me propone: «Busque a algún joven que se presente para trabajar con nosotros. No tardará en verse lo que pasa aquí.» Le pregunté cómo se llamaba y le sugerí que nos encontrásemos; también le pedí más detalles. Pero se negó: «Si llega a saberse que he hablado con usted, me echan. Aquí no tienen miramientos con los críticos.» Después se oyó un clic. Había colgado.

Al cabo de un tiempo una casualidad vino en mi ayuda. Un amigo al que hacía años que no veía me invitó a que le hiciera una visita. Vive en Hunsrück, no lejos de la panificadora descrita en la carta arriba mencionada. Decidí cambiar de plan, pues lo cierto es que estaba preparando un nuevo reportaje sobre «el mundo feliz del trabajo» y para empezar quería que me contratase una gran empresa del norte de Alemania. Mi amigo se ofreció a amueblar una habitación en su casa y a cambiar, durante el tiempo que durase mi reportaje, su coche viejo y poco llamativo por mi abollada cafetera con matrícula de Colonia.

Es cierto que a menudo tengo la maldita suerte de encontrar a la persona apropiada en el momento apropiado. Así pues, me puse en marcha y me dirigí al Hunsrück (Renania-Palatinado), región donde crecen las vides y los malos salarios, pero no sin antes echar un vistazo en Internet. Como era de esperar, encontré «mi» empresa.

«Tradición desde hace más de seiscientos años», dice en su página web, con un diseño ad hoc, la panificadora de los hermanos Weinzheimer, cuyo nombre completo es: Gebr. Weinzheimer Brot GmbH & Co. KG.

Y puesto que la fábrica se encuentra realmente en pleno Hunsrück –en eso, por una vez, la publicidad no miente–, más exactamente en el límite de Stromberg, con sus balnearios y su aire puro, decidí que lo primero que haría sería darme una vuelta por esa pequeña ciudad.

Stromberg no está lejos de Bingen am Rhein, tiene su propia salida a la autopista (la A61) y se llama a sí misma «la cuna del *deutscher Michel*», el campesino alemán bonachón y trabajador. Atraviesan el lugar tres arroyos; el camino desde la autopista hacia el valle tiene muchas curvas y «castillos románticos y senderos idílicos entre bosques», según el folleto que reparten en la oficina de información turística. Tiene, además, una piscina descubierta «con el agua a veintitrés grados», «urbanización y parque recreativo» y hotel (pistas de tenis, caballos, golf). El visitante también puede comer, y «opíparamente: en el Stromburg, donde cocina Johann Lafer, chef conocido por sus apariciones en televisión y anuncios publicitarios».

Pero yo no había ido allí por placer, sino para buscar un trabajo duro. Y sentía curiosidad por lo que ocurría en la empresa de los hermanos Weinzheimer, una panificadora que desde hacía unos años formaba parte del «sistema Lidl»; concretamente, es uno de los proveedores de las cadenas de alimentación llamadas *discounters,* que continuamente dan lugar a titulares nada positivos por explotar a sus trabajadores y exigirles un rendimiento demasiado alto, y también porque los vigila y les niega sus derechos sindicales. Dieter Schwarz, el patrón de esta gran empresa, llegó a ser, con sus más de diez mil millones de euros ahorrados, el cuarto hombre más rico de Alemania. Lidl funciona igual que una máquina de generar beneficios propia de los primeros tiempos del capitalismo, aquella época en que los derechos humanos no tenían ningún valor y los derechos laborales todavía no se habían inventado.

Entonces yo aún no sabía mucho sobre la manera en que Lidl trata a sus proveedores. La empresa no informa públicamente sobre el número de proveedores con los que trabaja, pero no cabe duda de que se cuentan por centenares, pues en las sucursales de Lidl se pueden comprar más de mil quinientos productos. Es vox pópuli que muchos de ellos ya no se fabrican en Alemania, sino, por ejemplo, en China, la India o Rumania, donde los salarios y los seguros de los trabajadores –si es que están asegurados– son más bajos, y donde la protección contra riesgos laborales es escasa o nula. ¿Cómo reacciona una empresa que produce en Alemania ante esa presión sobre los costes? ¿Es posible que las condiciones de trabajo del llamado Tercer Mundo hayan hecho su entrada hace tiempo en nuestro «feliz mundo del trabajo»?

Wir über uns

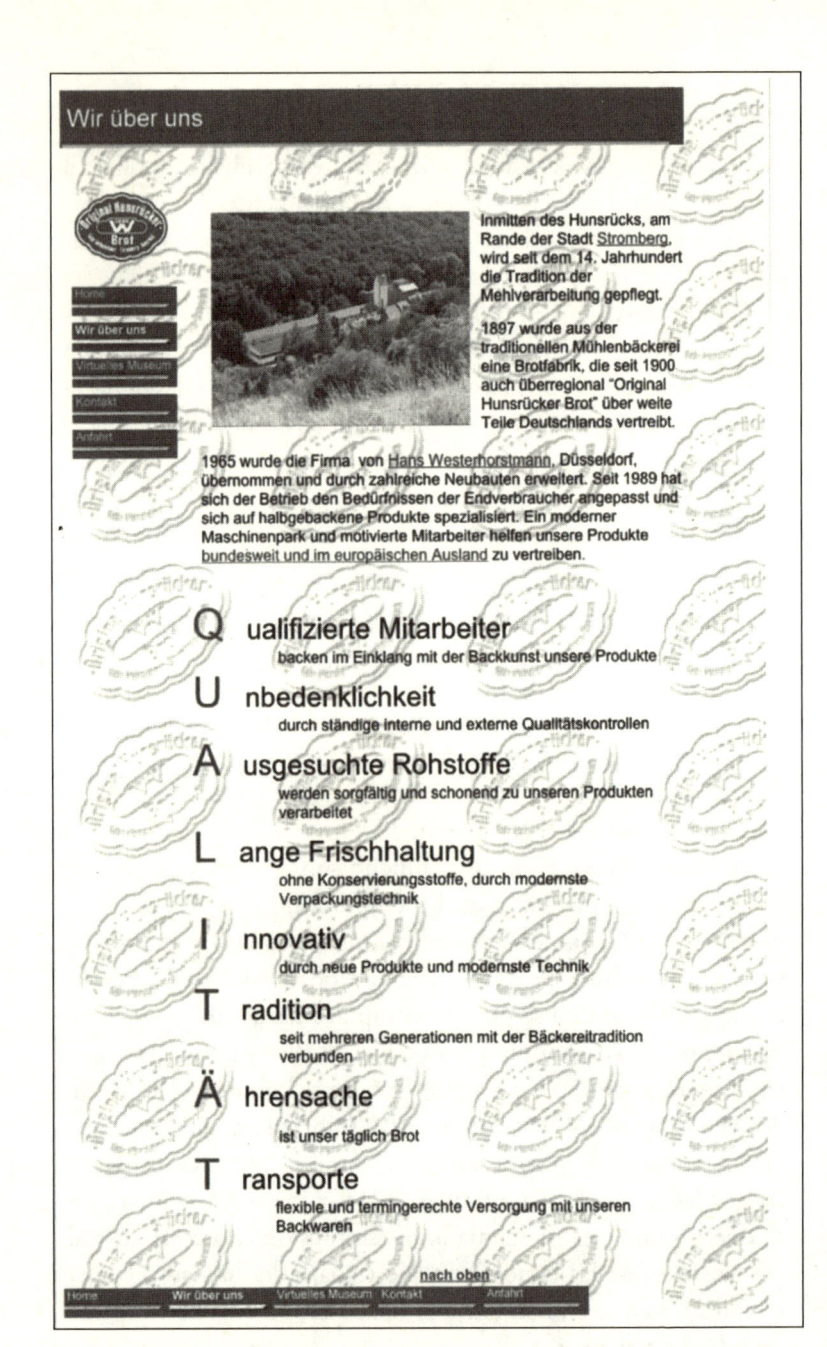

Inmitten des Hunsrücks, am Rande der Stadt Stromberg, wird seit dem 14. Jahrhundert die Tradition der Mehlverarbeitung gepflegt.

1897 wurde aus der traditionellen Mühlenbäckerei eine Brotfabrik, die seit 1900 auch überregional "Original Hunsrücker Brot" über weite Teile Deutschlands vertreibt.

1965 wurde die Firma von Hans Westerhorstmann, Düsseldorf, übernommen und durch zahlreiche Neubauten erweitert. Seit 1989 hat sich der Betrieb den Bedürfnissen der Endverbraucher angepasst und sich auf halbgebackene Produkte spezialisiert. Ein moderner Maschinenpark und motivierte Mitarbeiter helfen unsere Produkte bundesweit und im europäischen Ausland zu vertreiben.

Q ualifizierte Mitarbeiter
    backen im Einklang mit der Backkunst unsere Produkte

U nbedenklichkeit
    durch ständige interne und externe Qualitätskontrollen

A usgesuchte Rohstoffe
    werden sorgfältig und schonend zu unseren Produkten verarbeitet

L ange Frischhaltung
    ohne Konservierungsstoffe, durch modernste Verpackungstechnik

I nnovativ
    durch neue Produkte und modernste Technik

T radition
    seit mehreren Generationen mit der Bäckereitradition verbunden

Ä hrensache
    ist unser täglich Brot

T ransporte
    flexible und termingerechte Versorgung mit unseren Backwaren

nach oben

De la página web de Weinzheimer.

Es lo que quiero saber. La página web de Weinzheimer dice que en la empresa «trabajadores cualificados preparan el pan según las leyes del arte de hornear». Yo no soy ni un obrero cualificado ni entiendo nada de ese arte, pero llamo por teléfono para ofrecer mis servicios. Un empleado me informa de que buscan a «hombres de veinte a treinta años, robustos y con aguante», es decir, no a mí. Digo que tengo cincuenta y un años en lugar de cincuenta y cinco. La identidad la he tomado prestada de un amigo.

Todos los comienzos son difíciles

La peluca y el bigote postizo negro me rejuvenecen, y así, con traje de conductor de coches de carrera y casco aerodinámico, me monto en mi elegante bicicleta de carreras roja con un impresionante manillar de triatlón y enfilo recto hacia la administración de la panificadora. «Me llamo Frank Kimmerle. Me han dicho que van a darme un empleo aquí.» Con esa arrogancia me presento a la recepcionista, que me mira sorprendida, me pone un impreso en la mano y me despacha con estas palabras: «Entonces rellene primero el impreso y adjunte los certificados.» En ese momento aparece una mujer de unos treinta y cinco años, de aspecto cuidado y actitud decidida. La recepcionista la saluda; es la mujer del dueño. Y me dirijo a ella: «Me dijeron que podía empezar aquí de inmediato. ¡He recorrido cincuenta kilómetros de mi casa hasta aquí en la bicicleta de carreras!» Pero a ella también le parezco sospechoso y me evita: «Puede ser, pero yo estoy ocupada.»

Cuando amaga con marcharse, añado: «Sé que buscan gente joven, pero yo hago triatlón y he completado el *Ironman*: tres kilómetros ochocientos metros a nado, ciento ochenta kilómetros en bicicleta y, además, la maratón. Por eso para mí el trabajo se parece a un entrenamiento muy relajado. También puedo presentar un certificado, extendido por un médico del deporte, en el que se me atribuye la edad biológica de un hombre de treinta años.»

Me he entrenado a fondo y desde hace unos meses realizo pruebas de resistencia y de fuerza; con todo, exagero que es un primor. De pronto recuerdo los puntos centrales de las entrevistas agresivas, los que aprendí en el *call center* durante mi última investigación. Me resultaba desagradable usar ese método por teléfono, pero ahora me saca de apuros. «¡No dejar que el otro hable! ¡A la energía responded con energía! ¡Sugerir lo inevitable! Crear imágenes positivas. ¡Presionar para que el cliente cierre la venta!», oigo decir a mi entrenador de entonces como si lo tuviera detrás.

Ergo, vuelvo a pisar el acelerador (había oído decir que en Weinzheimer los trabajadores tenían que pasar un periodo de pruebas no remunerado de una o dos semanas):

—Los primeros días puedo trabajar gratis, para que se haga una idea. Así no correrá ningún riesgo.

La jefa se queda donde está y se digna dirigirse a mí; advierto un cambio en su expresión cuando pregunta, muy en serio:

—¿Ya ha trabajado alguna vez el sistema de turnos?

—Sí, en la cadena de montaje de Ford, y en Siemens también, a destajo —contesto yo, y no miento; lo que no hago es decir que eso fue hace ya casi cuarenta años.

—Entonces venga mañana a las ocho, hará el turno de la mañana. Normalmente se empieza a las seis.

Acepto. Por siete euros con sesenta y seis céntimos brutos la hora una vez superado el periodo de pruebas no remunerado. Ésa es la razón por la que en esta región, donde la tasa de paro es alta y los puestos de trabajo son raros, siempre se encuentra algo. De esos siete euros con sesenta y seis al trabajador le quedan limpios menos de seis.

La primera mañana la jefa tiene incluso el gesto de darme la mano, pero sin contrato. Pues contrato no hay ni hoy ni más adelante. También me hace entrega de unos pantalones de trabajo blancos y una camiseta de manga corta. Pregunto si con eso no se pasa frío en invierno. «Si tiene demasiado frío, tendrá que trabajar aún más rápido.» Después me abandona a mi suerte y me deja en manos de la supervisora del turno.

Cuando me dispongo a presentarme a mi nueva jefa, una mujer muy resuelta de unos cuarenta y cinco años, ella finge no ver que le tiendo la mano. Yo había pensado que me explicaría tal o cual cosa y que, como mínimo, me haría una especie de visita guiada. Pero lo que hace es correr hacia una caja de mandos y apretar como loca varios botones. Tampoco los otros colegas parecen darse mucha cuenta de mi presencia. Todos están ocupados consigo mismos o, más bien, con lo que les exigen la máquina y la cinta. Me colocan al final de la cinta transportadora, al lado de dos hombres y una mujer; ésa es toda la «toma de posesión» oficial en el trabajo cotidiano de la empresa de los hermanos Weinzheimer, cuyo actual propietario es Bernd Westerhorstmann.

En realidad, la panificadora Weinzheimer fabrica panecillos, lo cual de por sí no tiene nada de malo; lo que pasa es que su actividad tiene poco que ver con el eslogan publicitario, que afirma que desde 1897 la empresa fabrica el «pan original de Hunsrück» cuando en realidad lo que allí hacen son panecillos prehorneados y embalados en bolsas de plástico. Los departamentos de la fábrica también están al alcance de la vista: preparar y moldear la masa; llenar los hornos y hornear los panecillos; abrir los hornos y empaquetar los panecillos. Pero de eso no me entero hasta el segundo día.

Lesiones y caos

Poco a poco voy tomando nota. Me encuentro al final del pasillo de envasado. Los panecillos se embalan herméticamente

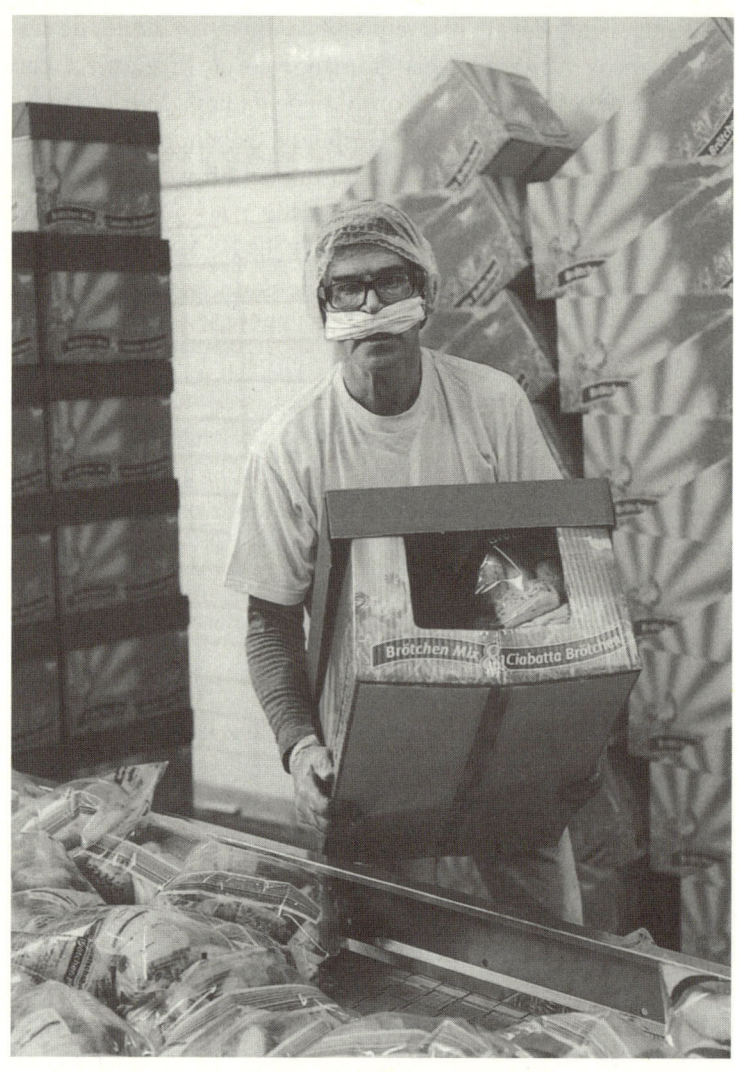

En Weinzheimer, al final de la cinta transportadora.

en una película de plástico inflada con dióxido de carbono. Las bolsas, repletas de aire y de panecillos, van pasando una tras otra, siempre a la misma velocidad de flujo, hacia la desembocadura de la cinta. Dos trabajadores meten los envases en cajas de cartón, les ponen una tapa a cada caja y después las apilan en palés. Esta vez sí me dan una instrucción clara, la primera. Sin levantar la vista ni interrumpir los movimientos mecánicos de las manos, el colega que trabaja a mi lado me explica lo que tenemos que hacer: «¡Controlar el sello de la fecha de caducidad, separar los panecillos defectuosos, quitar de la cinta los paquetes blandos y romperlos! ¡Ésos no están bien llenos de dióxido de carbono.» Vaya, pienso, nada del otro mundo. El clásico trabajo en cinta transportadora. Y pongo manos a la obra: miro, rompo, o no, echo las bolsas en las cajas y así sucesivamente. No obstante, al cabo de un cuarto de hora observo que es imposible realizar ese trabajo sin cometer fallos. Todo pasa demasiado rápido, pero espero, quizá, ir ganando velocidad.

Trabajo más o menos una hora hasta que de pronto oigo gritos y el ulular de una sirena. Mis dos colegas se dirigen a toda carrera y soltando maldiciones hacia la sala de al lado. De repente, la supervisora del turno me ordena a voz en cuello que los siga. «¡Rápido, rápido, a ayudar, a ayudar!», grita, absolutamente desesperada, y me empuja. «¡Quite las bandejas de la cinta, vamos, vamos!» Al lado tengo un horno encendido del cual salen las bandejas de hojalata que caen en la cinta. Nuestra tarea consiste en retirar de la cinta las bandejas calientes con los panecillos y colocarlas en carretillas. Cada bandeja mide ochenta centímetros por sesenta y trae cuarenta y dos panecillos. Un colega me tira un par de guantes agujereados y lo primero que hago es quemarme la mano derecha. Cuando levanto la bandeja a pulso por encima de la cabeza me roza la piel del brazo derecho y del mentón y me salen unas ampollas bien gordas. Más tarde me entero de que todos mis colegas han sufrido esas quemaduras.

De improviso, y para colmo de males, se suelta también la cadena de acero de la cinta y el lugar se convierte en un infierno. Las bandejas con panecillos siguen saliendo sin parar del horno caliente, vienen hacia nosotros y algunas caen al suelo con estrépito. Los colegas se gritan unos a otros, veo que dos meten las manos en la cinta, que está en marcha, para volver a colocar la cadena en el soporte de fijación. Ya han sufrido lesiones serias en situaciones similares. Sin embargo, eso sólo llego a saberlo después de dos semanas en la panificadora, cuando ya he trasteado varias veces en la cinta, que está en funcionamiento las veinticuatro horas del día siete días por semana. Es lógico, pues, que las averías sean lo normal. No pasa una hora sin que se produzca una. Siempre hay algo que reparar, botones que apretar, cosas que despejar y limpiar, algo que hay que poner otra vez en marcha. Al final todo parece otra vez solucionado, la producción sigue, el caos se disipa y yo vuelvo a mi sala. No tengo tiempo de refrescarme las quemaduras con agua fría y aliviar el dolor. Me da miedo quedar marcado como una res, pero por suerte las llagas curan y empiezan a desaparecer al cabo de unas semanas.

En la panificadora Weinzheimer las lesiones son gajes del oficio. Aquí somos algo parecido a la comunidad de los «niños quemados», con heridas en los brazos o también en el torso. Hasta que no pasa una semana no me entero de la existencia del freno de emergencia que hay a un lado de la cinta, aunque únicamente podemos apretarlo en caso de emergencia extrema; eso los colegas lo saben. Pues si alguien aprieta el botón, los panecillos quedan en el horno demasiado tiempo, se tuestan demasiado y ya no se pueden utilizar. Con gran insistencia, un colega, panadero diplomado, me advierte que no toque el botón por nada del mundo. El propietario y gerente de la empresa, que, para mayor desgracia de sus empleados, también se ha nombrado a sí mismo encargado de accidentes, también presta atención a eso.

Durante las semanas que paso en la panificadora vivo las averías y los atascos como un fenómeno natural recurrente: hay que sacar las bandejas de la cinta, los panecillos vuelan por el aire y terminan en el suelo y hay que recogerlos para después tirarlos a la basura. Expuestas demasiado tiempo al calor del horno, las bandejas se deforman y, cuando ya se han torcido, bloquean la cinta y todo se atasca, cosa que ocurre también porque la instalación está más que hecha polvo. Un mecánico de la casa me ha dicho: «Aquí cogen lo último del hombre y de la máquina y ahorran en todo. Lidl determina la cuota de suministro. ¡Por cada palé que no entrega, Weinzheimer paga una multa fija de ciento cincuenta euros, y la última vez fueron más de quince mil!» Una de esas bandejas para hornear sólo cuesta setenta euros; de ahí que un día pregunte a un jefe de turno si no pueden comprar nuevas para evitar los continuos atascos. «Vosotros sois más baratos que las bandejas nuevas», me contesta.

Así se entiende por qué es tan alta la tasa de accidentes. Es cierto que hay un libro donde se registran, pero hace tiempo que no apuntan todas las heridas y otras lesiones. Puesto que nadie advierte sobre el peligro de accidente, y como tampoco hay avisos de peligro en ninguna parte, es lógico que se produzcan una y otra vez los mismos accidentes. Durante los trabajos de limpieza –después de un atasco en la cinta los panecillos me pasaron zumbando junto a las orejas como proyectiles– me doy con la cabeza contra una chapa protectora que está suelta. Ligeramente aturdido y con sangre en la frente, sigo trabajando.

Sólo más tarde –en un momento en que nadie vigila– me atrevo a hojear el registro de accidentes. Hace un mes le pasó lo mismo a un mecánico de la empresa, y en el mismo lugar. Voy a verlo después del turno y me cuenta: «Me hice un corte que sangraba mucho y tuve una conmoción cerebral. El jefe se negó a darme los primeros auxilios, pero se disculpó: "¡Lo siento, no tenemos tiempo!" Yo tenía que vaciar el horno; de lo contrario se habrían estropeado los panecillos. Después de ir a buscar yo mismo el botiquín de primeros auxilios, comprobé que no contenía nada para curar heridas. No pude ir al hospital hasta que terminé el turno, a las dos de la tarde. Solo. Me diagnosticaron una conmoción cerebral y estuve en observación una hora entera.»

De hecho, todos los colegas con los que he hablado coinciden en que el ambiente y las condiciones de trabajo han empeorado drásticamente desde que Weinzheimer produce exclusivamente para Lidl. La fábrica está a merced de este comprador al por mayor y el empresario hace que el peso recaiga en los empleados con toda la dureza imaginable. Si Lidl encarga más panecillos, durante dos o tres semanas tenemos que trabajar sin librar. En casos extremos algunos colegas han llegado a trabajar cuatrocientas veinte horas al mes hasta caer rendidos. Y a la inversa, cuando en Lidl hay poco movimiento, nos mandan que nos quedemos en casa —¡sin pagarnos!— y a ver cómo nos las arreglamos. En ese caso Weinzheimer no paga nada, ni las horas perdidas, ni el tiempo de espera, ni la disponibilidad, absolutamente nada. Y también deduce de las nóminas las fiestas estipuladas por ley, incluidas Navidad, Año Nuevo, Semana Santa o el Primero de Mayo.

Al cabo de dos semanas me dicen de sopetón que no siga trabajando. De momento el panorama no pinta muy bien; no hay encargos. Que podré volver dentro de un mes. Y para poder seguir trabajando concibo una treta junto con mi amigo, el cabaretista Heinrich Pachl, que en adelante será mi «mentor» en un programa —ficticio— de la Unión Europea llamado «Más de 50», gracias al cual, y conforme al lema «primero fomentar, luego exigir», los mayores de cincuenta años trabajan por un salario que paga la UE, no la empresa.

Temo que descubran la mentira. Bastaría con buscar en Internet el nombre de mi mentor, que se llama Minsel, o con hacer una llamada a Bruselas. Pero, por lo visto, el propietario y el gerente no pueden estar más contentos y más dispuestos a creérselo. Para ellos soy un sueño hecho realidad: un trabajador que no les cuesta un céntimo.

Crear dependencia para aterrorizar y explotar

Me pregunto quién, en última instancia, es el responsable del sistema Lidl. Con sueldos bajos se producen para el consumidor panecillos baratos y de mala calidad. ¿Por qué compran los clientes esos panes prehorneados varios días antes, que además no saben bien y no son precisamente buenos para la salud? Sí, son baratos, de eso no cabe duda, o como mínimo ésa es la primera impresión. El cliente paga 10,5 céntimos de euro por cada panecillo, pero tiene que comprar diez juntos. Y él mismo tiene que hornearlos para poderlos comer, cosa que lleva tiempo y cuesta dinero.

Hoy día, dos de cada tres panes que se consumen proceden de la estantería del supermercado; en el caso de los panecillos, algo menos. Es un producto que, ya sólo a causa del tiempo de transporte, se conserva mediante el empleo de toda clase de métodos dudosos. ¿Reside la causa en la falta de reflexión y en la escasa o nula conciencia del consumidor? ¿O tiene que ver con unos ingresos insuficientes? Es, sin duda, la mentalidad del que se excita ahorrando hasta el último céntimo lo que consigue que incluso personas con ingresos más altos se dejen tentar por las ofertas de los *discounters;* ellas también aceptan una calidad a veces deficiente. Es comprensible, por supuesto, que un receptor del Hartz IV compre esos panecillos baratos. Sin embargo, no saldría mucho más caro comprar el pan de toda la vida en la panadería de la esquina, que todavía sigue haciendo el pan in situ, un pan que ciertamente sabrá mejor.

Pues nuestros panecillos, las «chapatas», no se merecen este nombre. El paquete sugiere que vienen de Italia; «Ital d'Oro», dice la etiqueta. La auténtica masa de la *ciabatta* italiana debería fermentar al menos ocho horas hasta adquirir la consistencia típica y el sabor inimitable de esa variedad de pan. Si se la pone en el horno tras una semana de almacenamiento, queda dura y reseca.

La denominación «chapata» no está protegida; de ahí que Weinzheimer pueda llamar así a sus panecillos. Los colegas pueden llevarse a casa gratis un paquete por día. Casi ninguno se los come. Un panadero diplomado que trabaja en la sección donde preparan la masa dice: «Mi mujer y mis hijos se niegan a comerlos; quieren panecillos frescos, de la panadería.»

Según la descripción del producto que se lee al dorso de la bolsa, entre los ingredientes hay también glucosa. En un momento en que se interrumpió la producción fui a ver a los colegas que preparan la masa y hornean los panecillos y les pedí, «para fortalecerme», una cucharada de glucosa. Nadie sabía nada. Cuando le señalé al jefe del turno una cubeta con un polvo blanco e ingenuamente exclamé: «¡Pero si parece glucosa, joder!», metió un dedo para probarla, se lo lamió y escupió: era natrón. K., uno de los jefes, al que le pregunté más tarde, me contestó: «No, aquí no hay glucosa.»

Después de mi aventura con los panecillos me dedico a estudiar a fondo el sistema de dependencia en el sector alimentario. Que a los proveedores de las grandes cadenas de supermercados los ponen contra la pared y que sus empleados padecen las formas más groseras de explotación es algo que ha confirmado incluso el Parlamento Europeo,[33] que en una declaración ha criticado, entre otras cosas, que las «grandes cadenas de supermercados abusan de su poder de compra para presionar a la baja los precios pagados a los proveedores (establecidos tanto en la UE como en el extranjero) hasta niveles insostenibles e imponerles condiciones injustas». Esas presiones «sobre los proveedores tienen efectos negativos para la calidad de los puestos de trabajo y la protección del medio ambiente». Las cadenas de *discounters* y de supermercados mandan cada vez más a fabricar sus productos en países con salarios bajos; la red de proveedores llega hasta Ucrania, la India o China. Es un fenómeno que la globalización hace posible, pues no conoce de protección de los trabajadores y obliga también a las empresas locales a la carrera de la explotación sin límites. Y eso los colegas de la panificadora Weinzheimer lo saben desde hace años. La mayoría de las veces les ingresan demasiado tarde el de por sí magro salario; la justificación habitual es la siguiente: la culpa es de Lidl porque paga demasiado tarde. «El año pasado», me cuenta un colega, «no nos ingresaron el sueldo de noviembre hasta el 19 de diciembre. La mayoría de las veces, y concretamente cuando la fábrica queda paralizada por alguna avería o para efectuar reparaciones, ni siquiera nos pagan determinados días. Y hay colegas que recorren treinta o cincuenta kilómetros para llegar hasta aquí y se encuentran con que la puerta está cerrada.»

Daniel Tewes, antiguo jefe de producción, me ha contado lo siguiente: «Trabajé allí siete años y fue al final de mi época en Weinzheimer cuando empezó todo, la reducción de plantilla, las horas extras no remuneradas, la exigencia súbita de aumentar el rendimiento. Yo también era responsable de la planificación de personal y tenía que dar la cara cuando la gente no cobraba las horas extraordinarias. Cuando se te sienta enfrente alguien que trabaja diez horas al día, es decir, sesenta horas a la semana, y al que después quizá también llaman el fin de semana y tiene que trabajar diez horas más y, a pesar de eso, a final de mes me pregunta por qué sólo ha cobrado mil euros y cómo se supone que con eso va a pagar el alquiler... ¿Qué le digo? Al final me dije que ese lugar ya no era para mí.»

Sin embargo, aun cuando Lidl impone las condiciones, la panificadora Weinzheimer añade algunas de su cosecha. Y lo hace abiertamente y sin ningún sentimiento de vergüenza, por ejemplo, cuando el señor de los panecillos se dirige a sus súbditos colgando comunicados y cartas en el tablón de información de la empresa. Un ejemplo (plagado de faltas de ortografía y gramática en el original):

Apreciados trabajadores y trabajadoras:
Como todos saben, la empresa Lidl es ahora nuestro único cliente. En este momento quiero comunicar lo siguiente: en caso de que la empresa Lidl presente una reclamación, los importes correspondientes se descontarán de la próxima factura. Eso es lo que ha ocurrido esta semana, ya que nos notificaron que más de ciento cincuenta palés, equivalentes a la producción de un día y medio, o a cincuenta mil paquetes, tenían moho. Se trata de una circunstancia que la dirección de la empresa no puede prever, pero sí entender. El moho crece cuando se trabaja en medio de la suciedad y con descuido. Cuando veo que las salas y las máquinas no se limpian y que los trabajadores afirman que no tienen por qué observar los procesos prescritos, pero después lloran para cobrar el sueldo, les aconsejo que en el futuro reflexionen sobre sus actos y su actitud. Yo, la empresa Lidl y todos los clientes no tendremos ninguna comprensión para con esa idea del trabajo. También aquí, y desde hace bastante tiempo, la baja médica ha reemplazado a la idea del trabajo, por eso al final salen perdiendo los trabajadores que se ganan el sueldo trabajando como corresponde. Por tanto, ruego a todos los trabajadores y trabajadoras que se aclaren sobre la situación y que de una vez por todas asuman la responsabilidad que les corresponde en su respectivo lugar de trabajo y que también se responsabilicen de la limpieza para que en el futuro los salarios estén asegurados.
Saludos cordiales,

B. Westerhorstmann
Gerente.

Un pan que florece

Los que padecen los efectos del poder de mercado de los grandes *discounters* –cinco de los cuales venden en Europa más del 70 % de los comestibles– no son sólo los proveedores y los empleados, sino también los consumidores. Aun cuando se descubra a tiempo que, entre otras cosas, los panecillos de Lidl han florecido y en Weinzheimer los «limpian» a costa de los trabajadores, en la fábrica de Stromberg el moho no crece porque se trabaje «en medio de la suciedad y con descuido» ni mucho menos; crece de forma permanente. Y eso yo mismo tuve ocasión de comprobarlo y puedo documentarlo con fotos: crece en lugares de la fábrica de difícil acceso, bajo piezas de hierro oxidado o en el armario donde ponen a fermentar la masa.

Thorsten Scholz, mecánico de automóviles, se espanta cuando, en su casa, me habla de la temporada que pasó en Weinzheimer: «El armario para leudar la masa estaba lleno de moho. Claro, ahí se genera cierta temperatura, cierta humedad, no sólo leudan los panecillos; si se lo deja, también el moho se alimenta de eso. Era asqueroso, verdaderamente asqueroso. Cuando lo vi dije adiós a los panecillos de Weinzheimer. Nunca más me zamparé uno.»

Los trabajadores no tienen la culpa. Trabajan sin parar, y duro –siempre corriendo a causa de las reiteradas averías–, hasta el agotamiento. Tenemos que sacar cuarenta palés por turno, pero la mayoría de las veces no lo conseguimos a consecuencia de los atascos continuos y el trabajo adicional que ocasionan. Oigo decir incluso a colegas jóvenes y muy robustos que, cuando terminan, están hechos polvo y les cuesta mucho sacar fuerzas para otra cosa. Y la limpieza se pierde por el camino; al parecer no hay dinero para más personal. El consumidor no llega a saberlo, pues los panecillos, ay, tan puros, tan naturales, fabricados «sin conservantes» (según la publicidad de la empresa) contienen fungicidas para eliminar el moho.

También a mí me mandan, junto con un colega de más edad, a quitar el moho negro de las juntas de una pared revestida de azulejos. Es un trabajo lento, pesado e inútil, pues a más tardar al cabo de una semana la pared vuelve a criar moho.

«¿Por qué no una pared aislada y sin juntas? Después se la podría regar o limpiar con chorros de vapor en menos tiempo», pregunto a mi colega. «Habría que proponérselo a Westerhorstmann. Después de todo, a los panecillos no les vendría mal... y tampoco a los que los comen.» Luego, cansado, descarta la idea: «Se podrían proponer algunas mejoras y medidas para aligerar el trabajo, pero eso aquí no está bien visto. Una vez lo intenté y me dijeron que aquí yo vengo a trabajar, que hiciera el favor de dejar que pensara el jefe.»

El sistema Lidl: opresión pura y dura

Lidl paga cuarenta y nueve céntimos por cada paquete de diez panecillos que Weinzheimer tiene que entregar a domicilio; en las tiendas lo venden por un euro con cinco céntimos. Quitando al propietario de Lidl, todos los que participan en el proceso salen perjudicados, y entre ellos incluyo también al jefe de fábrica, el que tiene que intimidar a los colegas pero que también está sobrecargado y sabe que, en caso de que la empresa encontrase auxiliares ejecutivos más baratos y todavía más serviciales que él, podrían despedirlo en cualquier momento, como hicieron con su predecesor.

¿Y el dueño de Weinzheimer por la gracia de Lidl? Todos los que lo conocen lo describen como un hombre arrogante y jactancioso. Pero ¿siempre fue así? ¿O se ha vuelto así? ¿Y qué lo ha hecho así? Las pocas veces que lo vi pavonearse por la empresa no saludó a nadie y se limitó a dar órdenes o a señalar a alguien con el dedo que la cinta para cubrir el bigote que hay que llevar por razones de higiene estaba floja (¡algo absolutamente ridículo a la vista de los cultivos de moho!), y me pareció, con sus dos metros de altura, un hombre preso en sí mismo.

Sólo una vez, cuando pasó a mi lado por casualidad, se dirigió a mí para ordenarme, sin detenerse y con voz apagada, que

«Tradición desde hace más de seiscientos años»: la panificadora Weinzheimer.

cogiera «la hormiga eléctrica», refiriéndose a una carretilla elevadora de horquilla que, por lo demás, no puedo manejar si no me lo ordenan. Cuando le pregunto dónde está la carretilla, hace un gesto despectivo con la mano y me deja esperando la respuesta.

Así de inaccesible se pasea Westerhorstmann por su fábrica, decidido y comprometido virtualmente, y desde lejos, con lo que ocurre en el lugar de producción, pues también el sistema de vigilancia y espionaje de Lidl se ha instalado en sus «barrios pobres». En principio sólo para controlar los procesos técnicos, han colocado cámaras que permiten vigilar a los empleados desde cualquier rincón del mundo, por Internet y con una contraseña personal. Así demuestra el jefe su omnipresencia, incluso por las noches.

Una vez amonestó desde su dormitorio a una supervisora que era activista sindical. Había visto en la pantalla que, en lugar de los pantalones blancos de trabajo, llevaba unos verdes.

¿Qué puede mover a alguien a dirigir así una empresa? ¿Sólo la presión a la que lo somete Lidl? ¿Qué parte de la culpa le corresponde a él? Algunos obreros de la fábrica piensan que a Westerhorstmann sólo le interesa exprimir la empresa el máximo hasta que le llegue el día de la jubilación, y que, por lo tanto, no se toma la molestia de comprar máquinas ni bandejas nuevas.

Es posible que de su manera de tratar a los animales pueda deducirse la clase de persona que es. Justo al lado del edificio de la fábrica tiene unos veinte cebúes africanos. En la panificadora cuentan que el padre, del que heredó la fábrica, le asignó en el testamento el cuidado de esos animales. Lo cierto es que allí los cebúes sufren; viven hundidos hasta los tobillos en sus propios excrementos porque Westerhorstmann se ahorra el dinero necesario para sacar el estiércol del establo. Un día, un Viernes Santo, descubro que también hay un ternero recién nacido. Lo libero de los excrementos y el fango, lo saco fuera y lo limpio: aún vive. Ese mismo día un colega me cuenta que el recién nacido ha muerto miserablemente.

En una palabra, en la panificadora Weinzheimer manda el sistema Lidl, el gran supermercado que ha conseguido que sólo siete de sus sucursales alemanas tengan un comité de empresa. En un caso llegaron incluso a cerrar una sucursal para impedir que se fundara un comité. También el fabricante de panecillos de Hunsrück amenazó con cerrar la empresa o con despidos, aduciendo una «automatización parcial imprescindible», para así crear un ambiente hostil a las elecciones al comité.

Ya la primera asamblea del personal, que Westerhorstmann postergó una y otra vez con excusas, terminó en fiasco. Intentó presentar como incompetente al presidente, que gozaba de la confianza de casi todo el personal, y ponerlo en ridículo. Los trabajadores le recordaron las jornadas de trabajo que arruinaban la salud y con ello fundamentaron la necesidad de un comité; un colega contó que llegó a tener que trabajar treinta días seguidos. Con una sonrisa irónica, el fabricante de panecillos dijo: «¡Muy bien, estupendo! ¡Otras veces, en cambio, disfrutamos de dos semanas seguidas sin nada que hacer!» Como los trabajadores no le rieron la gracia y siguieron desahogándose, el gran jefe los echó sin miramientos: «¡Ésta es mi empresa y ahora hago uso de mi derecho de propiedad!»

En adelante, Westerhorstmann intentó impedir con amenazas las elecciones al comité. A un trabajador vietnamita con contrato de trabajo temporal lo convocaron varias veces al despacho del director con la intención de convencerlo para que se presentase como candidato de confianza de la empresa. Si lo hacía, podrían decidir prorrogarle el contrato. A los trabajadores *non gratos* los amenazaron con el despido en caso de que participaran en las elecciones.

Alban Ademaj, que finalmente y a pesar de todo se atrevió a presentarse como candidato, recuerda: «Los colegas me pidieron que me presentara porque me tenían mucha confianza, pero durante los preparativos ya nos amonestaron y nos presentaron tantas veces como tontos e ignorantes, que estuve a punto de mandarlo todo al carajo, y no sólo una vez. Para mi gran sorpresa, obtuve la mayoría de los votos y eso me animó a seguir. Lo primero que intentamos fue subsanar las faltas más flagrantes, pero bloquearon todos los intentos y todas las propuestas. Por ejemplo, queríamos que nos dejaran ver los registros de las horas trabajadas porque muchos teníamos la sospecha bien fundada de que nos quitaban horas. El jefe podía manipular el número de horas con el ordenador. Yo pude probarlo, pues siempre había apuntado las horas que hacía.»

Tras resultar elegido, a Ademaj, de veintisiete años, lo presionaron sistemáticamente y le pusieron una amonestación tras otra aunque hasta entonces nunca le habían reprochado nada. Lo trasladaron; tuvo que hacer trabajos de novato y lo ninguneaeron de todas las maneras posibles. Al final tiró la toalla y dimitió como presidente del comité. «Pensé que, si me retiraba, al menos me dejarían tranquilo en el trabajo.» Craso error. Lo que hicieron fue asignarle el trabajo que nadie quería, empaquetar al final de la cinta transportadora. «Control de los palés. Así, si quieren, siempre te encuentran algo. Lo intentaron cuatro veces, pero como no encontraron nada, le pregunté socarronamente a la mujer del dueño, que me controlaba: "Dígame, la quinta vez, si todo está en orden, ¿me darán al menos una prima de cien euros?"»

Pero la quinta fue la vencida. Le pusieron al lado a un empleado nuevo y achacaron los fallos de éste a Ademaj. También lo amonestaron por presuntos errores en la preparación de la masa, aunque en ese momento, como puede demostrarse, trabajaba en la sección de envasado. Lo condenaron definitivamente el día en que hizo a un lado una bolsa con cucarachas vivas que un colega había recogido y colocado junto a su lugar de trabajo. En esos días esperaban la llegada de un inspector de Lidl y, en opinión de Ademaj, si esa bolsa tenía que ir a parar a las manos de alguien, nadie mejor que él. Y precisamente por esa bolsa lo despidieron sin aviso previo: por alteración de la tranquilidad de la empresa. Lo mismo le ocurrió a Savas Daci, su sucesor, que había obtenido el segundo puesto en las elecciones y durante varios años había sido un trabajador modélico. Después de tomar posesión del cargo de presidente lo abrumaron con amonestaciones.

La empresa también despidió sin previo aviso a Daci y a su sustituta, esta vez con un añadido: «Tenemos el visto bueno del comité de empresa.» Pues en el ínterin, Beate M., la secretaria de dirección que, con sólo ocho votos, había quedado en sexto lugar, había ascendido a presidenta del comité. Gozaba de la plena confianza del dueño y tuvo ocasión de demostrarlo. En adelante testificó contra sus propios colegas.

«Ahora Westerhorstmann tiene el comité de empresa que quería. ¡A todo le dice que sí y es cómplice de todas sus indecencias!», dice el secretario competente Harald Fascella, del sindicato de alimentación, entretenimiento y restauración de Darmstadt, y se pregunta: «¿Sigue siendo sostenible una empresa donde el capricho y desprecio por el ser humano imperan a semejante escala?»

¿No vale nada el ser humano?

Cuando Lidl presiona no se respetan los tiempos de descanso y no se aplican las disposiciones relativas a la seguridad en el trabajo. Así, puede ocurrir que alguien termine el turno de noche a las seis de la mañana, recorra cuarenta kilómetros para volver a casa y tenga que estar otra vez en la fábrica a las dos para hacer el turno de tarde. En esos casos no se respeta el tiempo de descanso prescrito por ley, de once horas y media como mínimo.

Y no hablemos de protección de la salud. También en ese aspecto Weinzheimer es un ejemplo de una tendencia general, en este caso por la manera en que, a escala nacional, disminuye continuamente el número de bajas médicas. Por ejemplo, en esta empresa los colegas extranjeros –y son mayoría– a menudo dejan de cobrar si piden la baja. Dicho de otra manera, siguen trabajando aun estando enfermos.

Cuando el colega Heinz D. tuvo un accidente de motocicleta camino del trabajo, con contusiones y conmoción cerebral, trabajó arrastrándose por miedo a que lo despidieran. Al cabo de tres horas no soportó más el dolor y pidió al capataz que lo dejasen ir al hospital. Muy generosos, le dieron permiso. Pero después Heinz encontró la carta de despido en el buzón. A petición del dueño de la fábrica, el capataz se había tomado la molestia de recorrer los veinticinco kilómetros que separaban la empresa de la casa de Heinz para hacerle llegar el despido cuanto antes y de la manera más personal posible.

De la carta de Westerhorstmann que hemos citado más arriba puede deducirse la manera en que se preocupa por la salud de sus trabajadores: «desde hace bastante tiempo, la baja médica ha reemplazado a la idea del trabajo, por eso al final salen perdiendo los trabajadores que se ganan el sueldo trabajando como corresponde». La verdad es diametralmente opuesta: los trabajadores tienen miedo a pedir la baja porque el patrón no suele pagar los días que faltan por enfermedad y porque ya ha tratado mal a algunos enfermos.

Las condiciones de trabajo en la empresa de Westerhorstmann son enfermas en el sentido más estricto de la palabra. Por tanto, no es de extrañar que en la panificadora Weinzheimer no se dé ninguna importancia a la protección y la seguridad en el trabajo. Una de mis tareas principales consiste en pasarme horas y horas despanzurrando las bolsas defectuosas y volviendo a colocar los panecillos en la cinta. Esas bolsas no están llenas a reventar de aire, sino de dióxido de carbono, razón por la cual estoy expuesto sin ninguna protección a un gas que sólo es inofensivo en cantidades muy reducidas. No hace falta que pase mucho tiempo para que el trabajo me provoque dolor de cabeza. Me arden los ojos, se me seca la garganta. Necesito respirar aire fresco, cosa que aquí no hay.

Lo que hace allí es calor; los colegas se quejan de tener que soportar, en verano, temperaturas que rondan los sesenta grados. No hay instalación de aire ni extractores, y las ventanas están todas cerradas. Antes, cuando de vez en cuando todavía permitían abrir una ventana y entraban un par de pájaros, el jefe de la empresa y el jefe de producción se dedicaban a cazar con fusiles de aire comprimido a las pobres avecillas aturdidas. Durante un tiempo hubo también una máquina de ventilación, pero la quitaron para ahorrar electricidad.

Benno Fuchs, antes electricista de la empresa, pudo vivir directamente la prohibición: «Sí, el aire acondicionado estaba muy bien y yo mismo me ocupaba de cambiarle el filtro una vez al año, para que no se estropeara y funcionara como es debido. Al final ya no nos dejaron encenderlo. "Ya pueden sudar tranquilos un rato", me dijo Westerhorstmann.»

El caso más desagradable de *mobbing* fue, quizá, el que tuvo que padecer un hombre llamado Ottmar Thiele. Ottmar llevaba treinta y tres años trabajando en la empresa cuando el jefe quiso obligarlo a aceptar un traslado que para él habría significado quinientos euros menos al mes y el trabajo más pesado en el sistema de turnos o en el turno de noche. Aunque Thiele no firmó, y a pesar de que presentó un certificado médico según el cual, a causa de una afección cardiaca, no se le podía asignar ni el turno de noche ni el de tarde, lo obligaron a trabajar en el sistema de turnos y lo trasladaron al sector de producción, donde tenía que empujar a mano palés muy pesados. «Era una carrera de resistencia», cuenta hoy Thiele. «Querían que me fuese por decisión propia. Ya casi no dormía; pensaba en la empresa día y noche.»

Yo también tengo la oportunidad de padecer en mis propias carnes la manera en que la empresa se preocupa por la salud de los trabajadores. No tuvo que pasar mucho tiempo para que, mientras despanzurraba una bolsa tras otra, me sintiera mareado por las exhalaciones de dióxido de carbono y me empapara de sudor. De repente me dan una orden y, con la delgada camisa toda sudada, me mandan fuera, donde se echan en un contenedor los cestos de plástico con los panecillos inservibles. Me dijeron que tardaría dos horas en descargar todos los cestos. Y que no me afectaría en lo más mínimo; al fin y al cabo, además de carreras de fondo había hecho entrenamiento de fuerza para aguantar en la fábrica de panecillos. Pero me dio miedo pillar una pulmonía, porque fuera hacía un frío que pelaba y soplaba un aire gélido.

Así pues, me decido a ir a la oficina y pedirle a la mujer del dueño que como mínimo me dé un mandil. Más me habría valido no hacerlo, pues en lugar de preocuparse por mi salud y por mantener intacta mi capacidad de trabajo, se remitió a la estricta observancia de las normas de higiene de Lidl. «¡Podría amonestarlo ahora mismo!», exclama, ignorando mi petición. «Tiene que respetar las normas, no puede salir de la sala.» «Pero me han ordenado que saliera.» «Le repito que tiene que respetar las normas», me interrumpe muy severa e, impasible, se pone a mirar cómo yo, con ese frío polar, cargo con sus asquerosos panecillos.

El mismo numerito se repite unos días más tarde, cuando K., el capataz, me saca de mi lugar de trabajo, impregnado de dióxido de carbono y aire caliente, y me hace atravesar el patio para meterme en una sala helada donde están los silos de harina. Tengo que quitar la harija. Mi delgada camisa está tan mojada que se podría estrujar. K. lo advierte y me pregunta si no me han dado un mandil. «No, nunca me han dicho nada. ¿Me corresponde uno?» «Olvídelo», rectifica, «¡y haga su trabajo!»

Otros trabajadores también han sentido la misma indiferencia en lo tocante a la salud. Por ejemplo, una vez un mecánico tuvo que hacer unas soldaduras en un silo deteriorado. Una exigencia irresponsable, pues una sola chispa puede desencadenar una explosión mortal. Para negarse a hacer ese trabajo, realmente peligroso, le habría bastado amenazar con notificarlo a la asociación para la prevención de accidentes laborales. De la desvergüenza con la que se trabaja en esta empresa pasando por encima de la salud de los empleados no se salvan siquiera los que ocupan puestos de mando. Cuando, tras una nueva avería, vuelven a salir volando de la cinta las bandejas calientes y las pilas de panecillos aterrizan en el suelo, el capataz –alarmado por la sirena– se precipita en mi oscura y sofocante sección y me ordena que barra rápidamente los panecillos, que los meta en los cestos y los tire al contenedor.

«¡Recoja también los panecillos que han quedado debajo de la cinta!», ordena K. Meterme debajo del varillaje con la cinta en marcha me parece demasiado arriesgado; sólo lo separan del suelo sesenta centímetros, muy poco espacio para un hombre de mi estatura. «Pero es peligroso», me atrevo a objetar. «¿No puedo hacerlo cuando la cinta se detenga?» Es probable que percibiera mi pregunta como una afrenta a su honor. «¿Siempre se hace así el tonto?», replica K. «¡Mire bien, voy a enseñarle cómo se hace!» Y en un santiamén me quita la escoba de la mano y se mete debajo de la cinta. Cuando quise impresionarlo con mi «triatlón», él alardeó de que en su juventud había jugado con la selección del Eintracht Frankfurt, con Thon y otros ases del fútbol, y que había sido un fuera de serie. La verdad es que ya no se le nota mucho. Desde el punto de vista del volumen de su cuerpo, es un hombre mucho menos indicado que yo para arrastrarse debajo de la cinta. Y sin que le dé tiempo a darse cuenta se queda enganchado en la cadena, que tira del delantal hacia la cinta. K. tropieza y el mecanismo lo arrastra. Yo me lanzo de un salto, tiro del delantal con todas mis fuerzas y lo saco de esa delicada situación. El trozo de tela, todo impregnado de aceite, lo tiro en el primer cubo que encuentro.

K. queda completamente pálido del susto, pero su orgullo le impide darme las gracias; pasa a mi lado sin decir palabra y luego se inclina un momento sobre el cubo de la basura para recoger la prueba de un acto peligroso e irresponsable. Lo sigo sin que se dé cuenta y veo que arroja el trozo del delantal manchado en un cubo situado en otro sector de la sala. Más tarde vuelvo a recogerlo y se lo entrego como recuerdo. Para vergüenza mía tengo que admitir que, en cuanto lo liberé de la cadena, no pude evitar pensar con malicia en el final de Max y Moritz.

Las historias de humillación de los trabajadores son incontables. Un colega me cuenta que una vez tuvieron que introducir fibra de vidrio en los hornos, y sin protección: «El horno se quemó, era de 1965. Los bomberos apagaron el fuego y retiraron la fibra de vidrio aislante equipados con un pesado aparato de protección. Nosotros tuvimos que pasarnos horas deshilachando la misma fibra de vidrio, que estaba medio carbonizada. Y a mano. Lo único que nos dieron fue un delantal de visitante, de vellón, y una mascarilla de noventa y nueve céntimos que no protege de la fibra. ¡Y eso que todo el mundo sabe que la fibra de vidrio es cancerígena!»

Hay días en que la deteriorada máquina produce casi un 20 % de desechos, lo cual conlleva las situaciones de peligro correspondientes y muchas lesiones de mayor o menor gravedad. La empresa desatiende a los trabajadores y su salud en un grado extremo. Sobre el porqué hay opiniones encontradas. Algunos piensan que así es la cosa, que la peor parte siempre se la llevan los de abajo: Lidl paga demasiado poco y Westerhorstmann quiere ese poco para él; en consecuencia, hace que la cinta se mueva demasiado rápido. Otros dicen que bastaría con renovar las bandejas que transportan los panecillos y que se ladean y vuelven a ladearse cuando se deforman. ¡Una bandeja sólo cuesta setenta euros! Hay otros que opinan que toda la instalación está para el desguace y que el dueño no quiere invertir más porque es un «rico heredero nacido con una cuchara de oro en la boca» que no tiene ninguna necesidad de cargar eternamente con una empresa como Weinzheimer. Hace demasiado poco que trabajo aquí para permitirme un juicio definitivo. Había decidido que, cuando me marchase, le preguntaría directamente al propietario; por desgracia, ha sido imposible. Westerhorstmann se ha negado a mantener una conversación. La mayoría de los trabajadores de la fábrica han empezado hace relativamente poco. O se van o los echan. Refuerzos hay de sobra. Y eso, por supuesto, el dueño lo sabe perfectamente. Un colega de origen indio, de Calcuta, hace ya cuatro años que aguanta y se encuentra al borde del colapso después de pasarse muchas horas seguidas levantando bandejas. Y no sólo un día. Le duele el hombro y se queja de que últimamente tiene la tensión demasiado baja. Pero no se plantea renunciar ni pedir la baja. Aquí enfermar no sólo significa arriesgarse a que a uno lo despidan; el colega enfermo también se siente responsable por los demás. «Cuando estás enfermo los otros tienen que rendir aún más.» En un infierno laboral semejante, no perder sentimientos como la consideración por el prójimo y la solidaridad es algo que me infunde el más alto respeto.

Hace unas dos semanas viví mi día más negro. Es el colega indio el que me salva, pues casi me vengo abajo. Oigo que el corazón empieza a latirme con fuerza, a cien por hora y de manera irregular. Arritmia cardiaca. La reconozco enseguida porque ya he pasado por eso: hace quince años, cuando estuve a punto de zozobrar con el kayak en el Atlántico. Una tormenta me llevó hasta mar abierto y perdí de vista la orilla. Así también me siento ahora: ya no veo tierra. Mi colega advierte claramente lo mal que me encuentro y, sin decir una palabra, se hace cargo de una parte de mi trabajo.

–¿Crees en la reencarnación? –pregunto a mi colega de Calcuta durante una breve pausa de la cinta.

–Es posible –responde, vacilante–. Si resistes varios años, alcanzas directamente el nirvana y el grado más alto de la encarnación –añade, y yo pienso lo mismo aunque personalmente no creo ni en la reencarnación ni en la resurrección.

Por extraño que parezca, en esa esclavitud que parece no tener fin y que chupa hasta las últimas fuerzas, me viene una y otra vez a la cabeza una frase de la Biblia que aprendí en el colegio en clase de religión: «Te ganarás el pan –o tus panecillos– con el sudor de tu frente.» Te lo ganarás o, literalmente, ¡te lo «comerás»!

Ahora por las noches sueño con panecillos y bandejas que vuelan por el aire; sé que reventaría si tuviera que seguir trabajando en la panificadora mucho tiempo. Por la noche, cuando el amigo que me ha prestado su identidad me pregunta qué tal me va, digo, completamente en serio, que los panecillos son mis enemigos. De veras, me siento como en las trincheras; la diferencia reside en que aquí no hay metralla de granada, sino bandejas calientes que me pasan rozando los oídos. Y después, de repente, cuando todo funciona con normalidad, pienso: Ay, es posible incluso que sean unos panecillos muy decentes. A veces hasta huelen bien. Voy notando, y así se lo cuento, que en ese trabajo pierdo mi identidad, que me alieno, que ya no sé qué pasa en casa, en Colonia. Estoy hecho polvo. Exactamente igual que los colegas que cuentan que por la noche se quedan dormidos delante del televisor.

Pero vuelvo a esforzarme. Veo que los demás aguantan. A veces siento algo parecido a una unión solidaria. Alguna vez, durante uno de los pocos momentos de tranquilidad en la fábrica, empecé sin querer a silbar la *Internacional* y a tararear por lo bajo la primera estrofa: «Arriba parias de esta tierra...» No hay ningún peligro de que el dueño o uno de los jefes conozcan la melodía. Mientras silbo el himno del movimiento obrero empiezo a empujar una carretilla cargada hasta los topes de bandejas vacías y un colega turco reacciona. Mira a su alrededor para confirmar que nadie está observándolo, me guiña un ojo y levanta el puño cerrado.

Ese día me viene a la cabeza la palabra «huelga». Hay que hacer algo contra estas monstruosidades. ¡Se puede hacer algo!

Aunque parezca extraño, la primera persona con la que me atrevo a hablar del tema es la supervisora de los primeros días. La mujer ha cambiado. Ya no nos grita y se la ve ensimismada, insegura. La han amonestado. Westerhorstmann la ha degradado a obrera rasa, supuestamente porque rinde poco. En consecuencia, espero que mi idea de ir a la huelga caiga en suelo fértil. Pero la mujer me mira espantada. «¡Por Dios, no diga eso! Algunos ya intentaron fundar un comité de empresa y los echaron a todos, ya no queda nadie.» Y se aparta de mí rápidamente. Entre los explotados y maltratados el miedo es tan grande que les asusta la mera idea de protestar.

En cambio, el colega turco se desahoga conmigo cuando, después del turno, me dirijo a él sin llamar la atención. Es uno de los pocos miembros del sindicato que sigue en Weinzheimer, trabajadores que no pueden darse a conocer como tales, sino actuar como una liga secreta; de lo contrario, los amenazan con vejaciones, con *mobbing* y el despido. Me imagino cómo debieron de sentirse los proletarios de hace un siglo... ¿O será esto algo normal dentro de diez, veinte años? ¿Los métodos de persecución en las empresas han sobrevivido al siglo XX? Hay una Ley fundamental. ¡Hay disposiciones sobre seguridad en el trabajo, hay derechos humanos! Pero no en la panificadora Weinzheimer, del Hunsrück. Las condiciones en esta vetusta tahona no mueven a las autoridades a hacer siquiera una visita de control y tampoco a intervenir. Al contrario, la administración empuja a la gente para que trabaje en esta fábrica de panecillos.

Cómplices de la explotación: autoridades de inmigración y oficinas de empleo

Pregunté a un colega turco cómo había llegado a Weinzheimer y me contó que tenía que demostrar con urgencia que tenía un trabajo. Se había quedado en el paro y lo habían citado las autoridades de extranjería. Le pusieron la pistola en el pecho: «O encuentras un trabajo o vuelves a tu tierra.» Sé que es posible. La ley de extranjería, llamada «ley de inmigración» desde 2005, contiene al respecto un apartado especial que permite expulsar a un extranjero si recibe ayuda social. Un conocido le dijo a mi colega: «¡Búscate rápido un trabajo; si no, te deportan!» Y como ese conocido ya trabajaba en Weinzheimer, lo presentó y mi colega empezó en la panificadora.

Oliver, otro colega, sólo aguantó un año. Nunca habría entrado en Weinzheimer por voluntad propia, pero lo envió la oficina de empleo. «Me hicieron un contrato de electricista de la empresa, sólo por tres meses. Aunque, según me aseguraron en la oficina de empleo, tenían que hacerme un contrato fijo y de jornada completa. Tuve que empezar haciendo una semana de prácticas sin cobrar nada. No tuve más remedio que volver corriendo a la oficina de empleo para que me ingresaran otra vez un poco de dinero, una semana más del subsidio. Eso quiere decir que lo sabían. Al cabo del trimestre volvieron a hacerme un contrato temporal, y después otro más.»

Oliver conoce también otra institución que debería estar al corriente de lo que pasa en Weinzheimer: la TÜV, la inspección técnica que revisa las máquinas –por ejemplo, la «hormiga eléctrica»–. Pero el último sello que le pusieron a este aparato hace años que ha vencido. Ahora bien, a la TÜV hay que ir a buscarla, no viene sola. Así y todo, ¿no se podría notificar a la Inspección de Trabajo para que alguna vez se dé una vuelta por la empresa? Sé que no funciona así, pero en Weinzheimer los trabajadores se sentían abandonados por todos los centros más o menos oficiales que tal vez podían o debían interesarse por su situación. Por ejemplo, la instalación de dióxido de carbono emite vapores tóxicos y, a partir de cierto nivel de concentración en el aire, el dióxido de carbono es mortal. Oliver, que lo midió, conoce bien el sistema de alarma, que, por desgracia, ha quedado obsoleto. Cuando se supera el valor de concentración permitido no se oye nada por culpa del ruido que impera en la sala. O los hornos, de cinco metros de largo, tres de alto y tres y medio de ancho. No son juguetes, son peligrosos. Hay que vigilarlos y revisarlos. El de Weinzheimer tiene más de cuarenta años y todavía está aislado con fibra de vidrio cancerígena. ¿No preocupa ese hecho a ninguna autoridad de control? Sin embargo, los jueces tomaron una posición perfectamente clara. Westerhorstmann perdió uno tras otro los procesos instruidos por la magistratura de Trabajo, entre otros el pleito que le entabló el electricista Ottmar Thiele.

Thiele presentó una demanda porque, después de negarse a firmar el aviso de traslado con otras condiciones contractuales, empezaron a ningunearlo cada vez más y peor. Al día siguiente la empresa le prohibió la entrada. «La secretaria del jefe vino al taller por la mañana y me pidió la ficha y la llave; pero en cuanto llegué a casa llamó el gerente para decirme que al día siguiente tenía que hacer el turno de tarde otra vez. Lo hice, pero después de cuatro horas haciendo el trabajo más duro, de repente no pude respirar, sentí pánico y una opresión en el corazón. Tuve que ir inmediatamente al médico.»

A Thiele le dieron la razón tras un proceso de un año. Lo que pretendían hacer con él no tenía justificación y quedó sin efecto. A pesar de ello, el empresario salió vencedor, pues Thiele renunció a reincorporarse a la empresa. Se dio por satisfecho con una indemnización de siete meses de sueldo después de que el abogado de la parte contraria sugiriese –fue una treta– la posibilidad de que la empresa presentara con carácter inminente la suspensión de pagos.

Pregunté a Ottmar Thiele cuál sería, en su opinión, un castigo justo para esa clase de explotadores. «Tendría que haber una ley», dijo, «que dispusiese que un hombre como él trabajase un mínimo de ocho semanas en las condiciones que impone a los demás.»

El despido con carácter inmediato y sin un motivo claro afectó también a un hombre que había sido gerente. Cuando presentó una demanda solicitando la readmisión, el fabricante de panecillos envió al nuevo y a su asesora a que convencieran a los trabajadores para que firmasen una declaración en la que afirmaban que se negarían a trabajar en caso de que readmitieran al despedido. A un mecánico que se negó a firmar lo amenazaron con despedirlo si no tenían más remedio que readmitir al proscrito.

Weinzheimer ya ha resistido muchos embates, incluidos los controles obligatorios en la industria alimentaria; nunca recibió reclamaciones serias, lo cual es casi incomprensible. No obstante, después de la publicación de mi reportaje en *ZEITmagazin* y de que la cadena ARD emitiera la película sobre Weinzheimer, la fiscalía de Bad Kreuznach reaccionó y se instruyeron dos causas por presunta violación de las normas de higiene y por lesiones culposas.

Las consecuencias (y aún no se ve el final)

Entretanto, el procedimiento por las dudosas condiciones de higiene en Weinzheimer se ha sobreseído: no se han encontrado indicios suficientes. Demasiado comprensible, pues tras la aparición del reportaje ordenaron unas medidas de limpieza que duraron varios días. Con todo, las causas por lesiones culposas siguen adelante, aunque es de suponer que correrán la misma suerte. ¿Porque todo ha cambiado para mejor?

Así parecía a primera vista. O mejor dicho, a segunda. Pues, tras la publicación del reportaje en el *ZEIT,* Westerhorstmann sólo contesta indignado, con desmentidos y nuevas mentiras, y amenaza con presentar una demanda, es decir, con todo aquello que un jefe de empresa todopoderoso y pillado en flagrante delito tiene en su reserva de reacciones bravuconas.

Cuando sale el *ZEIT* me planto delante de la puerta de la fábrica y reparto entre mis colegas los primeros ejemplares. Tengo la sensación de que no puedo dejarlos en la estacada así como así. A mi amigo Pachl, el «delegado de la UE», K. le dijo, con ocasión de su visita, que yo no soy «objeto de intrigas». Supongo que quiso decir de «integración», lo cual, por haber salido de sus labios, para mí es un cumplido. Para K. yo era sospechoso. Es posible que le contasen que hacía preguntas indiscretas a tal o cual colega y que también manifestaba abiertamente mi opinión. Cuando me despedí le di la mano: «Gracias por todo, he aprendido mucho aquí. Ya tendréis noticias mías.» K. no dijo nada y sólo me dijo adiós con un gruñido; en ese momento volvió a dispararse la alarma y se fue corriendo a ver qué le pasaba al ventilador, que otra vez se había bloqueado.

Sin embargo, en esas cortas, aunque también largas, cuatro semanas había surgido un vínculo que deseo volver a manifestar claramente con mi presencia ante la puerta de la empresa. Durante mi mes en Weinzheimer adelgacé cinco kilos (de setenta a sesenta y cinco, con un metro ochenta y dos de estatura); ahora me siento aliviado porque ya estaba en las últimas. No obstante, hay una escena que se me ha quedado grabada en la retina, algo que ocurrió poco antes de marcharme: llega un trabajador nuevo y lo dejan solo. De repente, grita; se ha quemado. Nadie lo ayuda, todos siguen trabajando. Exactamente así fue mi primer día en la cinta, con la única diferencia de que para mí esa pesadilla siempre tuvo un final no muy lejano. Para él no.

Al cabo de un rato me echan de los terrenos de la fábrica. Naturalmente, esa medida no ayudó mucho a Westerhorstmann. Después de dos semanas, el dueño y gerente, presionado por la opinión pública, se disculpó por los «errores del pasado». Sin detallar cuáles. Y la disculpa no quedó en meras palabras. El comité de empresa que presidía su secretaria se retiró; los trabajadores eligieron a un nuevo comité de su confianza y la empresa les aumentó el sueldo un 24%, con efecto retroactivo al 1 de mayo: una medida incluso elegante, pues es sabido que el Primero de Mayo es el Día Internacional de los Trabajadores, de su celebración y su lucha. Parecía que todo iba a arreglarse. Hubo también un sinnúmero de noticias en la prensa, debates y más debates, y me invitaron a programas de varias cadenas de televisión. Ante las cámaras la indignación era palpable; es posible que entre los invitados hubiera también clientes de Lidl. Los sindicalistas protestaron; se escribieron cartas a periódicos; se implicaron personas para quienes los derechos de los trabajadores y las condiciones de trabajo significan algo, gente a la que se le retorcía el estómago a la vista de las repugnantes condiciones que imperaban en una panificadora industrial.

Tampoco Lidl se salvó de toda esa presión y tuvo que enviar a la arena pública a Klaus Gehrig, presidente de su consejo de dirección. Si bien no a propuesta mía, Gehrig fue una vez conmigo a hacer un turno en Weinzheimer (después negó de plano que en las fábricas de sus proveedores las condiciones de trabajo fuesen malas y negó también su propia responsabilidad) y en el *talkshow* de Johannes B. Kerner ni siquiera me dio la mano. Textualmente: «A ese mindundi yo no le doy la mano.» Un comentario que sólo me movió a risa. Con su ignorancia y superioridad, Gehrig se colocó en segundo plano.

Lo importante fue que ocurrió algo. Los colegas y las colegas pudieron respirar. La fábrica no cerró –la amenaza inflacionaria de Westerhorstmann en el momento en que se oyeron críticas y peticiones– ni se consiguió ocultar la indignación pública por tanto capitalismo temprano, panecillos asquerosos e injusticias en medio de la muy civilizada Alemania con su lustrosa capa de democracia. De todos modos, algunas tomas de posición tuvieron también su lado hipócrita, según el lema: Lo que pasa en Stromberg, en Weinzheimer, debe de ser una excepción. Así pues, lo mejor era ponerle punto final; cosas así son malas para la imagen y para el propio bienestar.

Creo que por eso algunos responsables quisieron quitar hierro al conflicto cuanto antes, especialmente en Lidl, pues mantuvieron conversaciones con Westerhorstmann y la gran cadena de *discounters* mejoró algunas cosas. De cara a la galería. No es que yo confiase en la actuación de ese gigante de las ventas al por menor, pues cada vez que se descubre algo –véase, por ejemplo, el Libro negro de ver.di sobre Lidl– todo son elogios a las mejoras alcanzadas. Desmontan las cámaras de vigilancia y más adelante instalan otras mejores. También vigilan los informes médicos de los trabajadores.

En Weinzheimer no fue distinto. En efecto, desmontaron las cámaras de vigilancia, pero hoy vuelven a estar allí y siguen grabando, controlando cada movimiento de los trabajadores y violando su derecho a la intimidad.

Sin embargo, Westerhorstmann no ha dado marcha atrás en lo tocante al aumento de los sueldos; en todo caso, sigue pagando las horas extras y los festivos incluso mientras yo escribo este libro. Y respeta las disposiciones relativas a la jornada laboral. Weinzheimer es ahora miembro de una asociación de empleadores; en consecuencia, la empresa está obligada a respetar los convenios colectivos con el sindicato de alimentación, entretenimiento y restauración (NGG). En mayo de 2008, y en una hábil jugada, aumentó los salarios veinte céntimos por encima de lo establecido por el convenio. En cambio, no paga los aumentos conquistados gracias a los esfuerzos del NGG, por lo cual parece que la lucha salarial del sindicato en favor de los trabajadores es inútil.

No obstante, en Weinzheimer la medida decisiva fue quebrantar la conciencia del personal.

En primer lugar, el incansable explotador de Stromberg convocó personalmente y por separado a todos los empleados que se habían afiliado al sindicato durante el conflicto –la mitad de la plantilla como mínimo–, y a todos y cada uno de ellos les puso delante de las narices una póliza de seguros, una protección jurídica mucho más amplia que la que ofrecía el sindicato. Y dijo que al sindicato sólo le interesaban los problemas en el lugar de trabajo, unos problemas que ya no existían. Él, Westerhorstmann, se haría cargo de la prima del seguro de protección jurídica de cada uno de sus empleados. ¿No podía exigir a cambio que dejaran el sindicato? Y después les puso delante un impreso, que debían firmar comprometiéndose a que dejarían de pertenecer al sindicato. Westerhorstmann dejó clara una cosa: Si no firmas, no tendrás un seguro gratuito; lo que tendrás son un montón de problemas. ¡¿Entendido?!

Diez colegas «entendieron», firmaron y dejaron el sindicato. No obstante, la mitad de ellos ha vuelto a afiliarse. El comité de empresa quedó abandonado a su suerte; primero se dio de cabeza con el jefe, que no autorizó ningún cursillo de formación. El respiro que habían tenido los miembros del comité amenazaba con ceder a una nueva oleada de opresión.

Llegaron a producirse verdaderos abusos contra dos colegas inflexibles, sindicalmente activos, cuando una noche el jefe se presentó de improviso acompañado de su mujer y del jefe de producción y, furioso y provocador, gritó a los colegas que acababan de reparar la cinta atascada y habían tirado a la basura los panecillos inservibles. El jefe de producción incluso se dejó llevar y reprendió a una trabajadora poniéndole el dedo en la cara. «Fue insoportable, indigno», me dijo luego esa trabajadora.

Así y todo, hay una cosa que Westerhorstmann no pudo quitarles: la experiencia de que algo puede cambiar para mejor. A muchos les queda esa experiencia. Y no cabe duda de que, en otro momento o en otro lugar, dará sus frutos.

UNA COCINA MUY POCO REFINADA
Alta gastronomía y explotación

«Pajillero descerebrado» no es, de hecho, una manera elegante de dirigirse a nadie, pero forma parte del repertorio del cocinero Hans Krüger (he cambiado el nombre; G. W.), que lleva la voz cantante en la cocina del muy elegante Wartenberger Mühle, cerca de Kaiserslautern. De vez en cuando Krüger coge con fuerza por el pescuezo a sus aprendices mientras están cortando lechugas o les da en los dedos con la cuchara para la salsa. Una vez mandó que unos colegas le tirasen a un aprendiz un par de cubos de agua por la cabeza. Hecho una sopa, el joven tuvo que irse a su casa en motocicleta un día en que la temperatura era sólo de ocho grados.

Sin embargo, fue en ese momento cuando otro aprendiz comprendió con claridad que ya no estaba dispuesto a seguir tragando. Carsten E. tenía dieciséis años cuando empezó la formación en el Wartenberger Mühle. Si bien él pudo esquivar las agresiones físicas del jefe de cocina, sencillamente no quiso seguir aceptando esa situación, de la que también se ocuparon las autoridades y la fiscalía y que poco tiene que ver con la filosofía que declara tener el restaurante, que se presenta así: «La amabilidad y la buena conducta forman parte del buen tono en la vida profesional.»

El Wartenberger Mühle, un hotel rural con restaurante para *gourmets*, se encuentra a unos quince kilómetros al norte de Kaiserslautern, en el idílico valle del Lohnsbach. La finca, del siglo XVI, está restaurada y rodeada de prados; en verano los clientes comen en una terraza mediterránea en medio de un huerto de hierbas. Y como los propietarios están convencidos de que tienen más cosas que ofrecer aparte de buena comida y exquisitos vinos, aconsejan a los interesados sobre la mejor manera de organizar las comidas de negocios. También es posible, por ciento veintiocho euros, matricularse en el seminario de cocina «Kulinaria» y aprender el «trato y la comunicación correctos con los clientes». Los que terminan el cursillo con buenos resultados recibe el correspondiente «diploma».

Martin Scharff, el gerente del Wartenberger Mühle, ha conseguido una estrella en la guía Michelin, y la Gault Millau, la «guía para sibaritas», ha dado una nota de catorce puntos a su restaurante. También se ha ganado algunas críticas: «A menudo echamos mucho de menos ciertos valores internos esenciales: sabor, aromas definidos y armonía.»

Pero ¿no se han perdido en el Wartenberger Mühle otros valores completamente distintos? ¿O acaso la familia del aprendiz de cocinero Carsten E., que se dirigió a mí por carta en junio de 2008, sólo era un poco hipersensible?

Los cocineros principiantes ya recibían palizas en los cuentos. Aun cuando no pueda hablarse de nada parecido al castigo de *La bella durmiente,* al final el pinche nunca se salvaba de una bofetada. «En la cocina las cosas son así», dicen los iniciados. Y el que ha leído *Confesiones de un chef,* de Anthony Bourdain, sabe que para satisfacer las expectativas de un público mimado, en la alta gastronomía es imprescindible tener la mentalidad de un combatiente.

A sus dieciocho años Carsten sigue siendo un joven reservado. No busca pelea ni se cabrea. Cuenta que soportó durante mucho tiempo las agresiones verbales del jefe, exactamente igual que los otros aprendices. Entre ellos casi nunca hablaban del asunto, por vergüenza. A lo sumo se hacían bromas sobre esas historias, fuera de la cocina y durante las breves pausas que permitía el trabajo. «Es lo que hay», decían los aprendices. Una vez Carsten quiso consolar a un colega al que vio llorar, pero el muchacho se limitó a encogerse de hombros y un par de días más tarde ya no apareció. «El muy gallina se ha arrugado», se burló Hans Krüger, el chef. «No tiene nada en la olla; lo único que tiene ese marica son unas manos demasiado delicadas.»

Carsten no tiró la toalla. Él siguió trabajando, pero en algún momento les habló a sus padres de las agresiones. Y los padres intervinieron en más de una ocasión ante Martin Scharff y su mujer Anja, los propietarios del restaurante. En junio de 2008 –en ese momento Carsten llevaba un año escaso trabajando en el Wartenberger Mühle– tuvo lugar una conversación.

Scharff, un hombre de poco más de cuarenta años que, en 1991, cuando apenas tenía veinticinco, resultó elegido mejor cocinero más joven de Alemania, se presentó ante los padres de Carsten con mucha arrogancia; un cocinero tan alabado no está acostumbrado a las críticas. Descartó con furia todo lo que contaba el aprendiz y dijo que eran falsedades e insolencias. «Ustedes no entienden nada de alta gastronomía», espetó a los padres del joven. Afirmó, además, que en su cocina todo funcionaba como es debido, y que era posible que Carsten tuviese un problema. Los colegas se compadecieron de él cuando supieron que los padres habían querido tomar cartas en el asunto.

Durante la conversación entre los padres de Carsten y el propietario del Wartenberger Mühle también se tocó otro tema: el horario de trabajo, un problema muy generalizado en el sector de la gastronomía, pues un restaurante no es una oficina con hora fija de cierre. En los restaurantes caros atienden a los clientes a horas avanzadas de la noche, y cuando la cocina cierra hay que recoger para que al día siguiente se pueda servir puntualmente el primer huevo del desayuno o la primera sopa del almuerzo.

Trabajar hasta caer redondo

Carsten fue apuntando regularmente las horas trabajadas. Ya en los primeros cinco meses el máximo de horas semanales se elevó para él a un número lisa y llanamente increíble: ochenta horas y media, el doble de lo permitido. Por término medio trabajaba cincuenta y cinco horas por semana, es decir, que superaba en un mínimo de quince horas semanales el límite vigente. La referencia a la que hay que atenerse es el contrato de aprendizaje, que respeta el convenio colectivo correspondiente y prevé una semana de treinta y ocho horas y cuarenta y cinco minutos. La Ley para la protección del trabajo juvenil prohíbe trabajar más de cuarenta horas por semana; también la ley que regula la jornada laboral para los mayores de edad prescribe cuarenta horas semanales y sólo permite un máximo de diez horas por día si las horas extras se compensan en el transcurso de un semestre. Sin embargo, salta a la vista que en el Wartenberger Mühle esos límites no se toman en serio. Allí rigen otras normas, no las acordadas por escrito y presentadas a la Cámara de Industria y Comercio (IHK). La dirección de los cursos de formación declara, en cuanto comienza el curso, las horas de trabajo reales que se hacen en la cocina. Según dicha declaración, la jornada de los mayores y de los menores de edad empieza a las nueve de la mañana y finaliza a las dos o las tres de la tarde; en caso de que haya una pausa de mediodía, el trabajo se reanuda a las cinco y no termina antes de las once de la noche, y la mayoría de las veces incluso más tarde. De por sí, la «regla», dada a conocer por el jefe de cocina, significa que los alumnos deben trabajar como mínimo once horas diarias, una cantidad que supera claramente el límite máximo permitido, sobre todo para los menores de edad.

He aquí un extracto de la lista de Carsten correspondiente a una semana de diciembre de 2007, ni mejor ni peor que todas las demás: lunes, 4 horas y media; martes, libre; miércoles, 11 horas 45 minutos; jueves, 12 horas y media; viernes, 16 horas 45 minutos; sábado, 7 horas; domingo: 9 horas 15 minutos. Hay cuatro días en los que Carsten apunta: «Sin descanso.» En total, esa semana trabajó más de sesenta y una horas, y en seis días laborables, aunque por ley rige la semana de cinco días. En este punto Scharff cumple con la ley haciendo una trampita: simplemente cuenta el lunes y el sábado como «medio día».

Cuando los padres de Carsten mencionan a Martin Scharff el tema del horario, el jefe primero lo niega de plano y afirma que en su restaurante nadie hace horas extras, y no da el brazo a torcer hasta que los padres le enseñan la lista y comentan las muchas veces que han tenido que esperar a que su hijo volviera del restaurante por la noche. Scharff transige, sí, pero con una amenaza: «Naturalmente, puedo permitir que Carsten trabaje ocho horas al día, pero entonces sólo pelará patatas.» Vaya. De ello es posible inferir que si no hay horas extras es porque en el Wartenberger Mühle todavía aplican la jornada de doce horas típica de los primeros tiempos del capitalismo, doce horas sin las cuales ningún principiante aprende nada.

Eso explicaría también otro fenómeno: esas jornadas tan largas no se pagan, no se remunera ni se compensa con tiempo libre una sola hora extra.

Naturalmente, me escandalicé cuando, en la primavera de 2008, me enteré del asunto al leer la carta que me enviaron los padres de Carsten, y especialmente cuando el propio joven y algunos colegas suyos me contaron lo que eso significaba en concreto. «Ya casi no puedo ver a mis amigos», dijo Carsten, «y también he tenido que dejar los partidos de fútbol del club. No me quedan fuerzas para jugar. Además, cada cuatro semanas tenemos que asistir a los cursos obligatorios de formación durante una semana entera, aunque también esa semana casi siempre tenemos que ir al restaurante después de clase. Hasta las diez, las once o las doce de la noche. Y por la mañana otra vez a cla-

Carsten E., aprendiz del Wartenberger Mühle.

se. Si alguien se duerme en el aula, la profesora sólo dice que lo dejemos dormir, que es del Wartenberger Mühle.»

Llamé por teléfono a Martin Scharff y le señalé que esas jornadas desmesuradas eran contrarias a la ley y perjudiciales para la salud. «¿Adónde iríamos a parar si yo respetara la Ley para la protección del trabajo juvenil? Ya podríamos cerrar el chiringuito», me respondió el cocinero estrella.

Lo cierto es que «el molino» para *gourmets* no funciona sin aprendices. Sin ellos el negocio se va al traste. En el verano de 2008 los aprendices eran casi la mitad de la plantilla: veinticuatro de un total de cincuenta. Una idea sumamente dudosa, pues la ley de formación profesional obliga al empleador a mantener dentro de una proporción razonable la relación entre personal cualificado y aprendices para así permitir una «formación conforme a las reglas del arte». Sin embargo, de los veintiséis empleados sin contrato de aprendizaje que trabajan en el restaurante de Scharff, sólo una tercera parte es personal cualificado en el sentido de la ley de formación profesional; de ahí que sea habitual que uno de ellos tenga que «asesorar» a tres o cuatro aprendices.

«Por la mañana», cuenta una camarera de más edad, «hago entrar a los niños», luego ríe y rectifica: «A los jóvenes. Siempre soy una de los primeros y cuando llegan los aprendices les abro la puerta trasera. La mayoría viene con cara de haber dormido muy poco, sin peinarse y con la ropa toda arrugada. Da pena verlos, la verdad. Las camareras del hotel, que limpian y recogen los uniformes de los cocineros, ya se han irritado al ver tanto desorden. Siempre les digo: "No protestéis, tienen que trabajar catorce horas. No es de extrañar que después dejen la ropa tirada en un rincón."»

Los alumnos del servicio de camareros tienen exactamente los mismos horarios demenciales, y los explotan sin piedad como a los cocineros. También en esa sección dan cuenta de las dos terceras partes del personal, y tampoco en el comedor las cosas funcionarían sin ellos. Tanja, que tras terminar el bachillerato trabajó un par de años y tuvo un hijo a los veintidós, empezó la formación en el Wartenberger Mühle cuando tenía veinticuatro años. «El primer día ya tuve que trabajar quince horas», cuenta. «Todo el día sacando brillo a las copas. Ese día se servía un *brunch*. Por la noche siempre estaba destrozada, pero me quedaba aunque apenas veía a mi hijo, que entonces tenía un año y medio. Lo cuidaba mi suegra porque mi marido también trabajaba. Yo apretaba los dientes y hacía mis turnos, con frecuencia seis días por semana. Aunque tampoco teníamos exactamente turnos, simplemente nos obligaban a quedarnos mientras nos necesitaban.» Como camarera, claro, tenía que estar de pie y andar todo el día de aquí para allá. Hasta que le salieron varices. «Anja Scharff, entonces copropietaria y jefa de comedor, un día me dijo que todavía tenía que hacer una hora más. Pero una hora se convirtió en cuatro. No pude irme antes. Tuvo que ir a buscarme mi marido porque yo ya no tenía fuerzas para pisar el acelerador. El médico me dio dos semanas de baja.» El parte decía: «Por exceso de trabajo.» El médico advirtió a Tanja que se cuidara, porque de lo contrario podía tener una trombosis seria. Al tercer día la señora Scharff la llamó e insistió en que fuese a trabajar. Tanja se quedó en casa, pero en cuanto le dieron el alta y volvió tuvo que trabajar otra vez once horas.

También otros aprendices notaron en su salud las consecuencias de semejantes jornadas laborales. Nora, de dieciséis años, sufrió una crisis nerviosa en el trabajo y tuvieron que llevársela en ambulancia después de haberse pasado varios días trabajando entre diez y doce horas. También Carsten sufrió un colapso; el médico le prescribió varios días de baja «por agotamiento». Marie, otra camarera en periodo de formación, tuvo un accidente de coche, con contusiones y cortes, en el camino de vuelta a casa tras hacer un turno de dieciocho horas. «Intenté con todas mis fuerzas mantenerme despierta, pero debí de dormirme un momento al volante. Perdí el control y terminé en la cuneta.» Así y todo, al día siguiente volvió al trabajo. En el Wartenberger Mühle la vida se reduce al trabajo. Tanja cuenta que su matrimonio entró en crisis: «Yo estaba siempre agotada, de mal humor, llegaba a casa a las tantas de la noche y al día siguiente tenía que salir otra vez a primera hora. Tampoco quería contarle a mi marido más cosas del trabajo. Ya estaba harta, no quería decir una sola palabra más sobre el asunto. Pero eso no mejoró las cosas.»

He aquí el punto de vista de Martin Scharff, que él mismo vuelve a subrayar durante una conversación con la familia Carsten y la IHK del Palatinado: «Estos horarios son habituales en la alta gastronomía. La formación en el Wartenberger Mühle no se parece mucho a la que da una hostería común y corriente.» Además, sostiene que la alta gastronomía sólo puede existir siempre y cuando no se paguen las horas extras (que oficialmente no se registran). Por tanto, debe deducirse que en el Mühle la jornada de trabajo es la vida entera. El resto es dormir.

En una palabra, nada ha cambiado, no al menos en el Mühle ni en los muchos eventos externos en que está presente M. Scharff's Gastronomie GmbH. La empresa no sólo atiende a los invitados de la Berlinale, sino también a los de la Feria del Libro de Frankfurt, y ofrece servicio de cátering para fiestas privadas y cocina para estrellas y estrellitas de la política y del mundo del espectáculo, y también para Opel y Porsche. Los aprendices también tenían que trabajar en esos eventos. «En la ceremonia de los premios Bambi tuvimos que trabajar veinticuatro horas. Y cuando cada dos semanas nos mandaban a atender a la tribuna VIP del FC Kaiserslautern cuando el equipo jugaba en casa, a veces empezábamos a las diez de la mañana y no parábamos hasta las tres de la madrugada. Dieciocho horas de pie sin que nos dieran nada de comer», cuenta Tanja. Ella también contactó después con la delegación en Kaiserslautern de la IHK del Palatinado. «Jörg Sievers, el responsable, dijo que poco se podía cambiar. "Lo mejor es que usted se marche."» ¡Y lo dijo encogiéndose de hombros!» Jörg Sievers rechaza ese reproche y afirma no haber dicho nunca nada semejante. En principio, está de acuerdo con los que afirman que es inevitable que en el sector de la gastronomía no se pague el diez por ciento de las horas extras realizadas en una semana de trabajo. Todo lo que sobrepase ese porcentaje tiene que pagarse o compensarse con tiempo libre. Y lo mismo les dice a los aprendices que acuden a pedirle consejo.

En el verano de 2008, cuando decidí intervenir personalmente, mantuve conversaciones con Martin Scharff y también con la Cámara de Industria y Comercio del Palatinado, con la Inspección de Trabajo y con la fiscalía. Había esperado que con mi intervención la situación cambiase para mejor. En algunos de los casos que me fueron proponiendo, ese cambio se consiguió y ahora puedo ahorrarme publicarlos. Con Scharff fueron trabajos de amor perdidos. Me enfrenté por teléfono con la acusación y lo exhorté a que velara por que en su empresa las condiciones de trabajo fuesen más humanas. Y dije que si lo hacía, yo desistiría de publicar nada. Por otra parte, le dije que también estaba dispuesto a actuar de mediador entre Carsten, sus padres y él. No obstante, en esa conversación telefónica, que duró veinte minutos, Scharff apenas me dejó hablar. Se portó como un déspota y sólo echó pestes: A mí nadie puede hacerme nada. Que era un hombre muy admirado por políticos, empresarios y autoridades, me dijo. Y también: «¡Un aprendiz tiene que adaptarse y obedecer!» Es posible, pero esa forma de sumisión de la que hablan Carsten y otros es algo distinto.

Mientras investigaba para este reportaje recordé una antigua sentencia dictada por el juez Manfred Engelschall, de Hamburgo, contra mi libro *Der Aufmacher,* en el cual presenté el resultado de las investigaciones que, con el nombre de «Hans Esser», llevé a cabo en la redacción del *Bild-Zeitung.*[*] Engel-

---

[*] Publicado en *El periodista indeseable* (Anagrama, 2000). *(N. del T.)*

schall declaró que mis investigaciones eran ilegales porque suponían echar «una mirada prohibida a la cocina», es decir, el lugar donde se cocían los artículos del *Bild*. Asimismo afirmó que tampoco un crítico gastronómico tiene permitido infiltrarse en la cocina de los restaurantes que evalúa. Al final del pleito, el Tribunal Constitucional alemán anuló la sentencia del juez de Hamburgo con la justificación de que la cocina no es un tabú si en ella se descubren «circunstancias agravantes», por ejemplo, cuando la temperatura ambiente supera la permitida por ley.

Con todo, en el caso que aquí nos ocupa yo no tendría que hacer una inmersión en el reino de los cocineros; había otros que ya llevaban bastante tiempo sufriendo allí y que describieron las circunstancias de manera suficientemente clara.

¿Un buen sueldo por un buen trabajo?

Martin Scharff paga lo mismo a todos sus aprendices, da igual si trabajan para él «sólo» cuarenta horas o si trabajan cincuenta, sesenta, setenta, ochenta horas semanales o más. En su restaurante se hacen horas extras aunque está prohibido, y no se pagan, lo cual, por supuesto, también está prohibido.

A manera de injusticia compensatoria de las horas extras gratis, este cocinero para *gourmets* se reserva ochenta euros por la comida de los trabajadores. En las citadas *Confesiones de un chef*, Anthony Bourdain habla de la bazofia que se suele servir a los cocineros y el personal de servicio del sector. En el Wartenberger Mühle las cosas no son distintas. Tanja cuenta: «La comida que nos daban nunca era fresca; a menudo nos servían espaguetis con salsa de tomate o sobras de la comida de los clientes, y no precisamente del día. Una vez, el predecesor del actual jefe de cocina tiró al cubo de la basura unos pollos congelados porque hacía dos años que habían caducado. Scharff los vio y decidió recuperarlos. Los sacó de la basura para que nos los comiéramos nosotros.»

La madre de otro aprendiz que aguantó nueve meses en el Mühle me escribió al respecto: «Entiendo que al personal no le sirvan el menú de la casa, pero ¿tiene que ser tan mala la comida que le dan? Llegó un momento en que mi hijo no quiso comer más en el trabajo y prefería llevarse bocadillos de casa. Pero le descontaban los ochenta euros, daba igual que comiera allí o no. Para empeorar las cosas, el horario de las comidas del personal era ficticio, y era tan poco el tiempo que daban para comer, que con frecuencia nuestro hijo no conseguía comer nada. Así, desde el mediodía, a las dos de la tarde, hasta la mañana siguiente a las cinco, lo único que comía eran dos o tres trozos de pan blanco seco.»

Huelga decir que los ochenta euros que descuentan por aprovechar las sobras son parte integrante del cálculo, pues ochenta euros multiplicados por cincuenta empleados suman cuatro mil euros al mes. Tener o no tener. La gastronomía no es ni mucho menos un sector de la economía en la que los empresarios ganen pasta gansa. La presión de la competencia es enorme, los costes son altos, las pérdidas por falta de clientes o por las mercancías que se echan rápido a perder son muy difíciles de calcular. Pero ¿justifica eso unas condiciones de trabajo propias del feudalismo?

La remuneración de los aprendices se sitúa hoy en cuatrocientos sesenta y cuatro euros brutos durante el primer año de formación, y aumenta a quinientos setenta y siete euros en el tercero. Quitando los ochenta euros de «manutención», y con una media de sesenta horas semanales –o, lo que es lo mismo, doscientas cuarenta horas al mes–, cobran por hora entre un euro con sesenta céntimos y dos euros con siete. Brutos. Al personal ya formado Martin Scharff no le paga mucho mejor. Erna Schulz, una de las jefas de comedor, ganaba cinco euros con treinta y seis céntimos por hora. Tranquiliza oír que los estudios sobre el nivel de los salarios en el sector de la gastronomía se pregunten si semejante estado de cosas es normal.

«¡Pero a eso hay que sumarle las propinas!», es la réplica habitual a tales críticas. En el Wartenberger Mühle el sistema es especialmente opaco. Todo va a parar al bote; hasta ahí todo muy bien. Se supone que lo recolectado se reparte a fin de mes, pero a menudo los empleados esperan dos semanas, o incluso un mes, hasta recibir el dinero de las propinas. Si cada uno de los cincuenta trabajadores cobrase lo mismo de un bote que, según los empleados del comedor, al mes llega a tener cuatro mil euros como mínimo, el sueldo mensual aumentaría en ochenta euros. No es mucho.

Y tampoco es lo mismo para todos, pues cada cual recibe una cantidad distinta. El cálculo no se hace público, y se supone que el importe correspondiente se fija según las horas trabajadas el mes anterior y en función de los años de antigüedad en la empresa. Sin embargo, también hay deducciones, y se efectúan según los llamados puntos personales *minus*. «Encima de la caja registradora está el "libro negro", donde todo el mundo, excepto los aprendices de primer año, puede asignar puntos negativos a los demás. Por ejemplo, cien puntos negativos por llegar demasiado tarde o doscientos si el plato de una taza está sucio», cuenta Tanja. Por tanto, todo el mundo puede denunciar y al final es el jefe el que hace el cómputo de los puntos. «Hubo un mes en que los de la cocina no cobraron nada de propina porque una noche hubo uno que se olvidó de apagar la luz. El jefe de cocina y el dueño se repartieron el dinero que habría tocado a los cocineros.» En un año y medio sólo dos veces le dieron la propina a Carsten, ciento treinta y cuatro euros en total. Tanja recibió todavía menos. Una ayudante que trabajó allí seis meses tuvo que devolver todas las propinas y se fue sin un céntimo, pero tuvo que comprarse el caro uniforme de la casa con dinero de su bolsillo. Hubo quien se quedó boquiabierto cuando Scharff le exigió que al marcharse devolviera el uniforme que ella misma había comprado.

Llegados a este punto, ¿hace falta decir con todas las letras que el Wartenberger Mühle no paga ni navidades ni vacaciones? ¿Que cuando hay poco movimiento mandan a los empleados a casa después de media jornada de trabajo y cuentan la segunda mitad del día como medio día de vacaciones? No hace falta, pero así son las cosas.

Las empresas del sector forman un microcosmos singular. Puesto que una jornada de trabajo de doce a quince horas sólo deja tiempo para hacer la compra y dormir, los empleados se encierran cada vez más en el lugar de trabajo y entre ellos; el 90 % del tiempo de vigilia lo pasan en el trabajo. Los empleados están cada vez más unidos, en las buenas y en las malas. Algunos viven en una casa alquilada por el restaurante: pagando, se entiende. Eso es bueno para Martin Scharff, porque allí el personal está localizable a cualquier hora del día y de la noche. El que vive junto al Wartenberger Mühle está entregado incondicionalmente a la empresa. Por decirlo de alguna manera, ha pasado de siervo a esclavo.

Pese a las condiciones de trabajo que imperan en el Mühle, una verdadera burla a todos los principios jurídicos y morales, la mayoría de los empleados aguantan. Pues poder trabajar con Martin Scharff a muchos les parece una distinción que más adelante les será útil destacar en el currículum. Los críticos no tienen buena fama entre los colegas, y no sólo por el nada transparente sistema de reparto de las propinas, que también permite castigar cualquier insubordinación individual, sino, más bien, por el sentimiento de comunidad, de pertenencia a un colectivo forzoso formado por buenos paladares. «El que ensucia el nido» es persona *non grata*.

A los padres de Carsten les prohibieron la entrada ya después de la primera conversación que mantuvieron con Martin Scharff en junio de 2008. A partir de entonces a Carsten lo ninguneaban de la peor manera imaginable. «También hoy me han puesto a limpiar lechugas y a hacer el trabajo sucio», apunta en su diario el 16 de agosto de 2008. Y diez días después: «Toda la mañana limpiando lechugas. Soy la cenicienta, el que sólo se dedica a limpiar y a hacer el trabajo sucio.» El 13 de septiembre: «Sinceramente, ya no tengo ganas de seguir apuntándolo todo, aunque sé que esto ayudará cuando tenga que pedir cuentas al señor Scharff.» En efecto, Carsten siguió llevando el diario, y aunque soportaba toda clase de acoso no estuvo dispuesto a tirar la toalla sin más. Lo que quería era conseguir mejoras para todos. Una actitud digna de admiración.

Tampoco Tanja siguió dispuesta a decir a todo que sí, y se dirigió a la jefa con palabras bien claras: «Pregunté a la señora Scharff por qué no confeccionaban los horarios de manera que no tuviéramos que pasarnos la vida trabajando más de diez horas. A partir de ese día me ignoró por completo. Sólo me acechaba para poder achacarme fallos. Unas semanas después le dije que retirase a sus espías, y que si no lo hacía, la denunciaría por *bossing*.»[*]

Tanta arrogancia dejó sin habla a la jefa de la casa. Consecuencia: a Tanja la eliminaron del organigrama. «Tanja no vendrá más», dijo la jefa a los demás, aunque la interesada no sabía nada. A pesar de todo, Tanja fue a trabajar y le pidieron en el acto que firmase la rescisión del contrato a cambio de un mes de sueldo en concepto de indemnización. Ella se negó y a las dos semanas se marchó con mejores condiciones: el Wartenberger Mühle le pagó tres meses más de indemnización. Después empezó en otra empresa del sector, en la que, según ella misma dice, trabaja a gusto.

También Erna Schulz se defendió, si bien sólo después de que la jefa le hiciera una proposición en la tristemente célebre «mesa de los chefs», un escenario humillante para los afectados,

---

[*] Calumnias y ultrajes constantes a que un trabajador se ve sometido por parte de su empleador. *(N. del T.)*

pues los ponen en la picota en una sala en la que todos pueden mirar desde fuera. A Erna Schulz le sugirieron que se quedara tres meses en casa, cobrando, y que después renunciara voluntariamente. Con cincuenta y siete años no conviene aceptar falsas ofertas tentadoras. Eso fue lo que pensó Erna. «Por la noche no podía dormir, no sabía qué había hecho mal. No me dieron ninguna justificación. Al día siguiente dije que no pensaba firmar. Fue entonces cuando me amenazaron: "Pues muy bien, hay otros métodos." A partir de ese día me hicieron la vida imposible. La señora Scharff me espiaba y decía, por ejemplo, que yo no había limpiado bien. O venía a verme un cuarto de hora antes de que terminase mi turno y me pedía que volviera a limpiar la sala de actos. Yo casi no dormía. No era raro que me echase a temblar de repente; después enfermé. El médico me dio tres semanas de baja por hipertensión. Al tercer día recibí una especie de amonestación en la que me decían que los lavabos del personal habían quedado sin limpiar por mi culpa. Yo dije que no era cierto y presenté el plan de limpieza, que siempre había preparado para mi uso personal, para saber qué miembro del personal de limpieza había limpiado qué y cuándo.»

Las vejaciones siguieron cuando Erna Schulz se reincorporó. Volvió a enfermar, y esta vez estuvo de baja seis semanas. Durante esos días fue a ver a un abogado y con su ayuda reclamó el salario que le habían retenido. Como en el puesto que ocupaba habría debido cobrar, por convenio, diez euros con cincuenta y cinco céntimos la hora, exigió la diferencia, que a lo largo de los años trabajados ya ascendía a dieciocho mil euros. Cuando el abogado reclamó por escrito, el despido no tardó en llegar. Luego, en la magistratura de Trabajo, el abogado de Erna alcanzó, contra la voluntad de la demandante, una conciliación con el abogado del Wartenberger Mühle. Erna no recibió siquiera el 10% del dinero que le debían: sólo cobró mil seiscientos setenta y cuatro euros. «Me alegra que hayan sancionado a la señora Scharff, y ella lo sabe. Una colega me ha contado que en el Mühle ahora está prohibido mencionar mi apellido.»

Entretanto, Carsten y sus padres decidieron no tolerar más todas esas violaciones de la ley. Es cierto que Scharff, después de la conversación de la familia con el representante de la IHK, había reducido la jornada laboral del muchacho según lo dispuesto por la ley, pero Carsten no estaba dispuesto a aceptar que, aun cuando él fuese a trabajar menos, todos los demás aprendices tuvieran que seguir soportando jornadas tan largas y, encima, trabajar las horas que él ya no hacía. «Naturalmente, yo ya trabajaba bastantes menos horas y después algunos colegas dijeron de mí cosas desagradables. Es natural.» Así resume Carsten las consecuencias de esa reglamentación extraordinaria. A la vista de las continuadas violaciones de la Ley para la protección del trabajo juvenil, la familia volvió a pedir la intervención de la Cámara de Industria y Comercio (Kaiserslautern) y llegó incluso a dirigirse a la fiscalía. Carsten se afilió al sindicato de alimentación, entretenimiento y restauración (NGG), que exigió a Scharff que abonara las horas extras trabajadas por su nuevo miembro. La respuesta no tardó en llegar: tres amonestaciones seguidas; entre otras cosas porque una vez Carsten supuestamente llegó diez minutos tarde por la mañana. Al final Scharff pretendió que el tozudo aprendiz firmase la rescisión del contrato. Tras nuevas y agobiantes discusiones pagó dos mil quinientos euros de indemnización y una diferencia de mil euros para quitarse de encima al conflictivo Carsten, que dejó la empresa en febrero de 2009 y ahora trabaja muy contento en una gran cadena hotelera de Frankfurt, con jornada regulada por ley y un plan de formación que se respeta de verdad. A sus colegas del Mühle les desea que alguna vez también a ellos las cosas les vayan mejor.

La Inspección de Trabajo

En todo caso, es lícito dudar que las autoridades competentes se ocupen de que a los empleados de Scharff les vaya mejor. Según cuentan empleados del Wartenberger Mühle, la oficina de empleo sabe que allí las condiciones son más que preocupantes, pero no se atisba posibilidad alguna, por ejemplo, de tacharla de la lista de empresas que ofrecen periodos de prácticas. En la gastronomía las cosas son así. También el centro de formación profesional conoce la situación, en primer lugar por los alumnos que van a sus clases literalmente exhaustos, pero tampoco tiene la posibilidad de actuar contra esas constantes violaciones de la ley. Por su parte, la Inspección de Trabajo de Renania-Palatinado también sabe lo que pasa en el Mühle; más exactamente, la SGD-Süd («Dirección de estructura y licencias»), sobre todo por una carta de la alcaldesa de Kaiserslautern, que pidió que se investigara sobre el terreno. En efecto, Axel Wolf, el empleado competente de la SGD-Süd, estuvo en el Wartenberger Mühle, donde habló largo y tendido sobre la situación, y nada menos que con la jefa, la señora Scharff. Wolf también pidió que le enseñase los registros; cuando los vio, pudo comprobar que no contenían nada sobre las horas realmente trabajadas.

Tanja aún recuerda bien la visita de la Inspección de Trabajo, pues ella misma describió al señor Wolf las condiciones que imperaban en la empresa de Scharff, le habló de sus turnos de diez y doce horas y señaló que esos horarios eran los que hacían también todos los demás aprendices. Sin embargo, sus declaraciones no aparecen en el «Informe sobre el estado de cosas» que posteriormente redactó el señor Wolf. El enviado de la Inspección de Trabajo termina su informe con la cordial advertencia de «respetar las obligaciones contraídas en virtud del convenio colectivo y de la legislación relativa a la jornada laboral». En el transcurso de otra inspección, Axel Wolf tampoco ahondó en sus pesquisas; al contrario, sólo contó, según sus «estimaciones», siete aprendices. Sin embargo, en ese momento en la IHK del Palatinado figuraban inscritos veinticuatro. Sobre cómo pudo el inspector cometer semejante error, sólo podemos hacer conjeturas. En todo caso, Axel Wolf se negó a formular ante mí cualquier opinión.

La Cámara de Industria y Comercio del Palatinado conoce la situación desde julio de 2008 como mínimo, ya que se la habían notificado, entre otros, Tanja y los padres de Carsten. La Cámara cambió de postura tras nuevas intervenciones de los padres de Carsten y después de que yo mismo anunciara a las autoridades una publicación inminente. En adelante ha considerado intolerable la proporción de aprendices en relación con el número de personal cualificado, y hasta tal punto que ha comenzado a no enviar más aprendices al Wartenberger Mühle.

No obstante, y por extraño que parezca, en la primavera de 2009 comenzó a trabajar en el Mühle al menos un aprendiz; otros dos empezaron la formación en verano. No está claro qué oficina de la IHK los envió.

La indiferencia con la que Scharff's Gastronomie GmbH recibe la prohibición de la IHK puede verse en la página web del Wartenberger Mühle, según la cual Martin Scharff aún sigue buscando aprendices en el verano de 2009: «Empleamos regularmente a personas jóvenes y motivadas, mayores de dieciocho años, en los siguientes empleos y en fase de formación, y las acompañamos en el desarrollo de su carrera, etcétera.» Para el personal de cocina Scharff llega a ofrecer clases reservadas a cocineros de élite: «Con los programas de formación profesional ampliados preparamos a los cocineros en ciernes para el trabajo en la alta gastronomía. Los *jeunes restaurateurs* desean entrenar a las nuevas generaciones de cocineros a fin de que lleguen a ocupar puestos de trabajo muy codiciables. Junto con el taller de formación en gastronomía de Coblenza, los *jeunes res-*

taurateurs han desarrollado un programa único en todo el país. ¿Sientes curiosidad?»

Sí. Por supuesto. Especialmente por la manera en que todo eso se hará legalmente. En la alta gastronomía sigue vigente esta consigna: ¿Legal, ilegal? Nos importa un carajo.

También la fiscalía competente de Kaiserslautern está al tanto de lo que ocurre en el Mühle; en 2008 abrió un expediente, que a estas alturas ya tiene ciento cincuenta páginas, por una denuncia que los padres de Carsten presentaron por violación de la Ley para la protección del trabajo juvenil. Se abrieron diligencias y se interrogó a testigos. La sospecha inicial, en el sentido de que en el Wartenberger Mühle se violaba sistemáticamente la ley, era tan grave que la fiscalía pidió a la magistratura de Trabajo de Kaiserslautern que autorizase un registro domiciliario. Querían ver con sus propios ojos los registros de horas trabajadas en el restaurante de Scharff. Según la magistratura, tal actuación «era desproporcionada», y así también lo interpretó la audiencia de Kaiserslautern, que no autorizó el registro.

¿Es posible que la decisión se deba al hecho de que, tras muchos esfuerzos, Martin Scharff llegara a ser socio del Rotary Club, donde ha conocido a gente de las altas esferas de la región, por ejemplo, al presidente de la audiencia de Kaiserslautern?

En cualquier caso, tras la no autorización del registro, la fiscalía pidió nuevas actuaciones a la SGD-Süd, especialmente para interrogar a los jóvenes que trabajaban en el restaurante. Pero eso tampoco se hizo. Como resultado de sus investigaciones, la fiscalía declaró que «el autor» había violado la ley «de manera constante (...) durante un periodo muy prolongado» y «en numerosas ocasiones», y que había puesto en peligro «por lo que respecta a la salud, la capacidad de trabajo de los interesados». Y el 16 de marzo de 2009 sobreseyó el procedimiento. Como cabía esperar, la justificación fue lapidaria.

«El interés público» por el caso se ha «desvanecido»; «la gravedad de la culpa» no se opone al sobreseimiento; el inculpado ha «satisfecho el importe de la contribución o transferencia». ¿Por qué? Porque Scharff donó cinco mil euros a una institución de utilidad común. Además, según la fiscalía, «la instrucción de la causa penal y las cargas con ella relacionadas ya pueden considerarse advertencia suficiente». El juzgado local de primera instancia compartió ese punto de vista y aprobó la solicitud de sobreseimiento presentada por la fiscalía. Y, pese a tantas preguntas sin respuesta, la fiscalía general de Zweibrücken rechazó por injustificada la demanda de la familia Carsten contra el sobreseimiento. ¿Bastan, pues, cinco mil euros para pagar la indulgencia y seguir igual que hasta ahora ante la mirada del protector de la ley? ¿Son suficientes para que las autoridades competentes corran un tupido velo sobre la manera en que el Wartenberger Mühle explota a sus trabajadores?

Porque la verdad es que tampoco tras la multa mencionada se ha puesto fin a la explotación y la violación de la ley. Es cierto que en abril la IHK volvió a interesarse por las jornadas laborales excesivas de los aprendices y no encontró objeciones. Por lo visto, ninguno de los interrogados quiso confiarse al representante de la Cámara. «Nos sentimos abandonados», dice una trabajadora. «Los que abrieron la boca ya no trabajan aquí y no queda nadie que se crea nada. Esperábamos que los responsables hicieran algo. ¡Ellos lo saben!»

Por lo demás, para Martin Scharff nada de lo ocurrido es motivo suficiente para explicarse públicamente; de ahí que tampoco quisiera posicionarse respecto de las detalladas acusaciones que puse en su conocimiento. Su abogado me escribió diciéndome que las preguntas al señor Scharff constituían una «molestia inadmisible» e, incluso, una «intromisión improcedente en el derecho de mi mandante».

No obstante, Scharff sí dijo algo en el reportaje preparado por dos periodistas de la cadena SWR y emitido el 8 de julio de

2009 con el título «Asunto: el sueño de ser cocinero»; pero en general puede decirse que más bien contó cuentos chinos: «En primer lugar, esta profesión tiene que ver con algo llamado vocación. Los que hoy están arriba no miran el reloj. Allí se hacen realidad visiones y se llevan a la práctica cosas que sería imposible lograr con una jornada laboral normal.» Sobre esas visiones suyas Martin Scharff se despacha muy a gusto cuando se le pide una toma de posición concreta, pero para desmentir las acusaciones esas visiones son tan insuficientes como sus disculpas o la promesa de que en adelante respetará la ley. En el documental mencionado más arriba, Tim Raue, un colega de Berlín que trabaja en el lujoso restaurante MA del Hotel Adlon, acude en ayuda del chef del Mühle y dice tan tranquilo ante las cámaras: «El periodo de formación en la cocina no es muy agradable. Uno acaba destrozado. Es igual que alistarse en el ejército; primero acaban contigo. Eso es algo por lo que todos tenemos que pasar. Yo también tuve que comer mierda tres años seguidos. La cocina es así y punto. Para definir ese proceso la economía libre tiene palabras como *mobbing*. Para mí sólo es selección natural.»

Martin Scharff ni siquiera reacciona tras leer las noticias que aparecen en la prensa especializada, por ejemplo, en la revista *Top Hotel*, órgano oficial de la FBMA, la Asociación profesional de directivos de hostelería y gastronomía. A raíz de mi reportaje en el *ZEIT* sobre las condiciones de trabajo en el Mühle, *Top Hotel* publicó varias noticias, pero ni siquiera entonces el jefe quiso decir nada, probablemente porque la revista citaba a otro cocinero de élite al que los abusos que aquí describimos le parecen una atrocidad. Johann Lafer, chef con programa en la cadena televisiva ZDF, distinguido con una estrella Michelin y diecisiete puntos en la guía Gault-Millau, dice: «Muy a menudo lamento que empleen a aprendices como si fueran personal plenamente cualificado, es decir, como parte integrante y fija de una brigada de cocina. Por eso es habitual que las empresas tengan tantos jóvenes en formación. Me parece muy mal porque el periodo de formación debería ser realmente una época de aprendizaje en la que uno pueda formarse de verdad, en la que se esforzara por aprender el oficio a la perfección. ¡Pero, por desgracia, es algo que con frecuencia se malinterpreta!»

Scharff amañó algunas entrevistas para la página web del Mühle, y algunos de sus aprendices «respondieron». «Aquí se aprende mucho», dice al micrófono Julia, una camarera. «Se ve y se aprende mucho», la secunda su colega Sarina. Elena dice que también «exigen mucho», y que eso fue lo que la empujó a formarse con Scharff, «que siempre crea buen ambiente». Para el aprendiz de cocinero Christopher, la responsabilidad individual es muy importante. «Se aprenden trucos», dice Randy, en segundo año, y para Phillip, de primero, todo es «súper»: «El ambiente entre nosotros es superbueno. Nos entendemos superbién. Desde el primer día, cuando empecé aquí, me recibieron superbién. Por lo demás el ambiente de trabajo con los jefes y los que ya han terminado la formación es superbueno. Nos entendemos; es súper, en serio.»

Julia ya ha terminado la formación y considera que el aprendizaje en el Wartenberger Mühle es «la base perfecta para mi futura carrera». Pascal está de acuerdo con ella y opina que tras formarse con Scharff podrá conseguir trabajo en cualquier restaurante. «Es sencillamente perfecto.» Y todos están seguros de que Martin Scharff siempre «dirá algo bueno» al margen de adónde los lleve su viaje en esta profesión. Resumiendo, Pascal dice que han sido años «de los que se puede estar orgulloso». Lo significativo es que, apenas unas semanas antes, el propio Pascal había dicho cosas muy distintas al equipo de la cadena SWR. «Si aún me quedaran dos años de formación, iría con Carsten a las barricadas.» Y en la misma intervención Julia comentó muy segura y en clave crítica: «Si se le siguen yendo los que terminan la formación, el jefe tendrá que cambiar de chip.»

En el vídeo encargado por Scharff, a los aprendices no les preguntaban por las críticas al Wartenberger Mühle; por tanto, no podrían haber dicho nada aunque hubiesen querido. Lo que tenían que hacer y lo que hicieron fue mostrar lo orgullosos que estaban de su trabajo. Con la mirada, con la actitud, con sus palabras: Lo hemos conseguido o lo conseguiremos; seremos fuertes, estaremos entre los ganadores.

No tengo nada contra el orgullo por el trabajo realizado, pero me pregunto: ¿por qué ese orgullo nos hace tan a menudo insensibles a las debilidades, a los errores y las injusticias? Es realmente como en el ejército en guerra, en eso el chef del Adlon tiene razón: la guerra de trincheras une, los peligros vencidos y los desafíos ganados también. Eso tampoco sería tan malo. Sin embargo, si se instala —como en el caso de Tim Raue o de Martin Scharff— la famosa mentalidad de búnker y se propaga el malentendido de que quien critica es un enemigo, entonces el orgullo impide ver las dificultades de los demás y la gente sólo quiere rodearse de personas que piensen igual, pierde la capacidad de autocrítica, se vuelve presuntuosa y tira por la borda un principio social básico: la solidaridad con los más débiles. La brutalidad contra uno mismo y contra los demás en algún momento pasa a formar parte del «buen tono». Entonces sí estalla una guerra, una guerra social, la de los presuntos fuertes contra los presuntos débiles, una guerra de los «camaradas» contra los «que ensucian el nido», una guerra de la comunidad conjurada contra los demás.

Sin embargo, junto a los fogones y en el restaurante no debería haber guerra; al fin y al cabo se trata de la vida, de una buena vida, pero eso aún hay que inculcárselo a la minoría (¿o es la mayoría?) que manda a la tropa en la cocina y en las mesas, pues se empecina en mantener la vieja mentalidad del guerrero orgulloso y vanidoso.

Véanse a continuación algunos ejemplos de las numerosas cartas de afectados o de parientes que recibí después de mi primer reportaje para el *ZEIT*.

Una joven me escribió: «En 2004, después de terminar el bachillerato, empecé mi formación profesional en hostelería con la cualificación adicional de gestión hotelera en un pequeño establecimiento con alta cocina junto al lago de Constanza. En lo esencial, esa empresa es un reflejo del modo en que se comporta la dirección del Wartenberger Mühle. En la cocina tiraban a los empleados, en arrebatos de furia, toda clase de objetos (también un cuchillo podía usarse por descuido para un fin que no es el suyo), y daban bofetadas muy a gusto, por no hablar de las horas extras, la sumisión física y el lenguaje grosero. Ese comportamiento del jefe de cocina afectaba también, según su humor y el alcohol que hubiese consumido, a las "guarras del comedor", es decir, a mí entre otras.

»Y todo era absolutamente normal, por supuesto; es sabido que los años de aprendizaje no son años de gloria, y el que quiere conseguir el privilegio de aprender y trabajar en una casa renombrada en toda Alemania tiene que adaptarse a las costumbres de la casa y ser sumiso y agradecido: pago de salarios a gusto del empleador, aplicación arbitraria del plan de formación, falta de horarios, ni un momento de descanso.

»El hecho de pasar, antes de haber terminado el periodo de formación, a una empresa no tan prestigiosa, pero sí estructurada y cuidada, una empresa que, además de prestar atención al bienestar del cliente, también atiende al de los trabajadores, me devolvió, igual que a Carsten E., la fuerza para seguir trabajando y, más tarde, también la alegría de formar parte de esta profesión.»

En su carta, una madre dice: «Mi hija se encuentra cursando el primer año de formación en una cadena hotelera internacional con un alto nivel de exigencia. También en su trabajo es normal que no se respete el Derecho laboral vigente con sus cláusulas de protección y sus disposiciones contractuales:

»jornadas laborales que superan el número de horas diarias permitidas;

»trabajar después de un día de formación profesional de ocho horas, aun cuando al otro día tengan que presentar trabajos;

»horarios semanales con turnos que cambian cada día, lo cual impide recobrar fuerzas;

»fines de semana enteros en el trabajo;

»muchísimas horas extras que no se compensan ni con tiempo libre ni con una indemnización económica.

»La lista sería infinita.

»Al cabo de unos días esperan que los aprendices trabajen con la misma práctica y la misma velocidad de un trabajador cualificado que ha terminado la formación. A menudo los turnos sólo los cubren con aprendices. El exceso de trabajo y el estrés pronto son la causa de errores y tensiones. Para economizar costes, explotan a los jóvenes hasta que éstos no dan más de sí. Al comenzar su formación mi hija era una empleada motivada, ella trabaja a gusto con y para los demás. Ahora está tan agotada y frustrada que no ve la hora de que termine el periodo de formación.»

Otra madre escribe: «Aunque mi hijo no ha terminado la formación de cocinero en la alta gastronomía, su artículo confirma plenamente nuestra experiencia. Yo también pedí consejo a la IHK competente. Sin embargo, me dieron a entender que en la gastronomía rigen leyes propias y que debía alegrarme si mi hijo tenía una plaza de aprendiz.»

Y una empleada de hostelería que hoy es profesora en un centro de formación profesional describe así sus experiencias:

«En 1985 empecé mi formación en un pequeño hotel que no era un establecimiento de lujo ni destacaba por nada especial. En el centro de formación profesional de Bad Überkingen, compañeros de todo Baden-Wurtemberg me hablaron sobre circunstancias idénticas o parecidas en todos los ámbitos de la restauración y de la hostelería, también en la alta gastronomía.

»También entonces pusimos al corriente de nuestra situación a la Cámara de Industria y Comercio de Heilbronn. En la escuela nos decían que allí nos ayudarían. ¡Nada! El empleado competente de la Cámara de Heilbronn habló con el dueño del hotel y después, durante meses, vivimos un infierno mientras él se podía comer, sin pagar, un bistec a la pimienta de Madagascar. Uno de los empleadores que peor trataba a los aprendices ahora es miembro de la comisión examinadora de la IHK. No me sorprende que las condiciones de la gastronomía o la hostelería no hayan cambiando nada hasta hoy. Los que pasaron por ese infierno suelen reproducir ese comportamiento en su empresa.

»También mi madre quiso intervenir, pero no le dieron ninguna oportunidad. Una colega que entonces estudiaba conmigo hoy sigue convencida de que la conducta de nuestro profesor era absolutamente correcta. Él la acosaba sexualmente. Ella trabajaba con un quiste reventado en el vientre, con un dedo roto y algunas cosas más, y no se atrevía a defenderse. No era sólo ella la que no se defendía; éramos todos, por miedo a más represalias.»

¿Quién puede cambiar un ápice esa manera de proceder del sector de la gastronomía cuando incluso «la propia gente» queda atrapada una y otra vez en el mismo ciclo de orgullo y brutalidad e –igual que antes, para defenderse de las palizas que propinaban los padres– dice: «¿Y? ¿Me ha hecho algún daño acaso?»

Sin embargo, es posible que haya otra fuerza que pueda obligar a cambiar las cosas en el Wartenberger Mühle y en otras partes: los clientes, que quieren disfrutar con la conciencia tranquila. En efecto, en los alrededores del restaurante aumenta el número de los que ya no van a comer a Wartenberg. Ya no van al «molino» de Scharff porque no quieren apoyar con su presencia unas condiciones salariales y laborales de espanto. Además, deben de temer que la comida se les atragante porque probablemente en la cocina acaba de desmayarse un menor de edad, aprendiz de cocinero, que ya lleva doce horas y más picando verduras o fregando perolas.

Los comestibles frescos y las comidas preparadas sólo se pueden saborear con los cinco sentidos cuando uno sabe que nadie explota miserablemente a los que trabajan en la cocina. Si a pesar de ello un maestro cocinero como Martin Scharff sigue abriendo sus puertas, sobre los platos que prepara cae algo más que una sombra. Y entonces son incomibles.

UN CAFÉ PERFECTO
Starbucks sin filtro

«Nosotros, los empleados, somos socios...» Así se lee en la «Starbucks Mission Statement», el ideario de la cadena de cafeterías Starbucks. Howard Schultz, cofundador de esta multinacional, multimillonario y principal accionista, o aquellos a los que él encarga estos asuntos, prosiguen con gran entusiasmo: «... porque esto no es sólo un trabajo: es nuestra pasión. Celebramos juntos la diversidad para crear un ambiente de trabajo en el que todos podamos ser como somos. Siempre nos tratamos mutuamente con respeto y dignidad y nos comprometemos mutuamente a estar a la altura de este elevado criterio.»

Todos y cada uno de los que trabajan en Starbucks conocen la «Mission Statement», un texto que cabe en una página y cuelga en la pared de todas las cafeterías de la cadena. A Iris la irritan especialmente las cuatro líneas sobre los «socios» —es decir, ella misma y sus colegas de ambos sexos—, y puedo comprender por qué cuando esta calurosa tarde de verano conversa nuevamente conmigo sobre su trabajo en la máquina expendedora de café más grande del mundo.

«No creo que los empleados finjan; lo que pasa es que físicamente no pueden más. Acaban de llamar comunicándonos tres bajas seguidas. Y otra vez el horario se ha ido al traste, hemos tenido que cambiarlo entero. Han anunciado dobles turnos con eso que llaman cambios breves. Me explico: terminas el turno de noche a las siete o las ocho de la mañana y enseguida tienes que hacer el de tarde. También hay quien hace turnos de catorce horas, como nuestro *shift supervisor*.»

Hace ya un tiempo que conozco a Iris, una mujer de poco más de treinta años. Nos vemos con frecuencia y ella me habla del mundo moderno y *trendy* de una cultura de cafetería que ya se extiende por todo el planeta. «¿*Shift supervisor?*», pregunto, sencillamente porque no quiero quedarme con las denominaciones de los títulos que la empresa pone a sus empleados en todo el mundo.

Pues bien, ese señor es el jefe del turno, responsable de que el trabajo se lleve a cabo correctamente y de distribuir las distintas tareas entre los empleados. Sin embargo, pese al pomposo título, al mes sólo cobra cien euros más que los *baristas*, como llaman en Starbucks a los que trabajan detrás de la caja, en las máquinas de café o en la barra de la comida y, además, tienen que hacer todos los trabajos que le toquen en suerte.

Así suena en la jerga de Starbucks la descripción de las tareas del supervisor:

El *shift supervisor*
- contribuye a optimizar el funcionamiento de los turnos asignando las posiciones de servicio *(Service Deployment)* y estableciendo los descansos de acuerdo con las necesidades. Además, apoya al *store manager/assistant store manager* en la confección del horario, tanto diario como semanal; saluda a cada cliente y se ocupa de crear una atmósfera íntima;
- sabe adelantarse a los deseos del cliente y le aconseja el producto que mejor encaja con su personalidad. De esa manera mejora la calidad del servicio y contribuye a cumplir los objetivos; (...)
- motiva a sus empleados, da instrucciones claras y crea un clima caracterizado por el entusiasmo, el espíritu de equipo y el dinamismo.

Iris ya ha trabajado en algunas sucursales del imperio Schultz; ella misma fue *shift supervisor* durante un año, una experiencia que le sirvió para descubrir que, por sólo cien euros más al mes, tenía que aceptar una responsabilidad enorme y más estrés y más trabajo: «Entonces trabajaba en el aeropuerto de Frankfurt; a los catorce días, sin darme el cursillo de formación prometido, me arrojaron de cabeza al agua. Yo no tenía la menor idea de nada, por supuesto, ni siquiera sabía cerrar la caja, y tenía que trabajar como una loca. El jefe de sucursal exigió que empezara el turno de mañana a las cuatro menos cuarto, sin cobrar nada extra, para que pudiera tenerlo todo a punto antes de que abriese la cafetería. Y eso tenía que hacerlo después de un cambio breve, cuando pasaba directamente del turno de tarde al siguiente turno de mañana aun después de haber trabajado hasta las once de la noche. ¡Esos días sólo tenía cuatro horas de "descanso"! El segundo jefe me dijo que mejor no me fuera a casa, que juntara un par de butacas y me tumbara allí mismo. Él también lo había hecho unas cuantas veces, porque trabajar en los aeropuertos es una locura, sobre todo en la temporada turística. Nadie puede tomarse un respiro.»

Empleados de otras sucursales me cuentan cosas parecidas. Por ejemplo, que un jefe de turno le abrió la puerta en pijama a la primera colega del turno de mañana, y no una sola vez. Dormía en la cafetería; dos sacos de café le hacían las veces de almohada. Son cosas que pasan cuando, a consecuencia de la constante falta de personal, es imposible respetar los turnos tal como se han programado. Un *shift supervisor* me cuenta que tenía que estar siempre listo, preparado para que «el *store manager* te llamara por teléfono y te sacara de la cama para que fueras a hacer el turno de mañana. Y para un *shit supervisor (sic)* eso significa: todo tu tiempo pertenece a Starbucks porque esto no es sólo un trabajo, ¡es nuestra "pasión"! ¡Habría que exagerar y decir la pasión de Jesucristo!»

Los jefes de turno tienen contratos en los que dice que su salario retribuye todas las horas trabajadas. «Cuando quise cerciorarme de eso en mi sindicato», me cuenta uno de ellos, «me confirmaron que según mi contrato no me correspondía cobrar ni una sola hora extra. Y nunca me pagaron nada aunque a menudo trabajaba más de las cuarenta horas semanales. "Después podrás compensar con días libres", dijo el *store manager* cuando le pregunté. Pero esa compensación era ilusoria, por supuesto, porque nunca había personal suficiente.»

De todo eso el cliente que hace la cola en Starbucks para pedir su café no sabe nada. Starbucks es *in;* la cadena, que abrió su primera sucursal en Alemania en 2002, crece a pasos agigantados y los clientes acuden en masa a las ciento cuarenta y cinco que han abierto desde entonces.

¿Una sensación de bienestar colectivo?

Starbucks ha llegado a ser un icono del mundo globalizado. En todas partes las mismas tazas, los mismos colores, el mismo interior, los mismos precios —en todo caso dentro de una misma zona monetaria—. Al parecer también el café es en todas partes de la misma calidad. Sólo la ondina del logotipo ha cubierto púdicamente con su melena los pechos blancos y el ombligo de los días de la fundación.

En Starbucks el cliente puede quedarse el tiempo que quiera y aporrear el teclado del notebook hasta que la cafetería cierra; no hay que espantar a ningún escritor en potencia, ésa es la filosofía de la empresa. «Si los clientes se sienten parte de la casa, nuestras *coffee houses* se convertirán en un puerto, en un lugar donde refugiarse de todas las preocupaciones cotidianas, un lugar en el que encontrarse con los amigos. Ofrecemos un placer en medio del trajín cotidiano: a veces se saborea despacio, a veces más rápido, pero siempre desbordante de humanidad.» Los empleados también conocen esas cálidas palabras, pues aparecen en el cuarto párrafo del ideario de Starbucks.

En efecto, muchos clientes no van sólo por el café, sino para ver y ser vistos. Los sillones y los sofás son cómodos y uno puede repantigarse y olvidar por un momento lo que ocurre fuera. La clientela es multicultural, como abigarrado es el espectro de los países de origen de los empleados; eso se puede ver, se puede oír. Tanta cordialidad con el extranjero tiene un bonito efecto colateral: el «nuevo internacionalismo» atrae a un montón de mano de obra barata. Trabajadores emigrantes, gente que en otra parte tiene escasas o nulas posibilidades y a menudo carga con lo que ha dado en llamarse un currículum «roto». En Starbucks encuentran un puesto de trabajo precario y una aparente sensación de pertenencia. Están contentos porque al menos no sufren acoso racista, pero a cambio tienen que resignarse y aceptar las condiciones de explotación habituales en la empresa.

Las sedes de las sucursales llaman la atención por exquisitas; están en los mejores lugares del centro de las ciudades, allí donde cabe esperar que entre mucha gente de paso, pero también donde trabajan muchos empleados con poder adquisitivo. Da igual si uno busca un trocito de «patria-café» en Berlín, Hamburgo, Colonia o en una gran ciudad del extranjero: Starbucks ya está allí, igual que las otras cadenas internacionales, pero da la sensación de ser algo especial, un lugar para los mejor situados o para los que están dispuestos a pagar por un café más de lo que vale. Y con un persuasivo efecto de reconocimiento: café como el de Starbucks no hay en ninguna otra parte. En el mostrador uno puede pedir siempre la misma bebida favorita, o también algo distinto de la carta, que en todas las cafeterías es la misma. Todo es igual, nadie se irrita, todo está pautado.

No obstante, lo que ya ha irritado a tal o cual cliente, sobre todo a gente mayor, es el tuteo, importado de la madre patria de la multinacional con la intención de que pase a ser la fórmula de tratamiento estándar también en Alemania. Al cliente ya lo atacan con el tú en cuanto se acerca a hacer el pedido («¿Qué deseas?») e inmediatamente empiezan a llamarlo por el nombre. El *barista* lo apunta en la comanda y llama al cliente cuando el café está listo («¡Helmut, ya tienes aquí el *latte!*»). Iris, a quien el tuteo le parecía horrendo, se desvivía tratando de convencer a los clientes de las ventajas del estilo de vida americano, menos rígido. Un día, una señora de noventa años, espantada, puso los ojos como platos cuando le preguntaron el nombre y al cabo de unos segundos balbuceó: «No me da la gana decírselo»; Iris decidió confiar más en su instinto que en las instrucciones para generar «buen humor». A otros *baristas* debió de pasarles lo mismo, pues ahora el tú ha desaparecido en casi todas las cafeterías de Alemania.

Y muchos *baristas* se alegran de que así sea. En todo caso, piensan que sus clientes suelen tratarlos mal, con condescendencia y descaro. Un empleado me dice que la culpa la tiene el sistema Starbucks: «Los clientes saben perfectamente que tenemos que tolerarlo todo. *"Just say yes!"*, ése es el lema y todos lo conocen. El que ha venido un par de veces sabe que siempre sonreímos, que siempre debemos ser educados, amables y serviciales. Si el cliente está de mal humor, si es un grosero o un arrogante: sonreír. Y si te defiendes de los clientes descarados, te aplican un castigo. Naturalmente, tarde o temprano los clientes fijos terminan dándose cuenta.»

En ese sentido, el ideario de Starbucks es muy claro: «Aun cuando estamos muy ocupados recibimos cortésmente a nuestros clientes, reímos con ellos y les alegramos el día, aunque sólo sea un breve momento. Por supuesto, lo principal es la promesa de preparar un café perfecto, pero nuestro trabajo va mucho más allá. En el fondo se trata de relaciones humanas.»

La función de los superiores consiste en controlar a los *baristas*, que dan cuenta, como mínimo, del 80 % de los ciento setenta mil empleados que la cadena tiene a escala mundial.

Controlar si también sonríen lo suficiente y si les alegran el día a los clientes. En cada sucursal hay tres jefes: el jefe del turno, el jefe de sucursal y un subjefe. Y juntos tienen que crear aquello del «clima caracterizado por el entusiasmo, el espíritu de equipo y el dinamismo».

La jerarquía es asombrosamente compleja. Abajo de todo, los *baristas,* que hacen todo lo que mantiene el negocio en marcha. Por encima de ellos, el *shift supervisor;* después viene —claramente separado en la escala jerárquica— el *assistant store manager* (ayudante del jefe de sucursal), que controla «los costes salariales» y «aumenta las ventas», y por encima de él, el *store manager* (el jefe de sucursal). A ellos hay que sumarles el *district manager* (jefe de distrito); después, el *regional manager* y, por último, los directivos de la central alemana, en Essen, el *Support Center,* y, en la cúspide, la sede central de Seattle.

El sistema de control de Starbucks no deja nada al azar. Los jefes de distrito y los jefes regionales visitan periódicamente las sucursales, y también a los directivos de la central de Essen les gusta aparecer sin anunciarse. Y luego vienen los *snapshoters.*

«Para eso en alemán no hay ninguna palabra», me dice Anja, *barista* de Starbucks desde hace quince meses. «Los *snapshoters* son inspectores especialmente alevosos que pasan más o menos una vez al mes y que, como es natural, tienen que irse con algo en las manos, presentar pruebas de los fallos que cometemos nosotros. Después viene la amonestación. No se dan a conocer, se acercan al mostrador como si fueran un cliente más y piden. Casi siempre capuchino, o *caffè latte* y *caramel macchiato.*» No es casual que esas clases de café tengan que prepararse siempre según las instrucciones de la central de Seattle: la cantidad exacta de agua, café y leche. Sólo entonces tienen el peso prescrito. Y los inspectores apuntan el peso.

«Los *snapshoters* vienen siempre cuando la cafetería está abarrotada. Aquí en las horas punta hay unos cincuenta clientes y, como siempre falta personal, nos equivocamos cuando pesa-

241

mos. Nos resulta imposible conseguir el peso exacto. Y entonces nos quitan puntos.»

¿Puntos? Hasta el día de hoy Anja no ha conseguido entender del todo el sistema de puntos, una regulación que pende sobre el personal como una espada de Damocles. Pues la central obliga a las sucursales a competir entre sí. El que tiene más puntos se queda arriba, y es posible incluso que consiga una bonificación, cosa que, según me dijeron los *baristas* con los que pude hablar, nunca se había producido en sus respectivas cafeterías. Pero al que termina abajo, al que pierde puntos después de una de esas visitas de control, lo ponen en la lista negra. Entonces hasta el *store manager* puede quedarse en la calle, porque la sucursal que dirige está en una posición demasiado baja; incluso pueden llegar a cerrarla. Sí, Starbucks cierra las cafeterías «no rentables» a la misma velocidad con la que abre nuevas. Desde la crisis económica de 2008 han cerrado diez en Alemania y en otros países han abierto dieciocho.

Los *snapshoters* rellenan un formulario que contiene unas preguntas fijas. A menudo son estudiantes que no saben lo que pasa en la cafetería. Los *baristas* nunca ven lo que han puesto, pero saben que esos «inspectores» cuentan si en la caja, tal como está prescrito, se ha establecido contacto visual en los tres segundos posteriores a la entrada del cliente. En caso negativo proceden a retirar puntos. Lo mismo sucede cuando los empleados no sonríen como está mandado. Cuando el cajón de la caja registradora queda abierto más tiempo del número de segundos establecido, también lo apuntan. Y, por supuesto, la limpieza: si hay polvo en los marcos de los cuadros, si el estante de la bollería está bien ordenado, etc. En algún momento el *store manager* recibe por correo electrónico el resultado de la visita de control. Y un rapapolvo cuando no consigue el cien por cien de los puntos que se pueden alcanzar.

Pobres pese a tener trabajo

Los *baristas* son responsables de todo: tomar las comandas, cobrar, preparar las bebidas, barrer, limpiar, llenar, reponer y recoger los estantes de la comida y los productos frescos. Todo eso tiene que realizarse según un plan rotatorio que el jefe del turno confecciona por la mañana. Sin embargo, con mucha frecuencia ese plan no se prepara ni se respeta por falta de personal. Jorge, un *barista* de veinte años: «Y eso quiere decir que te pasas en la caja ocho horas sin interrupción y que los demás hacen el resto.»

Iris me ha descrito muy gráficamente lo que eso significa en concreto: «En el aeropuerto de Frankfurt, bajo la cúpula, donde se acumula todo el calor y no hay aire acondicionado, me quitaba los zapatos detrás de la barra, ya no podía tenerme en pie, se me hinchaban los pies y me dolían muchísimo. No podíamos sentarnos ni un minuto, ni un segundo, no teníamos descansos. Era demencial, éramos demasiado pocos. Y, encima, el ruido de la caja, que no paraba nunca. Cuando llegaba a casa lo único que podía hacer era tumbarme.»

A causa de la falta sistemática de personal, el problema con las pausas es constante. Es rara la vez que se respetan y es normal que los *baristas* no puedan hacerla. Iris cuenta que, naturalmente, todo eso da lugar a peleas entre colegas. «Todos están destrozados, nerviosos; el agotamiento físico y la falta de sueño ayudan, claro. Es imposible salir de ese engranaje, y en ningún caso en las cafeterías que funcionan bien. Tampoco hay "espacios comunes" o un lugar donde pasar el tiempo de descanso; en la cafetería, a la vista del público, difícilmente podemos sentarnos cuando llevamos el uniforme.»

A los nuevos *baristas* los inician y los forman según las normas internas. Más adelante también les toca asistir a algún cursillo. Todo eso suena a cualificación, pero los cursos, de asistencia obligatoria, se imparten fuera del horario de trabajo y no se pagan. ¿Costes para el individuo? Anja lo ve así: «Cuando no salgo puntualmente, hago de cincuenta a sesenta horas por semana. Y por la noche, los cursos. ¡En mi tiempo libre! Siempre hasta bien tarde. Todo eso afecta también a tus amistades. Yo ya no podía visitar a nadie. Mis amigos pensaban que había desaparecido del mapa. Siempre Starbucks, Starbucks y nada más que Starbucks.»

El hecho de que, en general, los empleados acepten ese ritmo se debe probablemente a que muchos no tienen formación, a que sólo trabajan una temporada o a que no saben cómo defenderse.

El sueldo bruto por hora de los *baristas* –ocho euros– puede considerarse aceptable como dinero extra para un estudiante si con ello mejora la beca que recibe gracias a la ley federal de fomento de la formación. No obstante, la mayoría de los que trabajan en Starbucks a tiempo parcial son *working poor,* pobres pese a tener trabajo. Sin ingresos adicionales, el sueldo de Starbucks no alcanza para vivir. Los que trabajan a jornada completa –una pequeña minoría– se van a casa a fin de mes con mil euros limpios. Para la intensidad del trabajo diario es un empleo cruelmente infrarremunerado.

«Ya es bastante malo todo lo que tenemos que tragar», dice Jorge, uno de los muchos *baristas* extranjeros. «Pero los sindicatos no oponen resistencia en ninguna parte y sólo hay dos comités de empresa, uno en Berlín y otro en Frankfurt. Y nunca hablamos de organizar una protesta común ni nada que se le parezca.» Anja añade: «Una vez, tres mujeres se quejaron porque los jefes, los colegas e incluso los clientes les metían mano. El *store manager* se desentendió, se limitó a encogerse de hombros. Que así son las cosas, dijo, y que no teníamos que ponernos así porque en el trabajo la gente se acerca más.»

Por lo general, en Starbucks hay que vérselas con el contacto físico. «Siempre que un jefe viene a explicarte algo, te pone la mano en el hombro. A eso nosotros lo llamamos el "toque dorado"», cuenta Iris. «Siempre andan contando esa historia de que somos una gran familia, quieren inculcártela a machamartillo: "Aquí nos ayudamos los unos a los otros, somos un equipo, un *team*, y sólo en equipo somos fuertes." Para mí son frases típicas de una secta. La realidad es totalmente distinta. La mayoría sólo tenemos contratos temporales y ésa es la razón por la que toleramos más cosas.»

El hecho de que los empleados todavía no hayan protestado en ninguna de las sucursales alemanas de Starbucks facilita a los estrategas de la central imponer constantemente nuevas medidas de ahorro y racionalización. La última oleada, en 2008, puso punto final (con contadas excepciones) a la limpieza de los lavabos por personal externo. Desde entonces los del último turno de tarde o los del turno de noche tienen que ocuparse también de limpiar los servicios. La dirección acalla las protestas; los *store managers* se vieron obligados a mentir y decir al personal que ahora se hace así en todos los restaurantes y en todos los bares.

Considerando las nuevas y estrictas normas de higiene que rigen en Alemania en lo relativo a la limpieza de los espacios públicos, la nueva práctica puede tener consecuencias bastante desagradables para la empresa. Por supuesto, los *baristas*, los «maestros del expreso» –fórmula con la que Starbucks les dora la píldora–, no se mueren por limpiar los váteres. Ya podemos imaginar que usan los trapos y los productos de limpieza que no deberían, y que el inodoro, el lavabo y los azulejos nunca están lo bastante limpios.

En Starbucks la fluctuación es enorme. Es difícil que alguien aguante allí más de un año: igual que en los *call centers*. La tasa de bajas por enfermedad supera a la media. «Entonces también mi *shift supervisor* trabaja siempre el doble», cuenta Jack, un *barista* con experiencia en cuatro cafeterías de Starbucks. «Va de esta cafetería a la *store* de la Terminal 2 y hace la caja porque allí también tienen falta de personal. A nosotros

245

también nos tienen de aquí para allá. Si en Darmstadt hay dos de baja, tenemos que llenar ese hueco y los colegas de aquí tienen que trabajar más. Todos están frustrados. Es un clima de trabajo pésimo, todo el mundo está hecho polvo.» Actualmente Jack trabaja en el aeropuerto de Frankfurt, donde, según dice, las condiciones son malas. ¡Si por lo menos dejaran en paz a los *baristas!* «Pero no pasa un día sin que los directores manden instrucciones y sugerencias más o menos descabelladas.»

La desconfianza que los subalternos inspiran a la dirección debe de ser grande. «Cuando trabajamos en la caja no nos dejan tener encima ni cartera ni monedero, nada. ¡Qué estupidez! Como si fuéramos a meternos el dinero en el bolsillo.» Iris sacude la cabeza. «Además, nos crean problemas cuando los clientes anulan demasiados pedidos. Nosotros tomamos cada comanda con nuestro número de empleado. Si hay demasiadas devoluciones tenemos que redactar un escrito explicando lo que ha pasado. Y si tenemos mala suerte, nos amonestan. Una vez tuve tres devoluciones en el acto en un mismo día porque muchos clientes pidieron un café y se equivocaron. ¡¿Tengo que decirles que se lo tomen igual porque de lo contrario me amonestan?!»

«... Crear un ambiente de trabajo en el que todos podamos ser como somos. Siempre nos tratamos mutuamente con respeto y dignidad», se lee en el ideario de Starbucks. Desde la crisis de 2008, cuando las ganancias cayeron en picado, la multinacional ha vuelto a enviar a las sucursales a sus expertos en racionalización, cuya función consiste en enseñar a los empleados a trabajar aún más rápido. El concepto es similar al de McDonald's y los demás restaurantes de comida rápida: la cadena de montaje. Se calcula en qué lugar deben estar, por ejemplo, el azúcar y la canela; se optimiza la manera de coger las tazas; se cuentan los pasos que separan la máquina de café del mostrador y se mide la distancia que hay desde el *paistry* –la estantería con las tartas y los *snacks*– hasta la caja. Uno de los pocos representantes que los trabajadores de Starbucks tienen en los Estados Unidos protestó públicamente contra la nueva oleada de racionalización diciendo que los transformaba «en robots» y que la cafetería se convertía «en una fábrica».

El *Financial Times Deutschland* comunica que, en las sucursales estadounidenses sometidas a control, la multinacional ha «aumentado en un 9 % el número de los pasos necesarios para un servicio». Con el cronómetro y otros «procedimientos de optimización» las ganancias podrían volver a aumentar a ciento cincuenta millones de dólares por trimestre.

Uno de los mejores empleadores del mundo

«¿Por qué Schultz es tan generoso?», preguntó hace poco, y sin ninguna ironía, un periódico norteamericano especializado en economía. La respuesta del empresario fue que su padre había sido un pobre diablo que a su muerte no tenía absolutamente nada. «Lo exprimían y no lo respetaban. No tenía seguro médico ni de accidentes. Con Starbucks yo quise construir una empresa en la que mi padre nunca tuvo oportunidad de trabajar, en la que se respeta a la gente.» En el espíritu de esa insulsa comedia familiar, la revista norteamericana *Fortune* ha elegido a Howard Schultz uno de los cincuenta mejores empleadores del mundo.

Acto seguido, el sindicato estadounidense IWW envió al director de *Fortune* una carta de protesta que decía lo siguiente:

1) El 100 % de los trabajadores de las cafeterías de Starbucks en los Estados Unidos (los *baristas* y los *shift supervisors*) trabajan a tiempo parcial y sin un número mínimo de horas semanales garantizado.

2) Sólo el 40,9 % de los empleados de Starbucks están asegurados; en cambio, los de Wal-Mart, cuyas deplorables

prácticas en materia de seguros son bien conocidas, son al menos el 47 %.

3) Los *baristas* ganan un salario bruto que ronda los seis, siete u ocho dólares la hora según la ciudad y la sucursal.

4) El departamento federal responsable de las relaciones laborales (NRLB) ha presentado reiteradas quejas contra Starbucks por intimidación y discriminación de los miembros del sindicato.

En relación con el seguro médico, que supuestamente tanta importancia tiene para Schultz, un empleado ha creado en Internet la página www.ihatestarbucks.com («Odio a Starbucks»); en dicha página cuenta que obran en su poder varios contratos en los que la semana de trabajo se limita a 19,45 horas, un cuarto de hora por debajo del umbral que obliga al empleador a asegurar a sus empleados.[34]

Por suerte, en Alemania es obligatorio asegurar a los eventuales que ganan cuatrocientos euros o a otros trabajadores a tiempo parcial, es decir, la mayoría de los que trabajan en Starbucks. No obstante, contra los enfermos se aplica la filosofía de la primera persona del plural, el «somos». Por ejemplo, se organizan *meetings* especiales en los que se instruye al personal directivo a «manejar bien» a los empleados enfermos. Hay que llamarlos a casa, preguntarles cordialmente cómo están, descubrir a los impostores, presionarlos y transmitir la sensación de que, sin el enfermo, el equipo se verá en dificultades.

Iris asistió a esas sesiones de aleccionamiento. Y cuando ella enfermó –diagnóstico: *burn-out,* el «síndrome del quemado», por falta de sueño a consecuencia de tantos turnos dobles y cambios de turno durante meses y meses–, un colega que también era jefe de turno le envió al segundo día un SMS con uno de esos llamados al bienestar colectivo: «Iris, me parece realmente una mierda que vuelvas a dejarnos colgados. Como equipo hemos confiado plenamente en ti y ya vuelves a destrozarlo todo. ¿Qué significa esto? Por tu culpa tengo que volver a hacer tres turnos dobles. No nos mola nada que nos hagas esto.» «Queríamos una empresa que conciliara los beneficios con conciencia social», dijo Howard Schultz en una entrevista.[35] Una confesión curiosa, pues al gran jefe se lo conoce por ser uno de los empresarios más hostiles a los sindicatos. La multinacional despide regularmente a los sindicalistas activos, sin duda alguna porque su trabajo da frutos.[36] En los Estados Unidos, por ejemplo, Starbucks, tras perder varios juicios, tuvo que terminar de pagar a sus empleados cien millones de dólares de propinas que se había guardado la dirección.

Ya van dos veces (2006 y 2008) que se organizan campañas internacionales para llamar la atención sobre las prácticas hostiles a los sindicatos y los trabajadores. Las dos campañas tuvieron su repercusión también en Alemania, donde trabajadores del IWW (International Workers of the World) repartieron octavillas ante las sucursales de Starbucks. Los sindicatos españoles se sumaron a la protesta porque también en su país la empresa quería acallar con despidos las protestas y la resistencia a su política comercial.[37]

En Alemania, el grado de organización de las sucursales de Starbucks es extremadamente bajo. «La presión es alta», dice Guido Zeitler, delegado de Starbucks en la central del sindicato de alimentación, entretenimiento y restauración (NGG). «La empresa ni siquiera es miembro de la unión de empleadores del sector; por lo tanto, nada la obliga a respetar el convenio colectivo.»

A pesar de las condiciones indignas en las que trabajan los empleados de la cadena, sólo una vez en la historia de Starbucks aparecieron en titulares críticas serias y negativas, a saber, por las relaciones de explotación que la empresa mantiene con sus cultivadores de café en Etiopía. Por lo visto, Howard Schultz ha sacado sus propias conclusiones de ese conflicto.

249

Ecología y comercio justo: dos cosas buenas para el negocio

Entretanto, y siempre y cuando nos creamos lo que Starbucks afirma solemnemente, los cafeteros se han hecho amigos de Schultz. De paso, la multinacional los ha privado durante años de mejores ingresos porque ella misma comercializa sus exclusivas clases de café y ha solicitado la patente de la denominación de origen. Consecuencias: los cafeteros etíopes ya no han podido vender el café con la denominación de origen correspondiente. Oxfam, organización no gubernamental internacional, lanzó seguidamente una campaña mundial y en 2007 consiguió una victoria contra Starbucks. La empresa retiró la solicitud y así dejó el camino libre para que los propios cafeteros o las propias organizaciones vendieran por su cuenta esas variedades exclusivas.

A los que empiezan a trabajar en Starbucks los obligan, en los seminarios de «formación» no remunerados, a ver películas sobre el cultivo del café y el compromiso social de la empresa en los pueblos de los cultivadores, y les proporcionan información sobre los *farmer support centers* y los precios de compra justos en los países productores de café. En una palabra, un mundo feliz y perfecto. La derrota que la empresa tuvo que encajar hace dos años nunca se menciona en los cursillos organizados por Starbucks. Las afirmaciones de los directivos de Seattle sobre todo el bien que hacen a los cultivadores impresionan a clientes y empleados. La idea de que uno de los grandes actúa contra las normas al uso, de que en el comercio internacional es Occidente el que se embolsa los beneficios y al sur sólo le queda el hambre, crea una buena imagen y, naturalmente, también fomenta las ventas.

A finales de 2008 Starbucks anunció que en 2009 compraría a un precio justo el doble del café que venía comprando; así aumentaría al 10 % la proporción de café comprado a un precio justo, que en 2008 representó el 5 % de las compras totales (ciento setenta millones de kilos). Dicho aumento equivaldría a más dinero para los cafeteros, pues en el comercio justo el precio de venta de ese café debe ser de diez céntimos de dólar por libra (veinte céntimos en el caso del café biológico), está por encima del precio vigente en el mercado mundial y no puede situarse por debajo del dólar con veinticinco centavos por libra. Además, de acuerdo con las normas de las organizaciones de certificación, el dinero debe ir directamente a los productores, que, por lo demás, sólo ven una fracción del precio en el mercado internacional.

En julio de 2009, el precio de dicho café era de un dólar con trece centavos por libra. Es decir, que sigue moviéndose en un nivel muy bajo que a duras penas permite a los cultivadores vivir dignamente de su trabajo. En la década de 1990, los Estados Unidos abandonaron el convenio internacional del café con sus cláusulas sobre precios y cantidades y desencadenaron una caída vertiginosa y duradera de los precios. En la década de 1980 la libra de café bruto aún llegaba a costar hasta un dólar con setenta centavos; después comenzó a caer en picado hasta situarse por debajo de un dólar y algunos años incluso por debajo de los cincuenta centavos.

Tomando como referencia el precio actual, el aumento de diez centavos para el café en el marco del comercio justo es considerable, pero equivale a poco o nada comparado con el nivel de los precios en la década de 1980 y las necesidades de los productores. De los casi seiscientos millones de dólares que Starbucks pagó en 2008 por las compras totales de café (un dólar con cincuenta la libra del café relativamente caro que, según sus propios datos, compra Starbucks),[38] a la multinacional le costaría cuarenta millones de dólares enmarcar dentro del comercio «justo» sus compras totales (un objetivo que, afirma Starbucks, pretende alcanzar en 2015).[39] En suma, un gasto adicional que apenas se notará con un volumen de ventas anual de dos mil cuatrocientos millones de dólares.

En 2008 Starbucks sólo distribuyó entre los cultivadores el 0,02 % de su facturación; una limosna si se tiene en cuenta el porcentaje del 5 % fijado para el café en el marco del comercio justo. Calderilla, vamos, y en el sentido más estricto de la palabra. Sin embargo, el valor de ese porcentaje a la hora de fomentar las ventas es tanto más alto, pues con el sello del comercio justo por delante Starbucks puede limpiar su imagen ante los clientes y la opinión pública.

Una multinacional en expansión

Starbucks no siempre ha sido lo que es hoy. La empresa la fundaron un par de *freaks* de San Francisco que se habían mudado a Seattle, donde en 1971 abrieron una tienda de café. La bautizaron con el nombre del legendario timonel de *Moby Dick,* la novela de Herman Melville. Hasta 1981 abrieron tres sucursales, y en todas vendían café en grano, no bebidas. Hasta que en 1982 llegó Howard Schultz, hasta entonces jefe de ventas de una empresa de electrodomésticos. Dos años después de su entrada en escena Schultz pudo finalmente abrir su primer café-bar, un sueño que había descrito con gran entusiasmo a los propietarios del Starbucks original. La cafetería funcionaba de maravilla, pero los tres miembros fundadores no quisieron ampliar el negocio: para ellos la afición al café era más importante que hacerse ricos. De ahí que Schultz se separase y siguiese trabajando con otro nombre.

Starbucks siguió creciendo poco a poco aun sin la participación de Schultz, y en 1987 el número de tiendas alcanzaba ya la docena. Fue entonces cuando Howard Schultz volvió y ese mismo año compró la empresa por tres millones ochocientos mil dólares que pusieron a su disposición varios inversores. A partir de ese momento Schultz pudo, él solo, sin el freno de los soñadores de California, comenzar su marcha triunfal. En 1989 las sucursales de Starbucks ya eran cincuenta y cinco; en 1996 Schultz comenzó a abrir cafeterías en el extranjero y sacó la empresa a bolsa; diez años después la multinacional tenía más de catorce mil sucursales en más de cuarenta países.

Starbucks creció con una dinámica que hace palidecer al mismísimo McDonald's. «Se propaga por el planeta como un virus», puede leerse en la página web «ihatestarbucks». Ese virus afecta a las múltiples culturas de cafetería. La lucha victoriosa del gigante norteamericano contra la competencia local ya ha obligado a echar el cierre a más de un café de toda la vida.

A tal fin, la empresa desarrolló una estrategia de clúster escalonada. Las ciudades se toman, por así decir, por asalto múltiple: no con una, sino con cuatro, cinco o seis sucursales a la vez, en lo posible muy cerca unas de las otras, y en el centro, para que de inmediato dejen su impronta en la imagen de las calles y echen a la competencia. Y también así, como quien no quiere la cosa, llegó a ser muy sencillo enviar al personal de una cafetería a otra cuando lo requerían el descenso de las ventas o el número de bajas por enfermedad. Asimismo, es posible conseguir que las sucursales compitan entre sí y fortalecer de esa manera la moral de la «propia». «Detrás de todo eso está la idea», escribe Naomi Klein en su polémico libro *No logo*, «de saturar de tiendas una zona hasta que la presión de la competencia es tan grande que las ventas disminuyen en las distintas sucursales de Starbucks. Cuanto más cerca están las sucursales unas de otras, tanto más se molestan entre sí; por decirlo de alguna manera: se matan unas a otras.» Klein cita del informe empresarial de Starbucks: «La dirección opina que esta canibalización se justifica por el aumento de la facturación y el rédito creciente de la inversión en nuevos puntos de venta.»[40]

El éxito de dicha estrategia, consistente en una competencia de aniquilación que hace desaparecer al pequeño comercio, se debe también al empleo de medios ilícitos. Concretamente, y según informaciones de buena fuente, Starbucks dedica recursos importantes a convencer a propietarios de inmuebles para que no les renueven el contrato a los arrendatarios actuales y luego les alquilen a ellos el local que ha quedado libre. Se habla de primas y, naturalmente, de alquileres más altos. Starbucks está dispuesto a pagar.

La sensación de bienestar colectivo que la cadena promete a los clientes ofreciéndoles un «hogar» en el mundo anónimo y globalizado no es otra cosa que un culto engañoso y sumamente rentable. Vaya aquí un ejemplo del «mundo feliz»: los actores poderosos hacen hincapié en que los consumidores quieren una atención más rápida, y a tal fin crean el sueño de un supuesto trato personalizado. La normalización del gusto se celebra con mucho bombo como cultura «global» y se utiliza contra los intereses de los empleados, que quieren una remuneración decente y condiciones de trabajo humanas. Si alguien opone resistencia, le recuerdan el «carácter único» de la marca común y la ideología de la «gran familia», o, si eso no da resultado, lo silencian con controles y despidos. A la competencia, regional y en su mayor parte pequeña, se la echa del campo con medios ilícitos y al final del proceso se acumulan ganancias gigantescas. Y, en aras de un fomento planificado de las ventas, de todo ese dinero se reparte un poco, muy poco, entre los pobres del Tercer Mundo.

Me he dirigido a Starbucks con preguntas detalladas sobre los problemas de sus sucursales, entre otros el trabajo por horas, los cursillos de formación fuera de la jornada laboral, la falta constante de personal y las horas extras no remuneradas. Tras ocho días de intenso debate interno en la central alemana, y después de una conversación con la central europea (Ámsterdam) –al menos así justificaron la larga demora en contestarme– recibí la siguiente carta, que demuestra que, además de pagarles poco y ofrecerles malas condiciones de trabajo, Starbucks atormenta a sus empleados con mucha palabrería:

FINAL

28 de agosto de 2009
Declaración de Starbucks Coffee Deutschland sobre el tema socios (trabajadores)

Las personas que trabajan para Starbucks son el alma de nuestra empresa. Valoramos y respetamos a cada uno de nuestros mil ciento treinta y seis socios (como llamamos en Starbucks a nuestros trabajadores), pues sin su trabajo diario nuestro éxito sería imposible. Starbucks trata a sus socios con respeto y dignidad. Mediante diversas medidas, por ejemplo, la *review* anual de los socios (así llamamos a la encuesta anual sobre el nivel de satisfacción de los socios), tomamos en cuenta todo lo que podemos transmitir a nuestros socios. Si algunos aspectos no se corresponden con los principios de nuestro ideario, los socios tienen, además, la posibilidad de dirigirse anónimamente a una oficina interna de orientación. Respetamos las libres decisiones de nuestros socios y, naturalmente, también todos los aspectos jurídicos y laborales, por ejemplo, la creación de comités de empresa. Juntos hacemos de Starbucks un lugar en el que cada uno de nosotros pueda ser como es. Estamos orgullosos de la relación abierta y directa con nuestros socios y seguimos esforzándonos para mejorar Starbucks como lugar de trabajo de nuestros socios.

UN TREN QUE DESCARRILA
El viaje suicida de una empresa estatal

En la primavera de 2009 se publicaban casi todos los días nuevas revelaciones sobre los ferrocarriles alemanes: cientos de miles de trabajadores espiados durante años y años, ellos, sus comunicaciones dentro de la empresa y con el exterior, sus datos bancarios; se registraban a fondo y regularmente, de manera ilegal, sus ordenadores de trabajo; se recopilaban y evaluaban los datos sobre bajas médicas.

Un año antes se había puesto en contacto conmigo un alto directivo de Deutsche Bahn AG (DB), la empresa estatal de ferrocarriles. No por un asunto personal, sino para contarme la historia de un hombre que ocupaba otro puesto, aunque del mismo nivel, y cuya suerte lo indignaba. Y cuando vino a verme trajo copias de documentos confidenciales que ilustraban el caso.

En los últimos tiempos han ido depositando en mí su confianza varios altos cargos, una vez incluso un miembro del consejo de dirección. Algunos venían a verme para desahogarse, para confesarse casi –aunque yo no puedo darles la absolución–; otros porque esperaban obtener, si publicaba algo sobre su historia, un desagravio por la injusticia sufrida, o porque querían poner freno a los turbios manejos de la empresa.

«No soy el único al que todo esto le sienta fatal», empezó diciendo mi visitante, al que vamos a llamar señor P. (porque ha de permanecer en el anonimato igual que mis otras fuentes de Deutsche Bahn). «Por desgracia casi nadie habla abiertamente de todo lo que hace la empresa para silenciar a quienes la critican. Pero yo ya estoy harto.»

«Mobbing» al más alto nivel

En la primavera de 2004, el responsable del departamento de Relaciones Políticas del consejo de dirección citó en su despacho al hombre sobre el que viene a hablarme P. «Fue directo al grano y de un modo absolutamente sorpresivo exigió a mi colega que pidiera la baja y que a finales de año se acogiera a la jubilación anticipada. Como es comprensible, mi amigo se sorprendió, quedó absolutamente consternado. Hace muchos años que lo conozco y sé que es uno de esos hombres que nunca enferman; una gripe cada dos años, a lo sumo. Está en forma, hace deporte, nadie diría que ya pasa de los sesenta. Además, siempre está bastante ocupado; cuando lo llamo suele contestarme su secretaria, él está siempre de viaje. En nuestra empresa hay empleados que se ocupan de los contactos a varios niveles, especialmente con los políticos: los apoderados, los llamamos, siempre mediando entre la dirección de DB y los gobiernos y ministerios de los Estados alemanes. Son una bisagra entre la política de los ferrocarriles y la política de los *Länder*. Los ferrocarriles tienen un hombre de contacto para cada gran Estado alemán; a los más pequeños los agrupamos. T., mi colega, era responsable de Renania del Norte-Westfalia (RNW) y nunca había oído una sola crítica a su trabajo, ni por parte del gobierno de RNW ni por la dirección de DB. Al contrario, había recibido año tras año una gratificación importante por sus servicios.»

A manera de prueba, P. saca del archivador que ha traído los certificados firmados por la dirección de DB. En uno de

Die Bahn [DB]

Dr. Hartmut Mehdorn
Vorsitzender des Vorstandes

Herrn
Peer Steinbrück
Ministerpräsident
des Landes Nordrhein-Westfalen
Staatskanzlei
Stadttor 1

40190 Düsseldorf

6. April 2004

Sehr geehrter Herr Ministerpräsident,

das Land Nordrhein-Westfalen ist für uns als Kunde und Partner von herausragender Bedeutung. Diesem Anspruch wurde die Leistungsqualität der Deutschen Bahn AG in Nordrhein-Westfalen in den vergangenen Monaten nicht immer gerecht. Dies bedauern wir und arbeiten intensiv an einer Verbesserung von Qualität und Pünktlichkeit.

In diesem Zusammenhang besetzen wir die Funktion des Konzernbevollmächtigten für das Land Nordrhein-Westfalen neu.

Herr wechselt aus gesundheitlichen Gründen in den vorzeitigen Ruhestand.

Ab dem 1. Mai 2004 wird Herr Reiner Latsch Ihr neuer Ansprechpartner in allen Belangen der Deutschen Bahn AG sein. Herr Latsch verfügt aufgrund seiner bisherigen Tätigkeiten als Konzernbevollmächtigter der DB AG in Schleswig-Holstein und Hamburg sowie als langjähriger Leiter der Unternehmenskommunikation der DB Netz AG über umfassende Kenntnisse und Erfahrungen im gesamten DB-Konzern.

Wir sind daher überzeugt, dass Herr Latsch die Zusammenarbeit mit Ihnen und der gesamten Landesregierung konstruktiv zum Wohle der Kunden in Nordrhein-Westfalen gestalten wird.

Herr Latsch wird sich zeitnah bei Ihnen persönlich vorstellen.

Mit freundlichen Grüßen

Deutsche Bahn AG
Potsdamer Platz 2
10785 Berlin

Tel. 030 243-81100
Fax 030 243-81155
hartmut.mehdorn@bahn.de

Carta de Hartmut Mehdorn a Peer Steinbrück, primer ministro de Renania del Norte-Westfalia.

esos certificados (el «Formulario de evaluación del ejercicio de un cargo directivo, incluida la fijación de objetivos») puede leerse que T. ha «desempeñado sus servicios personales a la perfección». Según el año evaluado, la gratificación había oscilado entre los treinta mil y los cuarenta mil euros, cantidad que hay que sumar al salario fijo, de unos cien mil euros anuales. En una palabra, nada que pueda, ni siquiera en los ferrocarriles alemanes, calificarse propio de un empleado que rinde poco o que fracase en la consecución de sus objetivos.

El visitante prosigue: «Mi colega vino a verme y yo lo animé a que rechazara la propuesta de su superior. En cualquier caso, él ya estaba seguro de que eso era lo que pensaba hacer aun sin mi consejo. Me dijo que, para decirles que no, no le hacía falta el tiempo de reflexión que la dirección tenía la deferencia de concederle. Sin embargo, lo más fuerte fue que me pasó una carta por encima de la mesa y me dijo: "A ése ya se lo han quitado de encima. Y a mí me dijeron tan tranquilos que no tengo otra opción que aceptar. Me pusieron ante hechos consumados." Yo debí de parecer bastante irritado, no entendía nada. Pero cuando leí la carta con el membrete de Hartmut Mehdorn, el presidente, y firmada por él, me puse pálido.»

P. sigue hojeando los expedientes y saca la carta en cuestión. Ahora soy yo el que se asombra. Leo: «... el *Land* de Renania del Norte-Westfalia tiene para nosotros una importancia fundamental en cuanto cliente y socio. En los últimos meses no siempre se ha hecho justicia a esa exigencia de calidad de Deutsche Bahn AG. Lo lamentamos y nos esforzamos por mejorar la calidad y la puntualidad, y a tal fin nombraremos a una nueva persona para el cargo de apoderado de la empresa. El señor T. se acogerá a la jubilación anticipada por motivos de salud.» La carta iba dirigida a Peer Steinbrück, entonces jefe del gobierno de RNW, y a su ministro de Transportes.

Un procedimiento verdaderamente increíble: la dirección de los ferrocarriles alemanes comunica a terceros que uno de sus empleados está enfermo y que ha decidido dejarlo cesante. Sin embargo, no cabe duda de que la carta es auténtica. La pregunta es: ¿por qué humillaron de esa manera a un empleado con tantos méritos?

«Entonces los trenes no llegaban nunca puntualmente», me dice el señor P. «Tampoco en el *Land* de mi colega. Públicamente, y en los círculos políticos, las críticas eran cada vez más frecuentes. En realidad, él no tenía nada que ver con los retrasos, ni siquiera tenía acceso a la sección de logística y operaciones de los ferrocarriles. T. era el hombre de contacto con los políticos y, al parecer, en virtud de su cargo le habría correspondido acallar las críticas públicas. Lo marcaron sobre todo por no haber impedido una manifestación de la oposición (Unión Cristiano Demócrata) encabezada por Jürgen Rüttgers delante de la estación central de Colonia. La dirección lo había elegido para que pagara los platos rotos y, junto con la carta al gobierno de RNW, divulgó oralmente que T. era el responsable de los retrasos. Con esa maniobra pretendían sacar de la línea de fuego al verdadero responsable.»

En efecto, DB desempeñaba cada día peor la tarea de transportar personas de un lugar a otro y de hacerlo puntualmente y con seguridad. No es de extrañar: en diez años el número de empleados de los ferrocarriles alemanes (cuatrocientos mil) se había reducido a la mitad; a eso cabe añadir que no se hacían todas las inversiones necesarias debido a una política de ahorro que condujo a largos intervalos entre revisiones de la red ferroviaria y de las instalaciones de seguridad, y que finalmente dio lugar a la impuntualidad. El objetivo de todas esas medidas: para atraer a inversores privados DB no debía, costara lo que costase, estar en números rojos y sí, al menos sobre el papel, declarar pingües ganancias.

Una política que había empezado en 1994. Según decidió el gobierno federal negro-amarillo de entonces, encabezado por Helmut Kohl, los ferrocarriles debían fracasar como empresa pública de transportes y privatizarse. Primero los transformaron en sociedad anónima (Deutsche Bahn AG), por lo cual las acciones que pertenecían al erario tenían que venderse a particulares. Así pues, se aprobaron la Ley de ferrocarriles de 1994 y todas las sucesivas «reformas», aunque hacía tiempo que otros países habían demostrado que la obligación de ofrecer siempre grandes beneficios a los accionistas significaba el final de un sistema público de transportes extenso y económico. En Inglaterra, la privatización de los ferrocarriles tuvo como consecuencia que grandes zonas del país quedaran fuera de la red ferroviaria, y lo mismo ocurrió en Estados Unidos y Argentina. Tras la privatización, la red empezó a pudrirse en todas partes y aumentaron los retrasos y el número de accidentes, de un modo especialmente drástico en Inglaterra. Los entendidos tenían claro que pensar en beneficios privados y en un «ferrocarril para todos» era una contradicción insalvable.

En 1999, Gerhard Schröder, canciller federal socialdemócrata, nombró a Hartmut Mehdorn presidente del consejo de dirección de DB. El objetivo principal era acelerar el proceso de privatización. Schröder y Mehdorn se tuteaban, y junto con Wolfgang Clement, ex primer ministro de RNW y luego ministro de Economía en la segunda legislatura Schröder-Fischer, planearon la privatización de algunas empresas públicas.

—¿Y por eso pasaron a cuchillo a alguien como su colega? —pregunto a mi interlocutor.

El señor P. asiente.

—Me afectó mucho, lo reconozco, aunque sólo fui un espectador de la tragedia. Entonces el objetivo no consistía en acabar con mi amigo, eso vino más tarde. En ese momento él sólo era el chivo expiatorio y tenía que seguirles la corriente. Muchos empleados en puestos directivos se dieron cuenta de lo que pasaba, y quizá pensaron que ellos también podían ser víctimas de una intriga muy desagradable. Por lo tanto, me parece consecuente que mi amigo no estuviera dispuesto a tragar. Llevaba más de treinta años en la empresa, obtenía buenos resultados y era muy apreciado. Le dolió muchísimo que lo tratasen de esa manera.

Tras volver a hojear el expediente me enseña algunas notas de la conversación que mantuvo con su amigo.

Leo: «De ninguna manera quiero despedirme de mi vida profesional con semejante patraña (...) Hasta podrían haberme acusado de hacerme el enfermo y de pretender, con esa trampa, conseguir la jubilación anticipada.»

–Ya lo ve –me interrumpe mi informante–; ni se le pasó por la cabeza la idea de doblegarse ante ese chantaje. Lo dijo con todas las letras y a partir de ese día le invadieron el despacho, literalmente; le quitaron a la secretaria, el coche oficial, también le desconectaron el teléfono. Después lo instalaron en un sitio que parecía el cuarto de las escobas. En adelante ya no tuvo nada que hacer. Llegaron a decirle que era probable que ganase cualquier juicio que le hiciera a la empresa, pero que la dirección era más fuerte, que para ellos el dinero no tenía ninguna importancia, que lo dejarían sin un céntimo y terminarían arruinándolo. «Sencillamente, te aplastaremos.»

Cuando los miembros de la dirección vieron que T. tenía intención de defenderse jurídicamente, mantuvieron nuevas conversaciones. Le aseguraron, por ejemplo, que lo trasladarían a un sitio donde podría trabajar «de acuerdo con sus conocimientos», pero más que nada lo presionaron para que se acogiera a la jubilación anticipada, le ofrecieron una indemnización y le sugirieron que fingiese que tenía algo «en un disco de la columna vertebral» o, quizá, «algo en la cabeza». Y llegaron a amenazarlo.

–Aún lo recuerdo como si fuera ayer –dice P.–. Mi amigo, delante de mí, contándome lo ocurrido en una de esas conversaciones y diciendo textualmente: «Si no les sigo el juego, van a enviar otra carta al primer ministro haciéndome personalmente responsable de los retrasos. Es escandaloso. ¡Es extorsión pura y dura!», exclamó el señor T., indignado. Y lo único que pude decirle fue que tenía razón.

Por respeto a sí mismo, su amigo no aceptó. Sólo cuando intervino un abogado, los responsables se declararon aparentemente dispuestos, en una de las conversaciones, a retirar oficialmente de la carta al primer ministro del *Land* la «comunicación de enfermedad». «Pero no lo hicieron, y dos meses después de la carta y del traslado al cuarto de las escobas, mi colega recibió la carta de despido.» Un procedimiento que se realizó por intermedio de DB JobService GmbH, un servicio conocido internamente como el «*pool* de los apátridas y de los privados de sus derechos».

Cuando T. se defendió presentando una demanda, la empresa empezó a hacerle una putada tras otra, y así durante meses. Ya podía él desmentir todos los reproches, pero las injurias y el castigo de no asignarle ninguna tarea lo consumieron por completo. Ahora sí sabía qué significaba aquello de «te aplastaremos». Hoy el señor T. sigue trabajando para los ferrocarriles alemanes y le falta muy poco para jubilarse, pero desde entonces lleva una existencia en la sombra y ya no tiene nada que hacer; no obstante, cobra el sueldo íntegro. La dirección no consiguió imponerse en los tribunales y no pudo despedirlo, pero, según el señor P., se niega a asignarle ninguna tarea y así lo mantiene alejado de sus colegas.

También acude a contarme sus penas otro alto cargo que no tiene nada que ver con el señor P.; mi nuevo informante trabaja en el piso catorce de la Bahntower de Berlín, donde se encuentra el departamento de Relaciones Políticas y más de uno sufre bajo el régimen de terror de Mehdorn. Me cuenta una historia de *mobbing* en las altas esferas muy parecida a la que vivió T., y con ello confirma la sospecha de que, en los pisos más altos de la torre de Berlín, la dirección de los ferrocarriles acalla y aparta sistemáticamente del servicio a los empleados que han caído en desgracia. El director del que me habla trabajaba como hombre de contacto de DB con responsables políticos, pero lo apartaron de esa sección de la noche a la mañana y sin justificación alguna. ¿Su «fallo»?: también criticaba la privatización *à la Mehdorn*.

Este empleado había conseguido tener una apreciación muy exacta del comportamiento financiero de los ferrocarriles alemanes. Según su tesis principal, desde 1994 la empresa manipula los balances ocultando las subvenciones públicas anuales para saneamiento e inversiones y de esa manera calcula a la baja el capital de DB, una triquiñuela que permite aparentar que las deudas disminuyen y que aumentan los márgenes de beneficio que la empresa hace públicos. Además, así se rebaja artificialmente el precio de venta de la empresa: para gran alegría de los inversores potenciales, que terminarían pagando mucho menos por un capital mayor que el declarado oficialmente. Al final lo que sale a la luz es lisa y llanamente despilfarro de capital público; según ha calculado este directivo, en los balances actuales de DB AG ya no aparecen unos cien mil millones de euros de activos de capital invertidos.

Y hay otra crítica que esta mente demasiado lista formula a la dirección de los ferrocarriles: DB quería acelerar la salida a bolsa con la peligrosa supresión de los trabajos regulares de renovación y mantenimiento. En los documentos, esos ahorros –un verdadero peligro para pasajeros, maquinistas y personal de acompañamiento de los trenes– se maquillan con eufemismos y otros hallazgos lingüísticos.

Así, por ejemplo, se habla de «extensión de los intervalos de inspección» y de «optimización» de dichos intervalos. En los trenes Intercity, los controles de las ruedas, de las cajas de los ejes y de los amortiguadores ya no se realizan –en virtud de la extensión de los intervalos– cada cuatro mil cuatrocientos kilómetros en un plazo de dos años, sino cada ocho mil. Y la dirección proclama con orgullo que el volumen de ahorro es del 82%.

Un orgullo peligroso: el 9 de julio de 2008 un Intercity descarriló poco después de salir de la estación central de Colonia. ¿El motivo? Rotura de un eje montado. Y no fue una «rotura brusca» causada por un hecho puntual, sino, muy probablemente, una rotura por fatiga; es decir, que la falta de mantenimiento y de controles impidió descubrir a tiempo el desperfecto. Si el eje se hubiera roto con el tren a toda marcha, habríamos tenido un nuevo Eschede y los muertos habrían sido muchos. En los trenes ICE-3 los ejes sólo se inspeccionan cada trescientos mil kilómetros; el intervalo no se redujo a sesenta mil kilómetros hasta después del accidente, y sólo gracias a la presión ejercida por el departamento federal encargado de los ferrocarriles (Eisenbahnbundesamt).

En el verano de 2009, el S-Bahn de Berlín, ferrocarril urbano filial de DB, también tuvo una rotura de eje, y desde entonces decenas de miles de berlineses llegan tarde al trabajo y a clase o tarde a casa después del trabajo. Hubo que sacar de circulación cien coches –más de la mitad del total– porque DB no había practicado los controles a intervalos más cortos, una medida necesaria tras un accidente. También en el S-Bahn los intervalos de mantenimiento eran cada vez más espaciados; se cerraban talleres y a los directivos que protestaban los apartaban de sus puestos. Por si fuera poco, la empresa no volvía a invertir las ganancias procedentes del S-Bahn; antes bien, las transfería a su propia cuenta y las embellecía con falsas ganancias, condición indispensable para la privatización y la salida a bolsa. Sólo en 2008 pasaron, del S-Bahn a la casa matriz, cincuenta y seis millones de euros, y las previsiones apuntaban a que en 2010 la cifra superaría los cien millones,[41] un saqueo acompañado de ocultaciones y mentiras y de jugosos contratos para los asesores.[42] Con vistas a ocultar tales manipulaciones, los responsables habían presentado datos falsos a la Dirección para cuestiones de seguridad del Eisenbahnbundesamt.

A principios de septiembre de 2009, el caos del transporte

provocado por el S-Bahn en Berlín se agravó de manera espectacular. Sólo una cuarta parte de los coches satisfacían las normas de seguridad, y fue necesario retirar de las vías a las otras tres cuartas partes, esta vez por culpa de frenos que fallaban. Es decir, por otra consecuencia del plan de ahorro del presidente de DB, que había decidido, para economizar, cerrar talleres. También Klaus Wowereit, alcalde de Berlín por el SPD, vio en los incidentes una prueba de las consecuencias negativas de la futura privatización. «Se dio el visto bueno a un desgaste inaceptable con vistas a obtener superávits a corto plazo», dijo el alcalde.

Para los que llevaban muchos años ocupando cargos directivos en DB, los métodos que la dirección de la empresa ha exportado al S-Bahn de Berlín no son un secreto, pero son minoría los que hacen público lo que saben. Sin embargo, si alguien da a entender que esa política pone en peligro vidas humanas, tiene que vérselas con la jefatura de los ferrocarriles alemanes, como le ocurrió al hombre de contacto de DB ante el Parlamento y el gobierno.

El gran jefe no podía verlo ni en pintura, y no sólo porque estaba al tanto de los dossiers que el departamento de Estrategia, dirigido por Alexander Hedderich, supuestamente preparó sobre varios políticos. No son precisamente expedientes de los que se emplean cuando uno no quiere extraviarse en el paisaje político, sino material que se puede emplear deliberadamente para influir y extorsionar. Ayudó en la recopilación de información el matrimonio formado por Regina y Jens Puls, directivos del Bundeskriminalamt antes de pasar a ser los responsables de «seguridad» de los ferrocarriles. Entretanto, por orden del nuevo jefe y vistos los numerosos fallos cometidos, los Puls han tenido que dejar la empresa.

Es posible que una víctima de dichos expedientes fuese Uwe Beckmeyer, el portavoz del grupo del SPD para transportes en el Parlamento federal. Hasta el 21 de septiembre de 2006, Beckmeyer fue un opositor decidido a la privatización planeada por Mehdorn. Después, de repente, en menos de una semana, pasó a contarse entre los defensores. ¿Por qué ese cambio fulminante de opinión? ¿Tal vez porque, según sospechan algunos círculos de iniciados, el 21 de septiembre le presentaron un expediente donde quedaba claro que los estrategas de la empresa habían descubierto algunos asuntos turbios de su época de senador en Bremen?

Beckmeyer mismo dice que a él personalmente no le presentaron ningún expediente, pero que, como muchos de sus colegas, dio por sentado que los responsables de DB (también en su opinión Alexander Hedderich es el principal) habían preparado expedientes de ese tenor. Con medios ilícitos y para fines ilícitos. Sin embargo, insiste en que a él no lo presionaron; tras una larga conversación con Tiefensee, el ministro de Transportes, rectificó la que hasta entonces había sido una postura crítica. Sólo apoyando la privatización le fue posible seguir influyendo en el transcurso ulterior de los acontecimientos.

Ahora bien, desde que, a causa de la crisis de la economía, han vuelto a estar sobre la mesa los viejos planes para la salida a bolsa, Beckmeyer vuelve a criticar aún con más vehemencia la privatización de los ferrocarriles, lo cual probablemente se debe a que también han sacado de sus cómodos sillones a algunos responsables de la empresa, que, al marcharse, se han llevado los mencionados dossiers. Es posible que Hartmut Mehdorn los tenga escondidos en la caja fuerte de su casa. Eso permitiría entender por qué la política le ha preparado una salida tan honrosa y el ex presidente disfrute incluso de un regreso por todo lo alto como asesor externo de Deutsche Bahn.

Hipocresía y contratos de asesores

También hablé sobre la política de Mehdorn con un alto cargo que trabajaba para el consejo de dirección de Deutsche

Bahn y aceptó el despido; ahora ya hace varios años que trabaja en otro sitio. No obstante, vivió los primeros días de la era Mehdorn en primerísima fila. Nos encontramos en un café y nos sentamos en el rincón más apartado, y mi interlocutor, el señor N., no empieza a hablar hasta que se siente seguro de que nadie lo observa.

«Poco después de que lo entronizaran, Mehdorn eliminó en rápida sucesión a gente importante del primer y del segundo círculo directivo para reemplazarla por hombres de su cuerda. Nada del otro mundo en una gran empresa cuando cambia el jefe. Pero Mehdorn hizo más cosas. Bajo su égida se multiplicó el número de cuadros directivos y algunos salarios aumentaron hasta alcanzar cifras fabulosas. En pocos años el sueldo de muchos altos cargos aumentó hasta diez veces, y también el de algunos delegados importantes del comité de empresa. Y él se hizo aumentar el sueldo de setecientos cincuenta mil a un millón ochocientos mil euros anuales.»

¿Ocurren de verdad, en las altas esferas, las cosas que vemos en las series policiacas de televisión: autoservicio, sobornos, una comunidad de intereses formada en torno a relaciones y mucho dinero?

«Al mismo tiempo», prosigue N., «Mehdorn montó un régimen increíblemente represivo. Lo primero que hizo fue asegurarse de que el departamento de Control se subordinara directamente a él en su calidad de presidente del consejo de dirección. Y en las reuniones con los jefes de la empresa dejó claro que no toleraría que nadie le llevase la contraria. La exigencia de ser seguidores incondicionales de Mehdorn adoptó formas tan grotescas que, al final de esas reuniones, los jefes tenían que levantarse y, uno tras otro, ir a poner su firma en una gran pancarta que decía: "¡Apoyamos los objetivos de la empresa!" Cuando me lo contó mi superior, me negué a creérmelo. Era como una secta.»

«Favoritismo, baboseo, hipocresía, y todo bien dotado económicamente», impusieron el clima reinante en la era Mehdorn, prosigue diciendo el señor N. A él lo despidieron. «Sin ningún motivo. Sólo este comentario: "Ya sabe que ha caído en desgracia ante el gran jefe." Para ser francos, me alegré. Yo allí ya no encajaba. Tampoco estaba de acuerdo con el plan de privatización de Mehdorn y no quería aceptar su "estilo" de dirigir la empresa. Por eso no me opuse al despido. Tenía bastantes opciones y no tardé en encontrar otro empleo bien remunerado.»

Así y todo, Mehdorn se dedicaba a perseguir a los despedidos también en su nueva senda profesional. «No sé si me tenía miedo, eso sería francamente ridículo. Pero impidió que en mi otro empleo expusiera mis puntos de vista sobre la privatización en una conferencia pública. Poco antes de la fecha de la conferencia, mi nuevo jefe me pidió que fuese a verlo a su despacho y me dijo que por un intermediario de Mehdorn se había enterado de que en Deutsche Bahn podían estar muy contrariados. Pues muy bien, no di la conferencia. No valía la pena. Pero debo admitir que mi confianza en el funcionamiento de la democracia quedó algo tocada.»

Yo quiero saber por qué Mehdorn tenía tanta influencia, tanto poder. Se lo tiene por un hombre colérico, un dictador ante el que muchos temblaban, un déspota que no soporta que lo contradigan. Pero ¿que su brazo llegara tan lejos?

Según mi interlocutor, Mehdorn tenía «dinero para tirar por la ventana. Cada año el gobierno federal transfiere a los ferrocarriles dos mil quinientos millones de euros para las inversiones y los trabajos de renovación necesarios. Ese dinero significa poder. Con esos fondos la presidencia de DB no sólo podía ganarse a los empleados que consideraba importantes, sino también ocuparse de que la cortejaran los círculos que toman decisiones en la economía y la política. Detrás de ese dinero iban proveedores, empresas de servicios y los políticos más variopintos, especialmente de los *Länder*. A los distintos ministros de Transportes les interesaba mucho que DB cuidara y ampliara sus respectivas redes ferroviarias. Era una manera de ganar puntos entre los electores. Mehdorn tenía un margen de maniobra considerable y podía decidir cuántos millones y a qué región se asignaban. Por lo tanto, los comisionistas potenciales y los responsables de los *Länder,* de la política y la administración, no contrariaban a Mehdorn. Y él disfrutaba de ese poder».

En efecto, Mehdorn premió a ex políticos estatales y federales con contratos de asesores muy bien remunerados: por ejemplo, a Hartmut Meyer, ex ministro de Transportes de Brandeburgo y hombre del SPD, o a Reinhard Klimmt, ex ministro federal de Transportes, también del SPD. Y Franz-Josef Kniola, ex ministro de Transportes y del Interior de RNW, también fue uno de los consejeros de Mehdorn, a los que el presidente llamaba *ombudsmänner,* igual que Klaus Wedemeier, ex alcalde de Bremen –socialdemócratas ambos–, o Georg von Waldenfels (CSU), ex ministro de Finanzas de Baviera, y Jürgen Heyer (SPD), ex ministro de Transportes de Sajonia-Anhalt.

Sobre Mehdorn se cernió varias veces la sombra de una sospecha: corrupción. Las investigaciones de la fiscalía acompañaron su carrera, pero no lo perjudicaron hasta que, en marzo de 2009, tiró la toalla.

«Mehdorn, que también gritaba y amenazaba a su gente, aceleró la velocidad de marcha para concretar la salida a bolsa», cuenta el señor N. «En 2005, cuando se filtraron al exterior algunas informaciones internas sobre el asunto, Mehdorn reunió en su despacho al departamento de Seguridad de la empresa. Los puso verdes, pues ninguno había conseguido averiguar dónde estaba la fuga. El departamento de Seguridad estaba a las órdenes de Otto Wiesheu, miembro de la dirección y ex ministro de Estado de Baviera por la CSU. Después Mehdorn ordenó que su departamento averiguase qué empleado había contado a la opinión pública los planes de privatización y cómo lo había hecho.»

Fue entonces cuando nació la operación *Leakage* («escape, fuga»), cuyo fin no consistía expresamente en destapar casos internos de corrupción, sino en descubrir los canales por los cuales los empleados contrarios a la privatización se comunicaban entre sí o con gente de fuera de la empresa. Es cierto que Mehdorn lo negó hasta su último día en DB, pero los informes de la Comisión Däubler-Gmelin/Baum confirman el escándalo.

El señor N. y yo ya llevamos una hora juntos cuando, casi de pasada, me cuenta una historia que parece un episodio típico de un régimen totalitario: «Los del nivel superior de la dirección sabíamos o, al menos sospechábamos, que nos espiaban. Y muchos altos cargos que no estaban de acuerdo con la orientación de Mehdorn se encontraban fuera de la empresa cuando querían conversar. "Enseguida nos vemos", nos decíamos en voz baja y dejábamos la Bahntower. Yo, por ejemplo, me iba dos estaciones más allá con el S-Bahn y esperaba que llegara mi interlocutor. Él bajaba del tren y yo me quedaba unos minutos en el andén, miraba a mi alrededor para comprobar que no hubiese empleados de DB u otros sospechosos. Sólo entonces seguía a mi colega. Nos sentábamos en algún bar, siempre en un rincón donde las mesas de al lado estuvieran libres. A veces nos encontrábamos también después del trabajo; pero cuando invitaba a colegas a mi casa, tenían que aparcar a un par de calles. ¡Como en una serie policiaca! Y con los años fue empeorando.»

Un hombre del departamento de Control que me contó ciertas cosas describió encuentros similares de los «conspiradores». Cuando quería hablar abiertamente, siempre se reunía con sus colegas fuera de la Bahntower; por lo general quedaban en algún bar. Casi no enviaba correos electrónicos personales a gente de la empresa, y tampoco empleaba el ordenador del despacho para las comunicaciones externas cuando se trataba de asuntos personales. Aunque no estaba prohibido. Se había evitado en lo posible una decisión interna en ese sentido, es decir, que en el trabajo las comunicaciones «privadas» se toleraban y eran algo habitual; después de todo lo que hoy sabemos, precisamente porque los responsables esperaban poder interceptar correos electrónicos personales.

También los delegados del comité de empresa, en la medida en que tenían una postura crítica, renunciaban mayormente a mantener cualquier conversación de índole privada en la central de Berlín y evitaban los ordenadores de la empresa. Es probable que, cuando se supo que durante la huelga de 2007 la dirección no sólo había escuchado ilegalmente a los miembros del sindicato de maquinistas alemanes (GDL), sino que también había interceptado mensajes del sindicato sobre los preparativos de la huelga y que los había hecho desaparecer, al GDL se le abriesen finalmente los ojos en lo que atañe al régimen de espionaje que imperaba en la Potsdamer Platz.

Caza a los críticos de la privatización

Los despidos de empleados críticos con la empresa se sucedían mientras Hartmut Mehdorn seguía adelante con su plan estratégico de sacar a bolsa los ferrocarriles y de montar una gran empresa logística a escala mundial con el dinero de los inversores. El departamento de Personal solía justificar los despidos aludiendo a mensajes de correo electrónico supuestamente redactados por los afectados: bien el contenido del mensaje era contrario a la privatización, bien el destinatario era conocido como opositor a la privatización; o, a ser posible, también un periodista.

Otros informantes me han enseñado la carta de despido que la dirección envió a un tal señor A. En dicha carta se mencionaban sólo seis «destinatarios» a los que A. había escrito y a quienes, al parecer, proporcionó material interno sobre la salida a bolsa; entre ellos, un periodista que trabaja para el *Tageszeitung*. La comunicación sobre la exclusión inmediata del servicio y, simultáneamente, la prohibición de entrar en la empresa, la firmaba Margret Suckale, entonces jefa de personal.

En el caso de A., despedido, la magistratura de Trabajo dio la razón a la empresa. Incluso lo condenaron por revelación de documentos confidenciales y tuvo que dejar DB. El señor A. cometió la torpeza de aceptar una condena judicial, y pagó. Además, en un acto de generosidad, le prometieron que no contarían nada a su mujer de la aventura que tenía con la secretaria de un miembro del consejo de dirección. Sin embargo, en el procedimiento contra el despido, la empresa presentó la condena penal, tras lo cual la magistratura rechazó la demanda.

La empresa engañó al señor A. de mala manera. Él tampoco había espiado ni revelado a nadie documentos internos ni datos privados. Tampoco se había dejado corromper, ni favoreció a terceros con dinero o encargos. Sólo cumplió con su deber de ciudadano e intentó informar a la opinión pública sobre el modo en que una empresa construida y financiada por todos nosotros durante más de cien años –es decir, con el precio de los billetes que pagamos y con nuestros impuestos, o sea, una propiedad social que era una de las joyas del Estado– iba a entregarse a inversores codiciosos, a fondos de inversión y a accionistas de todos los grandes países.

También tuve oportunidad de ver el expediente de una empleada a la que despidieron porque supuestamente también había revelado documentos confidenciales. Lo curioso es cómo cayó en el punto de mira de los agentes de DB. La dirección de la empresa no se anduvo con chiquitas a la hora de husmear debajo de su manta.

Cito de la carta de despido: «La empleada tiene en su "círculo de amistades" al señor A. Teniendo en cuenta los indicios que se mencionan a continuación, es posible deducir que mantiene una relación a todas luces más íntima de la que pretendió admitir públicamente. Con ocasión de un viaje a Zúrich con el señor A. y el señor B., un amigo común de ambos, la propia empleada reservó las habitaciones de hotel. Sin embargo, no tres habitaciones individuales, sino una habitación doble y una individual.»

Apoyándose en todo ese fisgoneo, el departamento de Personal divulgó no sólo las supuestas relaciones personales de la empleada, sino que también la hizo responsable de otros «delitos»; y por «delitos» el departamento de Personal entiende la presunta transmisión de documentos internos sobre la privatización de los ferrocarriles.

El despido salió adelante; hasta hoy no se han castigado las violaciones de la ley que lo hicieron posible ni se han depurado responsabilidades.

El deliberado efecto colateral de esos despidos, y posiblemente también el efecto principal, era intimidar a otros empleados contrarios a la privatización. Les advertían: con tal de imponer su política, la dirección no retrocederá ante ninguna mentira, ante ninguna exposición a la opinión pública ni ante ninguna extorsión, y tampoco escatimará ningún gasto. Muchos, quizá la mayoría de los altos cargos de la empresa, se manifestaron contrarios a la privatización al estilo Mehdorn, aunque sólo lo hicieran de tapadillo. Cuando se supo cómo la dirección llevaba a cabo esos despidos, apenas nadie se atrevió ya a poner en juego un empleo tan bien remunerado. «Aullar con los lobos, ésa era la consigna. Y cruzar los dedos para que la estrategia de la dirección no consiguiera su objetivo», me dice ahora un director.

La empresa sufrió una derrota en el caso de un empleado de la sección Transporte de personas-Infraestructuras al que acusaron de enviar a algunos colegas, por correo electrónico, comentarios críticos de su jefe en relación con el deficiente estado de la red ferroviaria. En ese momento, y en opinión de los responsables, tales comentarios eran un delito capital. Pues DB quería cotizar en bolsa como empresa acicalada, totalmente saneada y muy productiva, algo inimaginable si se hacían públicas, por ejemplo, todas las intervenciones que requería la red ferroviaria a consecuencia de la política de Mehdorn con su reducción de personal y sus economías.

También quisieron despedir a un empleado de Relaciones Políticas con la justificación de que había enviado por correo electrónico un mensaje crítico y de que el texto había aparecido citado en *Spiegel Online*. Esta vez la magistratura no dio la razón a la empresa, pero no porque DB hubiera espiado al empleado y ya por esa razón el despido no fuese legal, sino únicamente porque no se pudo comprobar el contacto del empleado con la revista *Spiegel*.

Sin embargo, también ese proceso, aunque perdido, cumplió su objetivo y reforzó el clima de silencio y de sumisión. De esa manera la dirección instauró en su interior un régimen sumamente antidemocrático e hipócrita con la finalidad de imponer la dudosa política de privatización en contra del conocimiento de causa de una gran parte de los empleados. Y a tal fin echó mano de todos los recursos posibles: *mobbing*, reducción al silencio, despidos, asesinatos morales, espionaje.

Asesinato moral y manipulación de datos

En la primavera de 2009 me encontré con el señor V., un ex alto cargo del departamento de Mehdorn. V. quiso presentarse como candidato a delegado del comité de empresa y adoptó una postura crítica en asuntos como la privatización y el espionaje internos. Además, en un informe de 2002 destapó un caso de soborno por parte de Deutsche Bahn AG en favor del sindicato ferroviario Transnet y de su grupo de formación.

El sindicato Transnet, especialmente después de una sangría que lo dejó sin muchos de sus miembros, se financiaba en gran parte por medio de BTB, su sociedad para formación de personal, y lo hacía con una trampa: Deutsche Bahn pagaba a los delegados de los comités de empresa seminarios excesivamente caros. Sobre esa financiación externa de Transnet el informe de 2002 dice: «Llamó la atención la diferencia de costes entre los ofertantes. Los costes de BTB, sociedad que forma parte de Transnet, eran un 33% más altos que los de seminarios comparables del GdL [el sindicato de los maquinistas alemanes].» El informe no trata otras subdivisiones del gasto total en formación (5,8 millones de euros de enero a agosto de 2001); en todo caso, podemos suponer que, vista su posición mayoritaria entre los delegados electos, Transnet fue el sindicato que recibió el encargo de organizar la mayor parte de los seminarios. Sin embargo, toda esa munificencia del consejo de dirección de DB no estaba pensada para sindicalistas conscientes y críticos. Lo que los ferrocarriles alemanes querían, y lo que consiguieron, era una dirección sindical que no sólo apoyara el rumbo de la privatización de Mehdorn, sino también que aprobase los planes de reducción de personal sin oponer resistencia.

Fueron muchos los delegados recompensados, y a Norbert Hansen, el jefe del sindicato, finalmente le asignaron el puesto de director de Trabajo, con un sueldo mucho más alto del que cobraba hasta entonces.

Y los ferrocarriles alemanes despidieron a V., también esta vez con la acusación de filtrar hacia el exterior material interno; al jefe de personal lo presentaron como cómplice del señor A., el presunto «hombre de contacto» con periodistas y otros críticos de la privatización. Cita de la orden interna para espiar al señor V., con el sello «Confidencial»: «Según la información que obra en poder del doctor Bähr [jefe de todo el departamento], los señores A. y V. eran grandes amigos. Se sospecha que, por mediación del señor A., el señor V. transmitió material confidencial a personas no autorizadas.» Como «objetivo de la investigación», la orden apunta: «Revisar, a fin de confirmar o desmentir la sospecha, los archivos de correo electrónico y los documentos del notebook del señor V.»

Las medidas de espionaje no produjeron el éxito deseado. En los expedientes se señala lacónicamente: «La sospecha no se confirmó.» En cambio, según la carta de despido, «el examen demostró que el señor V., desde su ordenador de trabajo y durante la jornada laboral, abre páginas de Internet especializadas en pornografía con animales.» Y, por si ello no bastara, durante una cantidad de horas directamente absurda: ¡cuatro horas y media por día en un gran despacho diáfano donde trabajan muchos empleados y en el que reinaba una gran presión laboral! El señor V. niega la acusación con vehemencia y da por sentado que han manipulado su ordenador. Tampoco el comité de empresa pudo apoyar la acusación del documento elaborado por el departamento de Personal, que, sin inmutarse, comunicó: «No se llevó a cabo a posteriori una manipulación de datos ni del historial, cosa que tampoco es posible.»

«Como puede imaginar, me encontraba bajo una presión monstruosa», me cuenta el señor V. «Y lo peor de todo fue que quisieron que aprobase los motivos del despido amenazándome con este comentario: "Piense que en la empresa también trabaja alguien de su familia." Se referían a mi mujer, que es empleada de los ferrocarriles desde 1986. Y tenemos dos hijos pequeños... A ella le conté todo lo que pensaban achacarme, y le estoy profundamente agradecido porque se mantuvo a mi lado desde el principio. Nos pasamos noches enteras hablando del asunto. Lo más desagradable fue el miedo a que mi mujer me dejase. Eso fue peor que los métodos repugnantes con los que el departamento de Personal quería deshacerse de mí.»

Un indicio de que V. no se equivoca cuando sospecha que hubo manipulación es el caso de la señora T., que trabaja en otra sección del departamento. Las cosas que, según ella misma ha contado, ocurrieron en su lugar de trabajo, recuerdan a una novela de ciencia ficción. El cursor del ordenador empezaba a moverse sin que ella hiciera nada; un intruso electrónico lo manipulaba a distancia. «Tuve la oportunidad de pillar al intruso in fraganti cuando se encontraba borrando un documento. Los dos nos peleamos por hacernos con el control del ratón. Pero el intruso ganó y borró el archivo.»

La señora T. sabía que ésa no era la primera vez que alguien se metía en su ordenador. Había encontrado en su PC «programas para detección de contraseñas, acceso a mensajes especiales y posibles manipulaciones de numerosos documentos de correo electrónico», y todo lo documentó por escrito. En sólo seis meses le desaparecieron del ordenador nueve archivos importantes. La señora T. se dirigió a su jefe y exigió que quitaran esos programas del ordenador.

Sin embargo, según ella misma afirma, nada cambió. Presentó denuncias ante la fiscalía de Frankfurt; los incidentes eran «ilegales y violaban mi derecho a la intimidad». Así y todo, la fiscalía puso fin a las diligencias en cuanto los ferrocarriles alemanes contrataron a Wolfgang Schaupensteiner, el fiscal de Frankfurt, como «luchador contra la corrupción».

Pero volvamos al señor V. En cuanto auditor no quería resignarse a demandar solamente a un par de responsables por los engaños millonarios que había descubierto. Quería llegar a los pisos superiores, donde estaban los que mandaban, los que encargaban que se hiciera esto o lo otro, y sin los cuales tales chanchullos habrían sido imposibles: «Todos esos millones no se podían desviar sin órdenes y sin ayuda de los de arriba. En algunos casos llegué bastante lejos en mis investigaciones. Por ejemplo, los llamados puntos *plus* de DB, salas de espera muy lujosas en pequeñas estaciones, algo absolutamente sobredimensionado, no un simple refugio para resguardarse de la lluvia y el viento. ¡O la evacuación de depósitos de balasto! Por la adjudicación del encargo se pagaban unas comisiones enormes y en los libros se asentaban unos costes excesivos. La venta de maquinaria para construcción de vías también es así, un acto delictivo.»

V. se atrevió a investigar un caso en el que un directivo de DB adjudicó contratos de asesoría millonarios a una empresa cuyo único miembro era su mujer. También se hizo impopular cuando descubrió que a la estación del aeropuerto de Frankfurt se asignaban sumas más que considerables para unas supuestas medidas de vigilancia que en realidad nunca se aplicaron. El favorecido, un político de la región, pudo construirse una bonita casa con ese dinero.

Al señor V. le ordenaron que se abstuviera de realizar nuevas investigaciones, y empezó a tener problemas muy serios cuando pidió al jefe del departamento que echase un vistazo dentro de la casa, en la esferas superiores. Y, finalmente, el despido. Por pornografía con animales.

Que despidieran a V. se corresponde con la lógica de una empresa que quiere borrar todo rastro de actividades fraudulentas en las propias filas; por el contrario, es incomprensible que la magistratura de Trabajo de Berlín hiciera caso a DB. El juez pasó por alto incluso las abiertas contradicciones que aparecían en la exposición de motivos del despido, pues en los días en que supuestamente se dedicó a sus «inclinaciones perversas» por Internet, el señor V. se encontraba, como pudo demostrarse, hospitalizado o en viaje de trabajo. Sólo eso habría bastado para descartar el despido. El señor V. solicitó que se introdujeran en el proceso los registros sobre sus presencias y ausencias en el trabajo, pero el tribunal no aceptó la solicitud y declaró procedente el despido sin más pruebas.

Sin embargo, al final la empresa renunció a despedirlo y compró con un año de sueldo el consentimiento de su molesto empleado a una «separación de común acuerdo». «Naturalmente, nada de eso era lógico», dice el señor V. «Es evidente que la jefatura de Personal temía que la instancia siguiente, la magistratura de Trabajo del *Land*, arrojase luz sobre el asunto. Pero yo no quise seguir adelante. Me repugnaba la idea de tener que volver a tragar toda esa mierda ante la segunda instancia y, posiblemente, seguir trabajando en una empresa que me había tratado tan mal. Aprobé la disolución de mi relación laboral.

Y también me alegró que el asunto no salpicara a mi familia y, sobre todo, que mi mujer conservara su puesto de trabajo.»

Que el señor V. consintiera rescindir el contrato sólo es una consecuencia lógica. El que se ve una vez manchado con la acusación de semejante aberración sexual, debe de temer que se lo siga tratando en público como a un leproso incluso después de ganar un pleito. Los ferrocarriles alemanes aplicaron también, y muy a propósito, el mismo cálculo en otros procedimientos: endosar a los empleados *non gratos* una «pérdida de confianza» y de ese modo marginarlos y hacerlos intolerables entre sus colegas.

Hoy V. trabaja en toda Alemania como auditor y consultor de empresas, y es apreciado por su insobornable sagacidad.

Pregunté a N., el ex alto cargo del despacho de dirección, si creía posible que se falsificaran los datos del ordenador de un empleado caído en desgracia. Y, si bien lo considera perfectamente posible, no cree que hubiera instrucciones concretas desde muy arriba. «En un sistema autocrático se funciona de otra manera, se crea una dinámica propia. Cuando puso como un trapo a los responsables de seguridad de la empresa, Mehdorn dijo a los esbirros de su departamento: "¡Quiero resultados!" Y ellos después pensaron qué podían hacer y entregaron las "pruebas" deseadas.»

También Ralf Skrzipietz, ex presidente del comité de empresa de la central de Berlín, fue un crítico vehemente de la planeada salida a bolsa. Skrzipietz observó numerosos intentos de manipulación en el ordenador de su despacho. Por ejemplo, una mañana encontró en su ordenador el texto de *Mi lucha,* de Hitler. Le habían borrado mensajes y, a la vez, reaparecían otros borrados muchos años antes. ¿Conduce la pista hacia la dirección? ¿O sólo hacia los responsables de seguridad de la empresa, el departamento GII, que controla la tecnología de información, al círculo de dirección *Compliance,* encargado oficialmente de controlar las normas de conducta en lo tocante a la lucha contra la corrupción? Al parecer, bajo el régimen autoritario la mala hierba creció tan a gusto; se formaron tropas internas de espionaje que pusieron febrilmente manos a la obra hasta que estuvieron en condiciones de entregar resultados. Mehdorn no quería saber exactamente cómo alcanzaban sus objetivos.

En todo caso, el presidente del comité de empresa terminó desacreditado por su crítica al proceso de privatización y al espionaje masivo de datos usados luego contra empleados de la cúpula de la empresa; finalmente lo despidieron con cuatro motivos, entre otros, por presunta violación de la confidencialidad. También en su caso la dirección de la empresa terminó anulando el despido, pero consiguió, por medio de una conciliación, alejar a uno de sus críticos más decididos: una nueva advertencia a todos los demás.

Por consiguiente, informar a la opinión pública sobre importantes cambios de agujas e incidentes de una empresa de propiedad pública pasó a considerarse «traición». Como si los ferrocarriles alemanes estuvieran en guerra contra el resto de la sociedad.

Coaccionar y silenciar

En febrero de 2009, el consejo de dirección de DB AG encargó a Herta Däubler-Gmelin (SPD), ex ministra federal de Justicia, y al ex ministro del Interior Gerhart Baum (FDP), en calidad de expertos independientes, que investigaran el escándalo de Deutsche Bahn. El informe final arroja una espantosa luz sobre la actividad cotidiana de los niveles directivos de la empresa, pero no consigue impresionar a la opinión pública. Los medios de comunicación ya se han concentrado en otros temas y muchos políticos se alegraron al ver que las aguas volvían a su cauce con la entrada en escena de Rüdiger Grube, nuevo jefe de los ferrocarriles.

Véanse a continuación algunos ejemplos de dicho informe, calificado de confidencial. A manera de introducción se dice que «los expedientes y documentos objeto de valoración se encontraban a veces en un estado lamentable» (p. 6). Y más adelante: «Las páginas no estaban numeradas. (...) Algunos archivadores estaban totalmente desordenados» (p. 147). De vez en cuando aparecen expedientes «incompletos» o manipulados a posteriori: «Hay casos particulares que demuestran que los expedientes se modificaron a posteriori...» (p. 173). Los abogados Däubler-Gmelin y Baum investigaron también un indicio que apuntaba a que el fin de semana del 7 y 8 de febrero de 2009 tuvo lugar una «amplia y organizada destrucción de expedientes». Poco antes de esa fecha se había presentado en la fiscalía general de Berlín una denuncia de empleados de la Bahntower contra Mehdorn, Schopensteiner, Bähr y otros responsables. La justificación era la siguiente: «Desde hace catorce días destruimos todos los expedientes que guardan alguna relación con el escándalo de los datos, cambiamos los discos duros y los almacenadores de datos de los ordenadores del trabajo, borramos documentos archivados y destruimos discos duros y otras memorias externas.» También son muchos los miembros de la Comisión de Transportes del Bundestag que dan por sentado que en los ferrocarriles tuvo lugar una destrucción de datos. En resumen: reconstruir lo que se destruyó es algo que hasta ahora no se ha conseguido.

Los investigadores del asunto relativo al uso indebido de datos estudian también, entre otros, el caso de Alexander Hedderich, jefe del departamento de Estrategia de la empresa, y basándose en determinados documentos demuestran que estuvo implicado, junto con otros empleados de la planta del consejo de dirección, en el procedimiento de despido contra un empleado al que DB había espiado ilegalmente. No obstante, pese a todos los esfuerzos resultó imposible demostrar que dicho empleado había revelado secretos de la empresa. El empleado ganó dos juicios contra el despido, pero luego le impidieron arbitrariamente reincorporarse a su lugar de trabajo y tampoco le asignaron tareas comparables a las que venía realizando. Hedderich y otros responsables –el presidente del consejo de dirección recibió en diversas ocasiones información sobre el «estado del proceso contra el despido», dice el informe Däubler-Gmelin y Baum (p. 174)– siguieron el consejo de un abogado de la empresa, que, tras las dos derrotas de DB en la magistratura había sugerido en una nota interna: «Suavizar la derrota en el juicio significaría asignar al demandante un lugar de trabajo que no le quita el estigma de la pérdida de confianza y que hacia el exterior también es una prueba de ese statu quo. Pues el peor de todos los finales del conflicto podría ser, por un lado, perder el juicio, y, por el otro, que en el futuro esa derrota obligase a asignarle al empleado en cuestión un lugar de trabajo.»

«A nuestro entender, estamos ante recomendaciones hechas por un empleado de DB AG que no son compatibles con los criterios de un estado de Derecho», dice al respecto el clarísimo comentario de Däubler-Gmelin y Baum en la página 174. Sin embargo, los más altos cargos de DB siguieron la mencionada sugerencia y metieron al empleado en un trastero sin teléfono ni ordenador. Su jefe se cercioró de que así se hiciera; seguidamente, el jefe de la sección de Relaciones Políticas dispuso, de común acuerdo con otros directivos: «Dejar todo como está» (p. 175). Däubler-Gmelin y Baum recomiendan que se hagan llegar al fiscal los expedientes del caso. Cuando leí en el Informe Däubler-Gmelin/Baum los comentarios al respecto, recordé inmediatamente la historia del señor T: el mismo patrón, la misma predisposición a violar la ley.

Däubler-Gmelin y Baum confirman también la sospecha que manifesté en el *ZEIT* del 23 de abril de 2009, a saber, que los empleados de DB podían entrar anónimamente en ordenadores ajenos. De hecho, cinco empleados de Seguridad y trece del departamento de Control pudieron, con ayuda de programas especiales, infiltrarse en ordenadores de otros empleados y luego borrar las huellas del ataque. Esa posibilidad «la notificó ya un joven empleado por correo electrónico, el 26 de febrero de 2008, al departamento de Seguridad. El empleado nos dijo que en ningún momento obtuvo una respuesta a su mensaje» (p. 188). Según Däubler-Gmelin/Baum, «no cabe duda de que (...) se hicieron copias a distancia de archivos informáticos» (p. 189).

A fin de apoyar la sospecha de que los responsables de la empresa espiaron no sólo el correo electrónico, sino también los discos duros de los ordenadores, puedo citar un documento fechado el 12 de junio de 2006. El remitente es el departamento de «Control y Tareas Especiales», concretamente, el «Dr. Josef Bähr».

En el texto se lee «que en el marco del programa de control para 2006, la IT/TK-Revision (GII) recibió de la dirección el encargo de estudiar la probabilidad de que los empleados de DB AG cometiesen violaciones de derechos de autor». Suena rimbombante, pero sólo se trataba de saber si los empleados se bajaban ilegalmente de Internet archivos de música o películas. A tal fin, afirma Bähr, se inspeccionaron «los discos duros fijos de los ordenadores de la empresa». Ahora bien, en DB no estaba prohibido bajarse archivos con fines personales, y hasta es posible que la dirección deseara en secreto que los empleados lo hicieran, para así justificar luego el espionaje masivo de los ordenadores.

En la citada carta, el jefe del departamento asegura que todo lo que llegue a descubrirse se borrará anónimamente y con «autorización del departamento». Mentira, y así lo confirma expresamente el Informe Däubler-Gmelin/Baum. Se registraron los discos duros, pero no se borraron los documentos encontrados; antes bien, se utilizaron para presionar al personal.

¿Adónde va este tren?

Por lo visto, a Deutsche Bahn, una empresa que quiere ser un actor a escala mundial, no le importan nada la moral y la ley, y no le interesa en absoluto el bienestar de sus empleados y tampoco poder presentar unas cuentas comprensibles y limpias. Por todo ello, los que están al corriente exigen una revisión independiente del balance. Y sin demora. Pues los miles de millones de euros de capital alemán que se desvían en el transcurso de viajes de negocios por todo el mundo, o de los recursos federales de inversiones para fines reservados, son un dato que hoy probablemente sólo conocen los malabaristas financieros de la cúpula de la empresa, sobre todo Diethelm Sack, el director de finanzas, y Alexander Hedderich, el jefe de la sección de Estrategia.

Según los especialistas críticos con la empresa, con ellos puede haber un nuevo comienzo. Ambos fueron figuras decisivas de la red de Mehdorn, pero salen fortalecidos tras los cambios que se han llevado a cabo en la plantilla tras la marcha de su antiguo jefe. Es de temer que con este equipo directivo el tren siga sin circular como es debido, sobre todo si el criterio es el interés de los clientes por un sistema de transporte puntual, frecuente, extenso y asequible. No obstante, que eso se puede conseguir a bajo precio y con eficiencia lo vienen demostrando desde hace años los ferrocarriles suizos, que comunican cada media hora el interior montañoso del país y sus ciudades con trenes puntuales, económicos y, además, cómodos. El ejemplo suizo demuestra que quien quiere, puede tener unos ferrocarriles públicos que funcionan bien.

Rüdiger Grube, el nuevo hombre de Deutsche Bahn, es también partidario de la privatización y de un «tren universal», pero así y todo ha despedido a algunos de los responsables del escándalo de espionaje. No obstante, siguen en la empresa personajes importantes, como Sack y Hedderich. Según Grube, en el caso de Hedderich no se puede demostrar que cometiese ninguna falta. «Las acusaciones contra él no se sostienen»; así aparece citado en la prensa el nuevo jefe de los ferrocarriles. ¿Son esas palabras un indicio de que, en última instancia, la red de Mehdorn ha demostrado ser más fuerte?

Lo lamentable es que hasta ahora la empresa no ha rehabilitado a los silenciados y despedidos, como piden en su informe Herta Däubler-Gmelin y Gerhart Baum. Cuadros directivos insobornables y con sólidos conocimientos, y también delegados muy cualificados del comité de empresa, siguen en el apartadero al que los han desviado. Al mismo tiempo, el delirio de globalización de DB recibe otro empujoncito. Poco antes de que Mehdorn dijese adiós a los ferrocarriles, la dirección no sólo compró al competidor polaco PCC (cinco mil ochocientos empleados) con fondos que aquí en Alemania hacen falta para el saneamiento de los ferrocarriles. Con los nuevos jefes, DB AG acordó en julio de 2009 un intercambio de acciones con los ferrocarriles nacionales rusos y, con ello, una participación cruzada, y lo hizo al margen de los políticos, los parlamentos y los clientes, que en su mayoría son contrarios a una privatización semejante.

Rüdiger Grube viajó personalmente a Moscú y no pudo menos que llevar a Mehdorn. El ex presidente del consejo de dirección, además de embolsarse cuatro millones novecientos mil euros de indemnización,[43] ha firmado un contrato de asesor de los ferrocarriles alemanes, igual que Suckale, la ex jefa de personal, y otros empleados de la red Mehdorn.

Según noticias aparecidas en la prensa,[44] por la participación cruzada con Rusia los «asesores» cobran jugosas comisiones, totalmente en el espíritu de un sistema de bonificaciones estipulado hace años que promete gratificaciones millonarias a los directivos si se hace realidad la privatización de los ferrocarriles y la salida a bolsa. El acuerdo ruso se considera un paso importante en esa dirección. Al parecer, también Rüdiger Grube participa en dicho plan de bonificación, con lo cual sigue ligado al antiguo sistema. En todo caso, hasta ahora las noticias no se han desmentido.[45]

Por esa vía será imposible abandonar, pese a ser urgente y necesario, una política ferroviaria que ha instituido hacia dentro un sistema represor, ha despreciado peligrosamente los intereses de los clientes y quiere despilfarrar en la bolsa un auténtico «patrimonio nacional» como Deutsche Bahn. Y todo para que una pequeña camarilla de directivos de los ferrocarriles y de la política se embolse unos cuantos millones.

Así y todo, Berlín parece no tener ningún interés en hacer borrón y cuenta nueva, pues entonces se correría el riesgo de que saliera a la luz la corresponsabilidad de los políticos del SPD y de CDU/CSU en la mala gestión económica, las violaciones de la ley y el delirio de la era Mehdorn con sus aspiraciones a *global player*. El gobierno prefiere echar una mano con una limpieza superficial y el despido de algunos responsables que lo hicieron demasiado mal. Aún no se ha dicho adiós a ese delirio, que dio lugar a subterfugios financieros, a acciones de *mobbing* y espionaje y al peligroso plan de ahorro en el mantenimiento de la red, de los trenes y los vagones. Ése es el verdadero escándalo, y aún no ha terminado.

P.S.: A finales de septiembre de 2009 se supo que Mehdorn ha aceptado un contrato de asesor (con un salario comparable al de un miembro del consejo de dirección) en el banco estadounidense de inversiones Morgan Stanley, que, a su vez, asesoró a Mehdorn durante años y elaboró planes y más planes para la privatización de los ferrocarriles.

POR LAS MALAS
Los abogados del terror

Los tiempos son cada vez más duros. La semana laboral de treinta y cinco horas, una reivindicación central del movimiento sindical de las décadas de 1980 y 1990, parece inalcanzable: hoy se vuelve a trabajar más de cuarenta horas por semana. Las vacaciones se suprimen por medio de acuerdos internos de empresa, se acortan o ni siquiera se conceden; la paga extra de Navidad ya no se cobra, y los que empiezan su carrera laboral lo hacen sólo con contratos temporales. Aumenta también el número de los *working poor*, es decir, de aquellos que, pese a trabajar una jornada completa, son pobres y se ven obligados a solicitar el Hartz IV. Al mismo tiempo aumenta también la duración de la vida laboral. La flexibilización y la desregulación son las consignas de los empleadores, y detrás de ellas se esconde la reducción de los derechos de los trabajadores. Así se destruyen gradualmente las conquistas de los movimientos obrero y sindical.

Y, como ocurre siempre en etapas de profundos trastornos sociales, hay un ámbito pionero en el que el desmantelamiento del edificio jurídico existente se hace avanzar con medios ilegales. En momentos así son bienvenidos los abogados que, premeditadamente y sin escrúpulos, impulsan desde arriba esa estrategia de lucha de clases y la recubren con una apariencia de legalidad. El presente capítulo trata de esos abogados y de los empresarios que los contratan.

Unos impertinentes muy competentes

«Todo empezó con una asamblea del personal que los directivos convocaron una mañana por sorpresa», me cuenta un sindicalista. «Comunicaron a todos los empleados que la asistencia era obligatoria. El primer director comunicó desde el podio que, en una ronda de negociaciones, el presidente del comité de empresa había dicho: "Me da igual que la empresa cierre." Después empezó a vociferar y a decir que se había puesto en entredicho la base comercial de la empresa y que estaban pensando en cerrar. Para terminar dijo a todos y cada uno de los empleados que tenían tiempo hasta el viernes para declarar por escrito si estaban del lado de la empresa y qué opinaban de las manifestaciones del presidente del comité. "De lo contrario nos veremos obligados a cerrar." Apenas unas horas después, los jefes invadieron los despachos con una hoja que todos tenían que firmar dejando clara su opinión. La hoja decía: "El señor Schulz [así llamaré al presidente del comité de empresa; G. W.] pone en peligro el sustento de las familias. Ya no confío en él." Pese a todo, ni un solo colega firmó, y eso que en la asamblea acababan de decir que tenían tiempo hasta el viernes para decidirse. Y a eso se atuvieron en el primer momento.»

«Competencia dentro de la transparencia», dice el eslogan publicitario de Josef Weiss Plastic GmbH.[46] La empresa, con un volumen de ventas anual de diez millones de euros, suministra puertas, ventanas, cubiertas, escaleras y material de construcción de plexiglás a constructoras aeronáuticas, fabricantes de helicópteros, empresas de automóviles y también a particulares. El ejército alemán es uno de sus clientes, y también Eurocopter, una filial de EADS, el armero de Europa. Y algunos propietarios que pueden permitírselo se han hecho construir por la sociedad limitada con base en Hofolding (Múnich) y dependencias en la República Checa y el Canadá, la escalera de caracol transparente que comunica el dormitorio con la piscina de la planta baja.

Sin embargo, poco tiene que ver con la transparencia la campaña de *mobbing* contra el comité de empresa que concibieron los dos directores, que, junto con sus respectivas, también son socios de Josef Weiss Plastic. En 2004 la dirección tuvo que aceptar la creación del comité, el primero en la historia de esta empresa fundada en 1949. En su calidad de representante legal de los trabajadores, este órgano debe ocuparse, entre otras cosas, de que a la hora de confeccionar el horario y programar las horas extras, de decidir traslados o preparar el plan de vacaciones, se tengan en cuenta los intereses de aquellos a quienes representan.

El personal de Josef Weiss, formado por unos ciento ochenta empleados, había elegido a un comité de siete miembros precisamente porque hasta entonces nunca se había hecho. A los dueños de la fábrica no les gustó nada, y las desavenencias no tardaron en llegar. El primer director se niega desde hace años a negociar con el comité y envía a las reuniones a su representante.

En el verano de 2009, la empresa contrató a Helmut Naujoks, un abogado de Düsseldorf que tiene su bufete en un edificio suntuoso, cerca de la Königsallee, y que en sus tarjetas de visita firma pomposamente como «abogado europeo». En el ramo se lo conoce como hombre para el trabajo sucio. Según el sindicato competente, desde entonces Naujoks ha lanzado sobre el comité de empresa una campaña sistemática de *mobbing* que recuerda un guión cinematográfico.

El miércoles siguiente a la mencionada asamblea volvieron a convocar a todos los empleados. La dirección comunicó que Schulz, el presidente del comité, había dicho que las palabras que se le atribuían no eran suyas. Es decir, que le había achacado la mentira a él, con lo cual Schulz se enemistó definitivamente con la dirección.

Un procedimiento absurdo: a la empresa no la amenazaba ninguna clase de infortunio; prosperaba, se expandía y acababa de abrir la sucursal canadiense. ¿Por qué, entonces, se sacaron ese conflicto de la manga? Son muchos los empleados que sospechan que la empresa quería tener las manos libres con vistas a las reestructuraciones, traslados, reducciones salariales o prolongaciones de la jornada laboral y así poder llevar a cabo cuanto antes la ampliación prevista. Por lo visto, los responsables querían volver a los «buenos viejos tiempos», cuando en la política de personal se podía hacer y deshacer sin que nadie interviniese o sin tener que oír siquiera a los representantes de los trabajadores.

Por consiguiente, el comité era el obstáculo que había que eliminar: un paso difícil, pues la formación de un comité de empresa está garantizada por ley, concretamente por la *Betriebsverfassungsgesetz*. Y el que «impide o altera» el funcionamiento de los comités debe —en todo caso, según la ley— contar con una pena de prisión o una sanción económica.[47] Pero, al fin y al cabo, ¿para qué están los especialistas?

Hace años que Helmut Naujoks viene desarrollando su actividad tanto en el este como en el oeste de la República. Por donde pasa deja «tierra quemada», personas destrozadas y, a menudo, traumatizadas para el resto de su vida. Naujoks también organiza seminarios. Uno de los temas: «¡Protección especial para el despido de delegados del comité de empresa y cómo es posible "esquivar el bulto" con éxito!» El abogado promociona así otro seminario: «Les explicaré con todo detalle un caso que he llevado personalmente y que terminó con la renuncia de un comité de empresa de quince miembros.» Los participantes en el seminario, invitados por el módico precio de novecientos noventa y cinco euros (más IVA) al Dorint Hotel (Mannheim y Hannover), al Frankfurter Hof (Frankfurt), al Maritim Hotel (Colonia) o al Le

Meridien (Stuttgart), aprenden, entre otras cosas, a hacer frente a la «política de bloqueo de un comité de empresa».[48]

Pero ¿qué es política de bloqueo? Al respecto Naujoks cita una sentencia de una magistratura de Trabajo que él hace suya y reinterpreta, intercalando encabezamientos, en algo que podría definirse como hoja de ruta para un eficaz *mobbing* empresarial: «A diferencia de los factores que determinan la vida laboral, cada vez menos duraderos, el derecho al despido protege la estabilidad de la relación laboral. Muchas veces, el procedimiento vinculado con la imposición de despidos bloquea, desde el punto de vista del empleador, la adaptación fluida de las estructuras de empleo a los requisitos de la economía.»[49] Con vistas a deshacer dichos «bloqueos», Naujoks ataca las leyes que protegen contra el despido y otras disposiciones favorables a los trabajadores. Y si hay un delegado que se defiende contra las estrategias que apuntan a pasar por alto la ley, ese delegado es un «bloqueador» que tiene que irse.

Hay varios métodos de *mobbing* que han demostrado ser eficaces; me refiero básicamente a todo el repertorio de ninguneos con el que se veja psíquicamente a una persona o se la fuerza al aislamiento y a darse por vencida. Naujoks ha publicado un libro titulado *Despedir a los «indespedibles». Asesoría jurídica para casos de despido difíciles*. En el punto de mira, los empleados protegidos por leyes especiales contra el exceso de arbitrariedad empresarial: discapacitados graves, mujeres embarazadas, enfermos y delegados del comité de empresa. En la página 154 de su libro, Naujoks consigna lacónicamente la citada sentencia de la magistratura de Trabajo: «Si el empleador dirige el *mobbing* empresarial, por regla general su intención es llevar al trabajador, con métodos poco limpios, a que haga dejación de su puesto de trabajo.»[50]

En el caso de un delegado que goza de la confianza de los colegas, eso, naturalmente, no es tan sencillo. Primero hay que aislarlo; por ejemplo, denunciándolo como destructor de puestos de trabajo. Afirmando que el comité es responsable de despidos, supuestos o reales, se consigue poner al personal en contra de sus representantes.

Sin embargo, en Josef Weiss Plastic GmbH los empleados no reaccionaron con el entusiasmo esperado a la intimación del empleador, que pedía que renegasen del presidente del comité. Nadie se sumó a la recogida de firmas («El señor Schulz pone en peligro el sustento de las familias. Ya no confío en él»). Hubo incluso un empleado que se atrevió, durante la segunda asamblea, a formular una pregunta tabú, a saber, si el señor Schulz había dicho de verdad la frase que le atribuían. Y hete aquí que el director se vio obligado a admitir que las cosas no habían ocurrido tal cual las habían contado.

Así y todo, al día siguiente colgaban por toda la empresa folios firmados por un grupo nefasto («Pro Firma»), que decían: «¡Señor Schulz, avergüéncese!». Ahora bien, de qué debía avergonzarse el presidente del comité fue algo que en ese momento no se pudo explicar a ni un solo empleado. ¡Si habían desmentido la supuesta frase ante toda la plantilla y habían rectificado! El comité pidió un auto de resolución provisional para prohibir que la empresa crease un clima de intranquilidad con carteles y recogidas de firmas.

El miércoles de la semana siguiente (el viernes pasó sin que la dirección pudiese reunir las declaraciones de distanciamiento que había pedido) tuvo lugar la vista oral. Helmut Naujoks, un hombre de unos cuarenta y cinco años, un metro noventa de estatura y aspecto imponente, entró en escena con mucha arrogancia. Acostumbrado a ganar, gesticulaba con los brazos bajo la toga negra y se dirigía a los jueces con la fórmula «este alto tribunal», cuando, en realidad, estaba ante un puro y simple tribunal de trabajo. Pero al abogado de Düsseldorf le encantan esas poses, copiadas, posiblemente, de las series de abogados norteamericanas y que quizá impresionan a sus mandantes («yo sólo defiendo sus intereses como empleador»).[51]

Sin embargo, a la jueza de la magistratura de Trabajo de Münster toda esa comedia la puso nerviosa, y dejó bien claro lo siguiente: «Así no.» Seguidamente formuló una conciliación en virtud de la cual la empresa se obligaba a retirar, a la mañana siguiente, todos los panfletos y carteles en cuestión, contrarios al presidente del comité.

Y la empresa lo hizo. No obstante, las nuevas medidas se volvieron tanto más pérfidas. Apareció una octavilla anónima: la conciliación no había aclarado nada, los puestos de trabajo seguían sin estar asegurados. Dos días más tarde, un «colega normal» firmó una densa octavilla de tres páginas que repartió entre los empleados. Eran tres páginas salpicadas de insultos que culminaban acusando al presidente del comité de ser el cerebro de todos los conflictos. Y el «normal» lo hizo únicamente porque quería irse de la empresa y obtener, por ese astuto método, la indemnización más alta posible.

El lunes la farsa se convirtió en un espectáculo grotesco. Los diez jefes de sección organizaron, junto con ocho empleados, un «piquete» en el recinto de Josef Weiss Plastic y exigieron al presidente del comité que hablase de una vez por todas con los directores. Una disparate total, pues el primer gerente llevaba años negándose a hablar con él. Así y todo, unos días después dijo que estaba dispuesto a reunirse con Schulz.

El presidente del comité reaccionó entre satisfecho y sorprendido, y se dirigió a la reunión flanqueado por todos los delegados. Camino del despacho del jefe, Naujoks detuvo a los siete hombres antes de que llegaran y canceló la reunión: a la dirección le habían contado que hacía tiempo que el presidente quería dejar la empresa y que sólo estaba interesado en cobrar una jugosa indemnización.

Ya habían propagado el rumor a propósito por toda la empresa, pero al personal esa «información» le olió demasiado mal, como una bomba fétida lanzada desde la planta de la dirección. Frente al comité, al que quería convencer para que se disolviera de común acuerdo, el propio Naujoks afirmó que Schulz había dicho que quería destruir la empresa con todos los medios a su alcance.

Ni siquiera esa intriga evitó que Naujoks se quedara con un palmo de narices. Con todo, el abogado no pensaba darse por vencido así como así. Pese a lo ridículo y transparente de sus intervenciones, su plan es siempre a largo plazo, y la intención es alcanzar el objetivo utilizando métodos cada vez más brutales.

«El curso del *mobbing*», cita, en su libro, de la mencionada sentencia de la magistratura provincial de Trabajo de Turingia, «suele caracterizarse por un aumento cuantitativo y cualitativo de la presión que se ejerce sobre la víctima. Si no se puede llegar a un acuerdo después de establecer las causas del conflicto, por regla general las medidas se intensifican; limitadas en un primer momento a bajezas e insolencias puntuales, luego se acumulan de manera tal que la víctima queda expuesta a un auténtico terror psicológico.» Tras esta descripción del proceso de *mobbing* «profesional», Naujoks detalla, citando otra vez la misma sentencia, las consecuencias para la víctima: «Si la duración se prolonga, normalmente se produce un empeoramiento de la salud psíquica y física, que, por insomnio, agotamiento, trastornos psicosomáticos, depresiones, miedos traumáticos y serios trastornos físicos, en casos individuales pueden llevar al suicidio o a tentativas de suicidio.»[52]

Como si Naujoks lo hubiera copiado de ese guión, acto seguido tuvo lugar un nuevo ataque al presidente del comité en su entorno privado. El médico le había dado a Schulz unos días de baja. El segundo día por la mañana sonó el timbre en su casa. Schulz vivía en un edificio de varios pisos y no esperaba visitas; el cartero ya había pasado. Se asomó al balcón y miró a la calle, a ver qué pasaba en la puerta del edificio. Vio a dos hombres jóvenes, les hizo fotos y luego bajó a toda prisa. En la puerta sorprendió a uno de los hombres, que se disculpó diciendo que quería entregar algo a un tal señor Schneider, pero que éste no se encontraba en casa. Y que por eso llamó al timbre de Schulz. Seguidamente éste habló con Schneider, el vecino, que le dijo que el timbre de su casa no había parado de sonar en toda la mañana. Schulz llamó a la policía y relató el incidente. Los agentes se tomaron la cosa en serio y levantaron un atestado. Seguidamente Schulz colgó en la entrada un letrero en el que señalaba a los vecinos la posibilidad de que unos desconocidos intentaran entrar en el edificio. Un día después, otro vecino le avisó que al día siguiente al incidente dos hombres habían preguntado por él. Habían bajado al aparcamiento del sótano para meter algo en el coche de Schulz y, cuando él los vio y se dirigió a ellos, huyeron a toda prisa.

Una colega del sindicato, que me informó sobre este episodio, conoce también más casos: algunos jefes de la empresa que cooperan con Naujoks contratan regularmente a agencias de detectives para que espíen el entorno privado de sus víctimas, cosa que han de hacer, por así decir, de una manera llamativamente poco llamativa, con el fin de que esas personas no tengan tranquilidad ni espacio de reflexión, ni puedan vivir como ellas mismas dispongan. «Estamos siempre ahí, siempre listos, podemos dar el golpe en cualquier momento», dice el mensaje de los *mobbers* fuera del lugar de trabajo, cuando intervienen en el entorno privado.

En Hofolding el conflicto aún no ha terminado. Naujoks ha esbozado su estrategia para que dure meses y años. Él siempre ha tenido «éxito»; por ejemplo, en Kabel BW, una ex filial de Telekom ahora en manos privadas, con sede central en Heidelberg y dependencias en Ludwigsburg, Reutlingen y otras ciudades del *Land* de Baden-Wurtemberg.

Procesar hasta agotar

«El jefe de personal de Kabel BW llegó a intentar despedirme con una "declaración jurada" falsa. Hacía seis meses que la fiscalía de Heidelberg había abierto las diligencias contra él. Lamentablemente, el proceso se cerró después de que nos fuéramos, pero seis meses más tarde, cuando ya hacía tiempo que me había ido de la empresa, me llamó por teléfono y me dijo que, a pesar de lo ocurrido, estábamos en el mismo bote.» Roland Renger sacude la cabeza ante tanta desfachatez. «Naturalmente», añade tras detenerse un momento a reflexionar, «podría ser que de pronto tuviese algo parecido a la mala conciencia. El jefe de personal era especialista del ejército alemán en lucha cuerpo a cuerpo. Es posible que se diera cuenta de que había llevado su profesión militar a la vida civil.»

El soldado profesional ya trabajaba en Kabel BW cuando, en enero de 2003, Georg Hofer se hizo cargo de la dirección. A Naujoks lo contrataron después de que Hofer enseñara los dientes a Roland Renger, Rita Regenfelder y todo el comité de empresa.

«El director», dice Rita Regenfelder, que entonces era vicepresidenta del comité, «se volvió loco cuando vio lo comprometidos que trabajábamos. Nosotros colaboramos desde el principio en el desarrollo de la empresa. El 80% estábamos afiliados al sindicato ver.di, y el comité luchaba día y noche para que se salvaguardaran los intereses de los colegas. Y les dimos alguna que otra alegría, por supuesto.» Rita ríe y cuenta que habían regalado a todos los colegas tazas de café con la inscripción ver.di, unas tazas que después pudieron verse en las mesas de todos los despachos. Un día, Hofer, encolerizado, ordenó al personal de limpieza que retirase y guardase todas esas tazas.

Ese incidente constituyó una excepción en el sentido de que no llegó a los tribunales: sencillamente porque ya había demasiados procesos abiertos y pendientes de resolución. En Heidelberg y Mannheim los jueces ya estaban ocupados sobremanera con Kabel BW; sólo el juez de Trabajo Theodor Thewes tuvo que dedicarse a unos cien procedimientos en los años en que la empresa coaccionó al comité. Desde 1999, cuando se separó de Telekom, Kabel BW fue objeto de sucesivas ventas, y a los nuevos propietarios –sociedades financieras, fondos de inversión– no les interesaba nada que, en una empresa de quinientos empleados, un comité elegido por el personal hiciera valer derechos de codecisión –concedidos por ley– en todo lo tocante a despidos, traslados y horas extras.

Con la entrada en escena de Georg Hofer, el ataque a los intereses de los trabajadores se intensificó; ya en la primera asamblea el nuevo director quiso echar de la sala a la secretaria competente de ver.di. «En mi empresa no toleraré la presencia de sindicatos», dijo, muy acalorado, y aconsejó al comité que se separase del sindicato. ¿Acaso él llevaba a la asamblea al representante de la unión de empleadores?

«Para Hofer ése fue el pistoletazo de salida de una guerra de años contra nosotros», dice Roland Renger. «Nosotros teníamos claro que el hombre aún tenía mucho que aprender. Conceptos como convenio colectivo del sector o convenio colectivo interno, acuerdos de empresa o derecho de formación de comités de empresa (...) todo le sonaba a chino. Teníamos la impresión de que ahí lo único que interesaba era maximizar las ganancias, y someter y explotar incluso a "sus empleados". Y, por encima de todo, el poder personal. Lo primero que hizo fue insinuar a sesenta trabajadores que en adelante se mantuvieran alejados de las asambleas de personal. Esa intimación dio lugar al primer procedimiento ante la magistratura de Trabajo contra los nuevos propietarios.»

Se ganaron todos los procedimientos judiciales motivados por faltas de la empresa: por ejemplo, no remitir al comité las decisiones sobre traslados, horas extras, etcétera, que requerían decisión conjunta. Con instancias y más instancias y expedientes de miles de páginas, de su abogado o del tribunal, el empleador apartó al comité de su verdadero trabajo y así lo desmoralizó. A Naujoks le encantaba presentar instancias de varios cientos de páginas que parecían fusiladas o hechas con fragmentos de textos sacados del ordenador por el método del recorta y pega. A todo ello hay que sumarle hostilidades montadas a propósito. Por ejemplo, la dirección confiscó los ordenadores portátiles de Roland Renger y Rita Regenfelder. Es cierto que ambos consiguieron que se dictara un auto de resolución provisional y recuperaron los ordenadores, pero ese procedimiento también llevó mucho tiempo. Y muchos nervios. La empresa los agobió con amonestaciones y despidos por supuesta «revelación de secretos» o por «vulneración de la colaboración en un marco de confianza». Y así fueron llegando, en dos años, demanda tras demanda y amonestación tras amonestación.

Os apoyamos de todo corazón

«A medida que la situación fue agravándose, también se vio afectada la buena relación entre los colegas. Habíamos formado una verdadera comunidad, habíamos contribuido a consolidar la empresa paso a paso. Después nuestros compañeros empezaron a pasar rápidamente a nuestro lado y ya no nos miraban. Más adelante llegó un mensaje por correo electrónico: "Por favor, disculpa. Yo no me atrevo, pero os apoyamos de todo corazón."» Rita Regenfelder lo cuenta sin rencor, pues sabe que esas cartas eran sinceras. «Nos encontrábamos con los colegas en áreas de descanso de la autopista, lo más lejos posible de la empresa; sólo nos comunicábamos por el teléfono privado. Tampoco venía ya nadie al despacho del comité, que siempre estaba abierto. La dirección propagó la angustia y el terror; presionó a los colegas en conversaciones personales para que se alejaran de nosotros. Al que pillaban hablando con nosotros lo ponían en la lista negra. A una de mis colegas la citaron en el despacho del jefe porque se había sentado conmigo en la cantina y habíamos charlado y reído. ¡Le dijeron que dejase de relacionarse conmigo inmediatamente o de lo contrario sufriría las consecuencias!

»A algunos llegaron a ir a verlos a casa para intimidarlos. Recuerdo que a un colega lo llamó el jefe de su equipo, lo hizo salir de su casa y le dijo que lo acompañara: "Ahí en el coche está el jefe. Quiere hablar contigo." Y le indicó el camino vecinal en el límite del pueblo, donde estaba el coche. Indignado, mi colega dijo que todo eso le recordaba a los métodos de antes, cosas que le había contado su abuelo. Y lo despidieron porque supuestamente había comparado a su jefe con los nazis.

»Como es natural, tomábamos todas las precauciones posibles. Cada mensaje que recibías te hacía meditar profundamente, te pensabas cada palabra. Y si esto llega a quien no debe llegar, ¿cuáles pueden ser las consecuencias? Estabas siempre en la rueda del hámster, los siete días de la semana. Si no hubiéramos tenido apoyos, nos habrían despedido incluso antes.

»Lo peor de todo fue que quisieron hacernos responsables de la muerte de un joven colega que había fallecido durante las vacaciones. Hicieron correr el rumor de que estaba agotado por exceso de trabajo y que nosotros teníamos la culpa por haber bloqueado nuevas contrataciones, pero el asunto tenía un trasfondo muy distinto: la empresa quería despedir a un antiguo colega por cada nuevo empleado que contrataba, en la mayoría de los casos más joven y peor pagado. El número de trabajadores de la empresa ya estaba casi cubierto. ¡Por lo tanto, no habríamos podido ayudar en nada a ese joven! Lo que nos interesaba era ampliar el número de empleados, pero la dirección se negaba.

»En esos días me repetía una y otra vez para mis adentros: "No estoy loca, la normal soy yo." Tardamos mucho en comprender que el único objetivo del adversario era liquidarnos, echarnos a la calle. Casi hasta el final estuve convencida de que saldríamos adelante, y aguanté estoicamente cada acusación, cada carta, cada reproche, por disparatados que fuesen. Como es lógico, ya no me quedaba tiempo para la familia ni para los amigos. A las cinco y media de la mañana ya estaba en la autopista, camino del trabajo, y volvía a las ocho de la noche, pero ahí no terminaba la cosa. Yo seguía trabajando en mi ordenador, hablando por teléfono con colegas con los que todavía se podía hablar sin tapujos. Todo giraba alrededor de la empresa. En realidad, yo por lo menos tenía una "salida"; cuando no po-

> día más, me iba al parvulario y me quedaba allí medio día jugando con los niños. ¡Allí podía estar con personas sin necesidad de ocultarme! Antes hacía teatro infantil, pero, por supuesto, en eso ya no podía pensar.
> »El terror psicológico invadió mi vida privada. Pese a contar con el enorme apoyo de mi familia, mi matrimonio no resistió tanto estrés cotidiano. Creo que ése fue también un efecto colateral, absolutamente deliberado, de la estrategia de Naujoks.»

«El presidente del ente de conciliación, el juez de trabajo al que se convoca cuando el comité de empresa y el empleador no llegan a un acuerdo en un asunto que requiere la codecisión, nos advirtió en una de esas incontables vistas: "En la calle no reaccionen aunque los insulten, no se detengan y sigan caminando. Pero les aconsejo que no vayan a ningún aparcamiento subterráneo." Tenía la sensación de estar en una película. ¡Todo eso era una locura!» A Rita Regenfelder no la amenazaron nunca con un arma ni la atacaron físicamente, pero sí al presidente del comité de empresa de Doppstadt Calbe GmbH, cerca de Magdeburgo. Último episodio de una serie increíble sobre *mobbing*: le molieron a palos en la empresa.

En Kabel BW la violencia psicológica contra el comité de empresa y algunos miembros del personal afectó a tantos empleados, que aquí sólo puedo contar unos pocos casos. Por ejemplo, las cartas de los sábados. «Así fue como las bautizamos», cuenta Rita Regenfelder, «porque las traía un mensajero los sábados por la mañana, antes de las nueve. Formaban parte de las tácticas de Kabel BW, cartas con amenazas, despidos y amonestaciones, pero, en lugar de entregarlas a los destinatarios en la empresa, se las enviaban a su domicilio por mensajero, y los sábados, para que la recibiera ante toda la familia. Así la empresa se aseguraba –y eso formaba parte del cálculo– de que la mujer o la pareja también se enterara de ese intento de intimidación y de que el interesado no pudiera proteger a los suyos de los ataques del empleador y arreglara el problema él solo, entre colegas y con el sindicato. Con esas cartas te arruinaban el fin de semana, claro.»

Cuando se anunció, una vez más, el despido de los delegados del comité, el viernes recibieron una advertencia de colegas que sabían que una de las delegadas estaba embarazada. Rita Regenfelder la llamó en el acto y le dijo que al día siguiente recibiría algo desagradable y que, por favor, no se pusiera nerviosa. «Cuando, a la mañana siguiente, recibió la carta de despido, sólo pudo llorar. Tuvo dolores prematuros y se vio obligada a ir a la clínica. El despido de una delegada del comité, que, encima, estaba embarazada, fue totalmente ilegal, por supuesto; la dirección de la empresa lo sabía perfectamente, pero con esa táctica de desmoralización consiguió su objetivo.»

El marido de Rita Regenfelder recibía llamadas anónimas. Le decían que su mujer tenía una aventura y que si no sabía nada. «Mi marido no cayó en la trampa», dice Rita. La vicepresidenta también recibió llamadas anónimas en los momentos más álgidos del conflicto. «Llegué a recibir hasta treinta llamadas en un solo día, a última hora de la tarde y por la noche. Cuando yo contestaba, colgaban. Era terrorismo contra toda la familia. Mi marido también es miembro activo de un comité de empresa, pero hasta a él se le volvió insoportable. Me pidió que mandase todo al cuerno.»

A Rita Regenfelder la vigilaron y le sacaron fotos en su tiempo libre. A Roland Renger un coche lo seguía a todas horas. «La seguridad ya no existía», recuerda hoy Rita; «sabes que están por todas partes y ya no te sientes seguro ni un solo minuto.»

En el caso de Roland Renger trabajaron con la típica difamación, diciendo que actuaba por interés propio y que así, sin escrúpulos, ponía en peligro los puestos de trabajo de sus colegas. Rita Regenfelder cuenta: «En una reunión de trabajo Hofer dijo a los colegas en nuestra presencia: "Sé que en mi empresa se trabaja duro. Aquí sólo hay dos parásitos, y los voy a eliminar."»

Después demandaron a Renger por daños y perjuicios; adujeron que la empresa tenía unas pérdidas de un millón trescientos mil euros porque Renger había criticado a Kabel BW por televisión y que por ese motivo algunos clientes se habían dado de baja y había sido necesario lanzar costosas campañas publicitarias. También en esta demanda la empresa fracasó ante el tribunal; pero el presidente del comité pasó muchas noches de insomnio viéndose ya cargando con onerosas deudas durante el resto de su vida.

El comité de empresa siguió unido. La dirección intentó, aún con más fuerza que antes, presionar y despedir a otros sindicalistas activos que no gozaban de la protección contra el despido por no ser delegados del comité; también decidió reestructurar secciones enteras y deslocalizarlas.

El conflicto siguió agudizándose cuando la empresa pretendió instalar un nuevo programa de contabilidad con el que también podía controlar las comunicaciones por correo electrónico del personal. El comité rechazó la medida y convocó al ente de conciliación. La dirección de la empresa lanzó un ultimátum: el nuevo equipo tenía que empezar a funcionar al día siguiente; de lo contrario, Kabel BW cerraría. Y el personal recibió este aviso: «El comité quiere llevarnos a la quiebra.»

«Después todos los delegados recibimos el despido, por daños a la empresa», cuenta Rita Regenfelder. «Incluso antes de que tuviéramos la carta de despido en la mano, se envió por correo electrónico una circular a todos los colegas comunicando que habían despedido a los delegados. Además, nos amenazaron con una demanda por daños y perjuicios; la dirección pensaba perseguirnos jurídicamente por actividad destructiva.»

Desde el punto de vista jurídico, eso tampoco se sostenía; pero, tras esa última embestida, el presidente del comité se derrumbó. «Fue sencillamente demasiado, un *burn-out* con todas las de la ley», dice hoy Roland Renger. En octubre de 2005, tras cuarenta años de trabajar en Correos y Telekom, enfermó y dejó Kabel BW. «Mi médico me dijo que si seguía así otro año, tendría un infarto o una embolia. Yo ya no podía más.» Exactamente como lo cuenta Naujoks en su libro: «Si la duración se prolonga, normalmente se produce el empeoramiento de la salud psíquica y física, que, por insomnio, agotamiento, trastornos psicosomáticos, depresiones, miedos traumáticos y serios trastornos físicos, en casos individuales pueden llevar al suicidio o a tentativas de suicidio.»

Renger no era un candidato al suicidio, pero en los últimos meses, antes de marcharse, sólo dormía dos o tres horas por noche. Después de decir adiós a Kabel BW, pasó varias semanas enfermo; luego trabajó una temporada en Telekom y volvió a enfermar. «Ya no registraba nada, era incapaz de leer el periódico, no conseguía concentrarme en nada. Pensé que tenía algo físico, pero sólo era agotamiento psíquico con repercusiones físicas.» Rita Regenfelder, la vicepresidenta, dejó la empresa en esas mismas fechas «por motivos de salud».

La táctica de la dirección, consistente en acosar e intimidar a los empleados, aterrorizar al comité de empresa e implicarlo en un sinnúmero de procesos llevados por varios bufetes de abogados contratados por la empresa, cumplió su objetivo. Según informó la dirección de Kabel BW en varias asambleas del personal, habían pagado setecientos mil euros.

Desde entonces, Naujoks, en su página de Internet[53] y en sus «seminarios prácticos», presenta como una «victoria» el terror psicológico que empleó en Kabel BW. Una victoria obtenida con métodos tan brutales como los que utilizó en Calbe an der Saale.

Por las malas

«Practicar la unidad alemana», dice el eslogan publicitario de Johann Doppstadt y familia, empresarios de Calbe, cerca de

Magdeburgo. Doppstadt Calbe, fabricante de máquinas de desguace, tiene su casa central en Velbert (Sauerland), y ha funcionado «siempre sin comité de empresa», según proclama orgulloso el patriarca.

En el anexo de Sajonia-Anhalt, el miedo forma parte de la vida cotidiana. En la región del Saal, el índice de desempleo es del 15 %, y los salarios son bajos. De los cuatrocientos sesenta empleados de Doppstadt, ciento treinta son subcontratados, es decir, casi el 30 % de la plantilla, gente con contrato temporal, peor pagada y con un empleo más precario. Son los parachoques coyunturales, y el que quiere seguir en la empresa o que lo hagan fijo, tiene que trabajar duro y, al mismo tiempo, bajar la cabeza.

El juego con el miedo a perder el puesto de trabajo, perfectamente escenificado, fue el recurso decisivo de Doppstadt y de sus muchos abogados, entre ellos Helmut Naujoks. Al final la empresa contrató al bufete Prinz Neidhart Engelschall, de Hamburgo, especializado en medios de comunicación, y a una agencia, también de Hamburgo, para optimizar el trabajo de prensa. En las elecciones de 2006, el comité de empresa, elegido en 2002 por todo el personal, y todavía con gran unanimidad interna, se dividió en una mayoría orientada hacia el sindicato IG Metall y una minoría cercana al empleador; en 2009 terminó completamente postrado.

El drama de Doppstadt tiene cuatro actos. El primero empezó cuando la empresa pidió a los empleados que aprobasen una reducción salarial importante en contratos de trabajo individuales no acordados por convenio. Los trabajadores debían renunciar, primero, a la paga de Navidad, y luego a la de vacaciones: en total, 1,3 meses de sueldo. El comité de empresa e IG Metall rechazaron la propuesta. Acto seguido, la nueva dirección, reunida en Doppstadt en 2002, comenzó a mantener conversaciones individuales, y algunas llegaron ser muy personales. Por ejemplo, a un obrero le preguntaron si estaba seguro de que en el futuro podría hacer frente a sus obligaciones familiares en caso de perder el puesto de trabajo. A otro le recordaron las deudas que había contraído para renovar su casa, y a un tercero: usted todavía no ha terminado de pagar el coche, ¿verdad?

Sin embargo, la firma de los nuevos contratos –con la renuncia a las pagas de Navidad y de vacaciones, hasta entonces garantizadas por el convenio interno– no se perfiló de manera precisamente fluida. Ciento noventa empleados se quejaron de las reducciones, y la dirección necesitó cinco, seis y hasta diez «citaciones» para convencer a más de uno. Las amenazas a los que decían que no –la posible pérdida del puesto de trabajo– poco a poco comenzaron a surtir efecto. El director y su apoderada consiguieron que el número de contratos individuales aumentara; al mismo tiempo, eran cada vez más los colegas que retiraban las demandas presentadas ante la magistratura de Trabajo. Con todo, cuarenta empleados siguieron adelante y la magistratura les dio la razón: la empresa tenía que seguir pagándoles las vacaciones y la paga extra de Navidad.

Pronto se vio con claridad que no era la supervivencia de la empresa lo que estaba en juego, sino que sólo se trataba de un cambio de rumbo en la política empresarial. Pues la crisis pasó rápido y en 2006 Doppstadt tuvo unos beneficios de cuatro millones doscientos mil euros; además, de 2004 a 2008 triplicó el volumen de ventas. A pesar de ello, aún siguen en vigencia los contratos individuales firmados en aquellos días. Por otra parte, en el nuevo periodo de prosperidad, y pese a la mejora de las cifras de negocios, se intensificaron las medidas de *mobbing* contra empleados y delegados del comité que llevaban años en la empresa y que no estaban dispuestos a renunciar a los derechos que les otorgaba el convenio colectivo.

A los delegados del comité ya casi no les notificaron los procedimientos que requerían la codecisión. En cambio, sobre ocho de ellos cayó una denuncia por una declaración jurada presuntamente falsa. El comité, a fin de hacer frente a la estrategia de aislamiento, había intentado conseguir, ante la magistratura de Trabajo de Magdeburgo y por medio de un auto de resolución provisional, que les entregasen los nuevos contratos de trabajo. En las declaraciones juradas se decía, entre otras cosas, que los delegados sabían que la dirección de la empresa presionaba, e incluso obligaba, a los trabajadores a que firmasen dichos contratos. Las denuncias se centraron en esa afirmación y obtuvieron el éxito deseado, pues los afectados se asustaron. Con la anterior dirección, un ataque de esas características habría sido impensable; antes todo se solucionaba de común acuerdo y por vías pacíficas. La magistratura no tramitó las denuncias contra los delegados del comité; el único objetivo de esas medidas era sembrar el miedo.

Los empleados aún no saben a ciencia cierta si en ese momento ya había entrado en escena Helmut Naujoks o algún otro abogado del empleador. Sin embargo, cuando se enteraron de lo que tramaba la dirección de Kabel BW –un comportamiento del que el sindicato ver.di ya había avisado por primera vez en 2005–, exclamaron: «¡Igual que en nuestra empresa!» Sin embargo, a más tardar a principios de 2008, es decir, en el momento en que Naujoks apareció en la magistratura de Trabajo de Magdeburgo con el procedimiento de destitución de los delegados del comité, ya se sabía con toda certeza que el «hombre para el trabajo sucio» llevaba tiempo al servicio de Doppstadt.

Después vinieron las elecciones al comité de empresa. Contra dos listas afines al sindicato se presentó una tercera, con un programa completamente opuesto. Su nombre: «El futuro de Johann Doppstadt», y estaba formada por algunos de los primeros en firmar los contratos individuales, gente que, a manera de recompensa, había conseguido algunos puestos de categoría inferior. Como era de esperar, se desencadenaron violentos enfrentamientos personales y hasta llegaron a enemistarse entre sí algunos familiares. Pues el argumento de la dirección, en el sentido de que sólo si el personal renunciaba a ciertos beneficios podían ellos asegurar los puestos de trabajo, había convertido a los que se dejaron convencer en una comunidad de conspiradores enfrentada a los sindicalistas en un clima de hostilidad cada vez más abierta.

La lista «El futuro de Johann Doppstadt» consiguió cuatro de los nueve puestos del nuevo comité; aunque puede considerarse un éxito de la empresa, no obtuvo la mayoría. Así pues, al nuevo comité, de orientación sindical, siguieron poniéndole obstáculos, y por cada actuación que requería la codecisión, los sindicalistas tenían que recurrir a la magistratura. Los procesos fueron incontables, y costaban nervios, tiempo y, por supuesto, mucho dinero. Por si fuera poco, la empresa acusó a los delegados de despilfarro. La dirección empezó a proyectar con un videoproyector, en la cantina y durante los descansos, información sobre las cuentas: cuántas máquinas más habrían podido construirse si las horas del comité se hubiesen usado «productivamente».

Los directores dejaron de asistir a las asambleas y empezaron a transmitir la información en reuniones que ellos mismos organizaban, pero en las que ya no se podían formular preguntas. La lista del «futuro» se amplió y pasó a ser el único interlocutor de la dirección; parecía estar cerca el sueño de la «representación del personal» leal al empleador y sin ninguna clase de apoyo sindical.[54] Lo único que seguía molestando era la mayoría del comité, cercana al sindicato.

En 2007, los delegados que apoyaban al empleador retiraron la lista por el «futuro» de Johann Doppstadt. Fue un paso muy eficaz de cara a la opinión pública; en adelante, el comité sólo estuvo compuesto por delegados organizados sindicalmente. De esa manera, la dirección tuvo bien claro quién era el enemigo.

El segundo acto del drama de Doppstadt comenzó en febrero de 2008. La facturación y los beneficios de la empresa habían aumentado espectacularmente y la dirección sometió al comité una propuesta de acuerdo para una paga extraordinaria equivalente a un mes de sueldo y fraccionada en diez meses. Pero había una pega: esa paga extra beneficiaría únicamente a los que, en los contratos individuales, habían renunciado a los beneficios establecidos por convenio y, en consecuencia, habían dejado de cobrar 1,3 meses de sueldo. Los demás, entre ellos ciento treinta subcontratados, se quedaban sin nada. Y, para sorpresa general, precisamente en este caso se pidió al comité –que no tiene poder de codecisión en esta clase de asuntos– que aprobase la medida. No está de más decir que la propuesta de la empresa tenía una condición: es esto o nada. No pidieron contrapropuestas; sólo que el comité dijera que sí.

¡Una jugada magnífica! El comité sólo podía fallar: o aprobaba la propuesta, o traicionaba el principio sindical más básico, el mismo salario por el mismo trabajo, y, al mismo tiempo, traicionaba a los colegas que habían resistido y protestado contra las reducciones. Si la rechazaba, también se enemistaba con la mayoría, que con esa paga esperaba compensar una parte de las vacaciones y de la paga extra de Navidad que le habían quitado.

El comité cayó en la trampa y dijo que no al «acuerdo de empresa». Por su parte, Doppstadt rechazó, por no negociable, una contrapropuesta encaminada a que todos los empleados, incluidos los subcontratados, recibieran la paga extraordinaria, y por el mismo importe. Posteriormente la dirección retiró el ofrecimiento alegando que el comité había rechazado la propuesta (que en absoluto requería la codecisión). Y se armó la gorda. Los trabajadores afectados se plantaron ante la puerta del despacho del comité y amenazaron con tirar a sus colegas por la ventana.

Con ese triunfal ataque contra el comité empezó el tercer acto del drama. Johann Doppstadt se presentó en persona pocas semanas más tarde en una asamblea del personal convocada por la dirección, se subió al podio y anunció que pensaba trasladar parte de la producción si la paz no reinaba por fin en la empresa. Como motivo aludió a una supuesta huelga planeada por IG Metall, que aspiraba a imponer el convenio colectivo, una huelga que el sindicato no había anunciado ni preparado. Esa amenaza injustificada –en lo comercial a la empresa le iba magníficamente– consiguió los resultados esperados y revolucionó al personal, y a la población de Calbe y alrededores, pues a partir de ese momento también la prensa pasó a informar sobre lo que estaba ocurriendo.

Y Johann Doppstadt, seguido por los jefes y por sus partidarios de dentro y fuera de la empresa, echó mano de todos los recursos posibles:

- Se iniciaron dos procedimientos de destitución contra delegados del comité aun cuando no se les podía demostrar ninguna falta. A Helmut Naujoks, que representó a la empresa ante el tribunal, ese detalle parecía darle absolutamente igual; de lo que se trataba era de no dejar en paz a los sindicalistas de IG que quedaban en Doppstadt.
- Treinta y siete partidarios de «Initiative pro Doppstadt» –el nuevo nombre de la lista «El futuro de Johann Doppstadt»– demandaron por lo civil a cada uno de los delegados del comité por daños y perjuicios («privación de la paga especial»), un chiste malo que al cabo de unas semanas dejó de surtir efecto, pero que, no obstante, envenenó aún más el ambiente, ya bastante caldeado.
- En otra hábil jugada, la dirección creó, a «petición» de Initiative Pro Doppstadt, un fondo social que transfirió el importe equivalente a medio mes de sueldo a todos los empleados que habían firmado los contratos individuales.
- A los empleados que se declaraban abiertamente a favor del comité y de las reivindicaciones del sindicato los pusieron en la misma sala para aislarlos de los demás. Dentro de la empresa se habló de «guetización».

- La dirección contrató a detectives que, camuflados como «trabajadores en prácticas», se dedicaron a husmear durante semanas enteras dentro de la empresa y registraron supuestas faltas cometidas por trabajadores *non gratos* en horas de trabajo. Citamos de un extracto de varias páginas de extensión: «El señor K. abandonó su lugar de trabajo desde las 8.52 hasta las 9.04 para conversar con el señor D. También otros trabajadores conversaron entre ellos. En esa conversación tomaron parte también los dos detectives.» Pero esas conversaciones incriminatorias las iniciaban los detectives, verdaderos *agents provocateurs,* para después presentarlas como prueba de supuesta defraudación durante la jornada laboral. El señor K. recuerda: «Los detectives decían ser trabajadores en prácticas y, naturalmente, entablaban conversaciones con nosotros. Después utilizaron esas conversaciones para demostrar que habíamos cometido una falta por haberlas mantenido en horario de trabajo. A todos esos trabajadores, miembros de IG Metall, los despidieron sin previo aviso por ese motivo.»
- Los miembros del comité que se opusieron a esos despidos recibieron por correo su propia carta de despido con la documentación correspondiente, y la dirección les impidió entrar en la empresa, lo cual jurídicamente tampoco se sostenía. Sin embargo, ese detalle no fue un obstáculo para los estrategas de la dirección: su tarea era propagar el terror psicológico, lo cual no tiene por qué tener consistencia jurídica, sino sólo humillar a los afectados.
- A la prensa local, que tras cierta vacilación inicial comenzó finalmente a criticar la conducta de la dirección de Doppstadt Calbe, se la presionó para que denunciara a los informantes de la empresa; además, la dirección se ocupó de proporcionarle un montón de información falsa. Como no sirvió para nada (esas informaciones no se publicaron), el bufete Prinz intentó, con numerosas réplicas y «declaracio-

nes de la obligación de no hacer», que el periódico se pusiera del lado del empleador (pero estas acciones también fracasaron).

- La empresa Doppstadt Calbe intentó llevar su campaña a la redacción del periódico local, y a tal fin contrató a un agente de prensa que sería su portavoz. Este agente se presentaba de preferencia en las horas punta habituales de la redacción (los viernes por la tarde) con comunicados opacos que él calificaba de «noticias bomba» y pedía que los publicaran en la siguiente edición. Se trataba, naturalmente, de noticias, si se las puede llamar así, favorables a la empresa; para mayor exasperación de los estrategas de Doppstadt, la redacción no daba curso a las pretensiones de la empresa e insistía en su derecho a llevar a cabo una contrainvestigación.
- La dirección despidió a un empleado porque había aconsejado a un colega víctima del *mobbing* que hiciera público lo que le estaba ocurriendo.

Amenazando con una deslocalización parcial tras la cual podía venir el cierre de la fábrica, Doppstadt consiguió privar al comité de empresa en funciones del apoyo de casi todos sus colegas. En junio de 2008, trescientos empleados, entre ellos muchos subcontratados, a los que convencieron con la promesa de un puesto fijo, pidieron por escrito al comité que se retirase, y en una «manifestación» organizada en el Schöneberg Kurpark (cerca de Calbe), doscientos gritaron: «Nunca más sindicato» y «El comité de empresa es una amenaza para nuestros puestos de trabajo». El que no llevara la pegatina de «Initiative pro Doppstadt» en el mono azul o en el delantal, tenía problemas; los activistas movilizaron incluso a sus hijos para que pusieran octavillas contra el comité en los buzones de los empleados, y la dirección colocó en la prensa diaria anuncios de media página y de página entera porque la redacción seguía sin publicar la información tal como a la empresa le habría gustado que lo hiciera.

Que el comité no se diese por vencido debió de ser un desafío más para Naujoks, siempre seguro de la victoria. Los procesos decisivos se llevaron hasta el final; los jueces rechazaron los procedimientos de destitución. Dentro de la empresa y en la opinión pública, el cuadro de la situación cambió. Los políticos locales y del *Land* comenzaron a mostrarse cada vez más críticos con el conflicto y ofrecieron su ayuda como mediadores. Dichos ofrecimientos, así como una propuesta de IG Metall y el comité de empresa, tropezaron con el rechazo de la dirección. Doppstadt, cual molinillo de oraciones tibetano, repetía: «Queremos una solución interna», y el único camino era celebrar nuevas elecciones al comité de empresa.

En medio de una situación que se volvía en su contra, la dirección ofreció al comité la posibilidad de entablar negociaciones para que los delegados dejaran la empresa tras cobrar una indemnización. El comité aceptó y volvió a caer en la trampa. Al día siguiente, la dirección e Initiative pro Doppstadt hicieron divulgar por medio de su agente de prensa, y también en octavillas, que el comité exigía un millón y medio de euros, cosa que los delegados negaron de plano.

A manera de reacción contra el cambio de opinión, volvió a crearse, con mucho aspaviento público por parte de la dirección, un nuevo fondo social, supuestamente también a instancias de Initiative pro Doppstadt. Posteriormente, en octubre de 2008, los trabajadores que habían renunciado a los beneficios del convenio recibieron una paga extra equivalente a medio mes de sueldo bruto.

Y los «seguidores» elegidos en agosto de 2008 llegaron incluso a disfrutar de entradas gratis para el concierto de José Carreras en Magdeburgo más una noche en el Maritim Hotel con desayuno con champán.

A iniciativa del jefe de distrito del sindicato IG Metall y del doctor Karl-Heinz Daehre, ministro de Desarrollo y Transportes de Sajonia-Anhalt, en noviembre tuvo lugar un encuentro entre Johann Doppstadt, el jefe de distrito de IG Metall, el ministro del *Land* y Bernd Schmidbauer, ministro de Estado retirado y diputado al Parlamento federal, ex secretario de Estado del canciller Helmut Kohl y conocido personal de Johann Doppstadt. El objetivo del encuentro era mejorar, en la sede de Calbe y en interés de los trabajadores, la cooperación entre la dirección de Doppstadt, el comité de empresa y el sindicato. En diciembre de 2008, el comité de empresa y la dirección debían sentarse a negociar bajo la dirección de Schmidbauer y un representante de IG Metall, con vistas a sondear posibles opciones que permitieran poner punto final al conflicto.

Sin embargo, cuando llegó la hora de la ronda de negociaciones, ni la dirección de Doppstadt ni el patriarca hicieron acto de presencia. A causa de la crisis financiera y económica y de la correspondiente disminución del volumen de ventas a finales de 2008, la situación interna volvió a empeorar. A la mayor parte de los subcontratados, a los que les habían prometido empleos fijos si se distanciaban lo suficiente y de manera clara del comité y el sindicato, los mandaron a casa.

Poco antes de Navidad, la dirección sometió al comité una propuesta de regulación de empleo con reducción de la jornada laboral. Las negociaciones directas se rechazaron, y tampoco fueron posibles a causa de las vacaciones de Navidad. Con todo, a principios de enero Initiative pro Doppstadt volvió a movilizarse y acusó al comité de bloquear las negociaciones.

Con la presencia de Schmidbauer y representantes de IG Metall, en una segunda vuelta finalmente se consiguió, entre la dirección y el comité, un acuerdo en virtud del cual se regulaba la reducción de jornada, medida vinculada a la obligación por parte de la empresa de informar mensualmente al comité sobre cómo iba el problema. El comité consiguió también, y por escrito, una protección contra el despido durante el plazo de aplicación del acuerdo. Además, las partes acordaron mantener nuevas conversaciones, también con la presencia de Schmidbauer y el sindicato IG Metall.

Esas conversaciones tuvieron lugar a principios de enero de 2009, y habrían podido ser el final de la estrategia de Naujoks, cuyo objetivo era aniquilar el comité de empresa, pues en las negociaciones mantenidas de común acuerdo entre la dirección de Doppstadt, ni el comité ni el sindicato lo necesitaron.

Pero no fue así. Pocos días después de la mencionada reunión, el presidente del comité decidió informar a los colegas de los resultados conseguidos. Para llegar hasta ellos tenía que pasar por las duchas. Allí lo acechaban; alguien le tapó la cabeza con una bolsa de la basura, lo apalearon, sufrió un traumatismo cerebral y pérdida de audición y tuvieron que hospitalizarlo. Hasta ahora no se ha identificado a los culpables.

Poco después de ese ataque, mientras el presidente del comité aún seguía ingresado, los otros delegados se dieron por vencidos y decidieron aceptar la «oferta» de la dirección y marcharse cobrando una indemnización.

Con ello se anunció el inicio del cuarto acto del drama. Los sindicalistas de Doppstadt no tiraron la toalla y exigieron, con un valor digno de admiración, que se celebraran nuevas elecciones al comité de empresa. Se confeccionó una lista de ocho candidatos contraria a Initiative, la lista de la patronal. La empresa despidió en el acto a siete sindicalistas activos, de los cuales cuatro eran candidatos. El motivo: «atentar contra la lealtad y la obligación de fidelidad al empleador contraída en virtud del contrato de trabajo». En todo caso, así lo expresaba la comunicación oficial incluida en los expedientes enviados al Departamento de Trabajo. Una vez más, unos argumentos jurídicamente insostenibles. Pero los afectados ya estaban en la calle y tenían que volver a quejarse a la empresa. Sólo tres lo hicieron; los otros tiraron la toalla y dejaron Doppstadt tras cobrar una indemnización.

No obstante, la «calma» que ha reinado después es engañosa. Cada vez son más los trabajadores, incluidos colegas que antes seguían sin reservas a Initiative pro Doppstadt, que han empezado a preguntarse si todo eso fue realmente correcto. Mientras tanto, y en relación con la jornada laboral, el nuevo comité ha cerrado otro acuerdo, aún en vigor, y sin cláusula de protección contra el despido. Un dato que hace que muchos intuyan adónde lleva este viaje.

«El derecho natural del más fuerte»

Apuntarse en un seminario de Helmut Naujoks no es precisamente barato. Sin embargo, para muchos participantes los novecientos noventa y cinco euros más IVA no son nada comparados con las tretas, las intrigas y los subterfugios con que uno puede deshacerse de empleados *non gratos,* de preferencia miembros activos del comité de empresa, a los que, según la ley, no se puede despedir cuando cometen actos punibles.

Al respecto, Naujoks explica en su libro que también el despido de un alto cargo puede ser conveniente para el empleador, y cita una vez más pasajes de una sentencia: «En la sociedad resultante de una creciente presión de la competencia, la renovación de conocimientos y destrezas profesionales está a la orden del día, como la fusión y la adquisición de empresas enteras. Es especialmente esto último lo que puede, en un caso concreto, hacer necesario el intercambio de trabajadores que ocupan altos cargos para asegurar la aplicación de nuevas políticas empresariales.»[55]

¿Y qué pasa si a esos empleados de los que, por desgracia, hay que deshacerse, no se los puede echar tan fácilmente? Pues que el fin justifica los medios, sobre todo cuando el empleado al que hay que despedir es testarudo: «La motivación del empleador para eludir mediante el *mobbing* el procedimiento legal encaminado a poner fin a la relación laboral o modificarla, se encuentra muchas veces en el hecho de que el trabajador afectado se resiste a poner fin a la relación laboral o no apoya lo suficiente el proyecto al que el empleador o sus representantes dan preferencia, o en que, por otras razones, ha comenzado a llamar la atención.»[56]

Y si no llama la atención, se trama algo para que lo haga. Ése es sin duda el sentido del *mobbing* empresarial que Naujoks explica detalladamente en su libro.[57] Y oralmente –en sus «seminarios, seminarios *in-house,* entrenamientos individuales y cursos nocturnos intensivos»– el abogado lo hace aún con más desparpajo.[58]

A estas alturas ya le han salido imitadores; por lo visto, la demanda es alta. Por ejemplo, el bufete Dr. Schreiner + Partner GbR (en Attendorn),[59] o Krause (en Puchheim, Múnich).[60] Si alguien busca a Schreiner en Internet, lo saludará un águila impresionante en caída libre que acaba de desplegar las garras para capturar a su conejo, a su ratón o a los obreros o los empleados innecesarios. Junto a la imagen, esta sentencia: «Nosotros alcanzamos sus objetivos. El derecho del más fuerte está presente en la naturaleza de todo. Gana el que mejor domina la técnica y la táctica. Derecho laboral para empleadores.»

También Schreiner trabaja por todo el país; se ha impuesto la tarea de asesorar a las empresas sobre maneras de quitarse de encima a los «indespedibles». Junto al lema con el que se anuncian en Internet los «seminarios prácticos» de Schreiner –no totalmente correcto [en alemán] desde el punto de vista lingüístico: «Enseñamos a los empleadores a dirigir»–[61] se ve una ilustración en la que las manos de un empleador mueven los hilos de una marioneta humana.

Así se describen las perspectivas y los objetivos de una «dirección de personal» basada en el desprecio a las personas:

«¿Dónde se encuentran los límites de la codecisión y del comité de empresa? ¿Qué debe saber usted, en cuanto empleador, en lo que respecta a las elecciones al comité de empresa o a las recientes modificaciones del Derecho laboral? ¿Cómo puede despedir por falta de rendimiento, o cuándo y con qué justificación? ¿Y cómo puede salirse de la Unión de Empleadores?

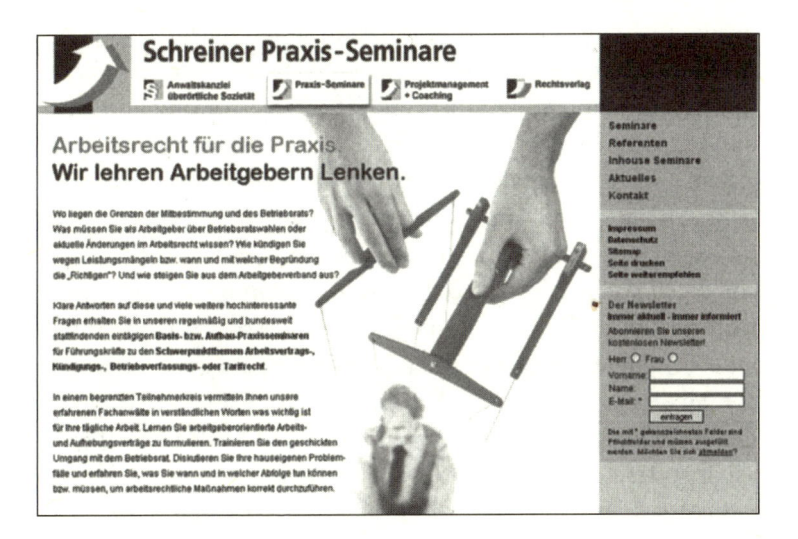

»En nuestros seminarios prácticos, de un día de duración, encontrará respuestas claras a estas y muchas otras interesantísimas preguntas. Los organizamos por todo el país, están dirigidos a los mandos directivos y centrados en los temas claves: Derecho de los contratos de trabajo, legislación sobre despidos, formación de comités de empresa y convenios colectivos.

»Ante un número limitado de participantes, nuestros expertos abogados enseñan con palabras comprensibles todo aquello que es importante para el trabajo cotidiano. Aprenda a redactar contratos de trabajo y de rescisión que favorezcan al empleador. Entrénese para manejarse con soltura con el comité de empresa. Discuta los casos problemáticos de su empresa y aprenda qué puede o debe hacer y cómo, cuándo y en qué orden, para aplicar correctamente determinadas medidas de Derecho laboral.

»Ya verá que tiene margen de maniobra.

»Y seguirá moviendo los hilos.»

Cómo suena todo eso en vivo y en directo es algo que puedo documentar con un acta literal y declaraciones juradas de personas que han participado en dichos seminarios. El ponente del seminario «Un futuro sin comités de empresa» fue, por cierto, el *boss* en persona, el doctor Dirk Schreiner; y el objetivo, nada disimulado, mostrar maneras en las que un empresario puede quebrantar la ley de formación de comités de empresa. Echando mano de ejemplos «positivos», como el torpedeo a los comités de empresa de Lidl o Aldi, Schreiner recomendó cambios empresariales deliberados para cargarse el derecho de codecisión. El profesor y doctor creó un «modelo de codecisión alternativo» con una llamada «representación del personal» («¡en su propia empresa uno puede dictar la ley!») en la que había que colocar a «trabajadores escogidos». Por último, invitó directamente a comportarse de un modo ilegal y recomendó «detentar» listas de empleados que podrían necesitarse para las elecciones al comité de empresa y forzar al comité electoral a moverse «por la debida vía legal». Hasta conseguir eso, «dos años pasan rápido».

En otro seminario de la marca Schreiner, una de sus jóvenes colegas abogadas presentó la siguiente propuesta, que también es una lisa y llana violación de la ley y un caso para el colegio de abogados. La abogada dijo textualmente: «En una piscina [había] también un delegado muy incómodo del comité de empresa que siempre había contrariado los planes. Ya podrían haberlo echado a la calle. Sin embargo, el antiguo gerente lo había protegido, pero el nuevo no quería saber más nada de él. Después hicieron lo siguiente: como de todas maneras querían contratar a un empleado externo, tomaron como monitora jefa de natación a una mujer enviada por una agencia de servicios y acordaron con ella que se insinuaría al delegado. Querían prepararlo todo para (...) poder acusarlo de acoso sexual. Ése era, por así decir, el objetivo.»

La trampa se tendió bien, pero... a menudo el amor tiene sus propias razones: «El único problema fue que la mujer no era tan fuerte como parecía al principio y cayó en los brazos del delegado. No estaba dispuesta a presentar lo ocurrido como agresión sexual.»

Para el caso en que al empleador le parezca demasiado largo y fastidioso el despido extraordinario de un delegado del comité –un despido que hay que llevar hasta la última instancia cuando el comité lo desaprueba–, esta dura asesora jurídica tenía otros consejos: «La vía más sencilla es la paralización de la sección a la que pertenece el delegado al que se quiere despedir. También se puede hacer por un camino más largo, la reestructuración. Se empieza por apartarlo, por ponerlo en determinado departamento, y luego se deslocaliza ese departamento.»

Otra sugerencia ilegal, como también lo son las provocaciones a trabajadores molestos con vistas a crear un motivo para despedirlos. Cuando un participante en el seminario preguntó cómo podía librarse de un chófer, la ingeniosa abogada propuso: «También puedo imaginar una provocación: ponerle, tal vez, un minibar y luego llamar a la policía cuando, por la noche, esos hombres...»

Esta abogada, por lo visto carente de escrúpulos, reveló otra de sus artimañas preferidas, aunque acompañada de una advertencia: «Tienen que saber que en todo esto hay cierto riesgo, el riesgo de que se sepa.» ¿Que se sepa? Atraer falsamente a trabajadores a otras empresas. «Si tienen una empresa amiga con la que hacer un trato, le dicen: "Oíd, os pagamos medio año, pero os ocupáis de quitárnoslos de encima." A la nueva empresa no puede pasarle nada grave, pues despide en el periodo de pruebas. En esos días no existe el obstáculo de pertenencia a la empresa, y tampoco hay que pagar una indemnización demasiado alta. Cuando se hace un trato así y se dice: "Os pagamos el tiempo que trabaje con vosotros para que al cabo de tres meses esté en la calle, y también os pagamos el abogado", saldréis mejor parados que si tuvierais que pagar, en concepto de indemnización, trece años de pertenencia a la empresa.»

Por parte de una abogada del bufete Dr. Schreiner + Partner GbR, eso es, como mínimo, incitación al engaño.

En otro seminario de Schreiner se recomendó un ardid igualmente infame: «Ahora mismo tengo un caso con cinco directores de empresa, y hay uno del que se quieren deshacer. Muy sencillo. Lo ascienden a director general, le dan más responsabilidades y mil euros más. Al poco tiempo, usted, en su calidad de máxima autoridad de la empresa, decide que puede hacerse cargo de las tareas del "director general". Y ya puede despedirlo, pues no hay otro puesto de trabajo comparable.»

En un seminario reciente del mismo bufete se habló de la posibilidad de achacarle a un empleado molesto una falta o un delito. Tengo el acta: «Una sospecha se puede construir. Pueden infiltrar a alguien, a un empleado en prácticas, por ejemplo. Después tendrán un testigo que puede ser útil en los tribunales. Contratar a un detective no representa ningún problema.»

Uno de los asistentes al seminario preguntó qué se podía hacer con una grabación hecha ilegalmente con una cámara de videovigilancia que el tribunal no aceptaría como prueba; el profesor dijo que bastaba con conseguir que un testigo contase lo que se veía sin aludir al origen, es decir, las grabaciones ilegales. «Es un medio probado y muy eficaz. Yo, en cuanto jefe de este seminario, oficialmente no puedo recomendarlo, es fraude procesal. Pero puedo decirle que, en efecto, si tiene a alguien que asegura de un modo verosímil que lo ha visto, entonces no hay ningún problema.»

Ese abogado dio treinta seminarios iguales en un año, y hasta ahora nadie le ha impedido seguir; ni siquiera han demandado nunca a esta clase de delincuentes los departamentos de personal de ciudades y municipios que envían regularmente a empleados a esos seminarios.

¡Hacer frente públicamente al terror psicológico!

Un caso ocurrido en Ludwigsburg, una ciudad cerca de Stuttgart que no sólo tiene castillos, parques y una sucursal de Kabel BW, demuestra que las cosas no siempre van sobre ruedas con las tácticas y el guión de estos abogados que violan la ley. En Ludwigsburg hay también un Volksbank. La dirección del banco, disgustada con el comité de empresa, pidió asistencia jurídica para librarse del presidente, e invitó a conversar a Helmut Naujoks.

La presidenta del comité era una sindicalista activa, empleada de la empresa desde hacía muchos años y miembro de la comisión mixta encargada de negociar el convenio. Con su comité de nueve miembros ejercía un contrapeso no desdeñable al lado del empleador, con quien en los años anteriores había tenido una colaboración relativamente poco problemática. Sin embargo, en ese momento el convenio colectivo del Volksbank y del Raiffeisenbank dejó de estar en vigor, el aire olía a conflicto y, según parece, la flamante dirección quería buscar nuevas vías para hacer gala de una nueva falta de consideración: global, orientada según el mercado financiero y antisolidaria.

Y decidió que la presidenta del comité sería el enemigo público número uno. Como no podían encontrar nada que achacarle, tuvieron que aplicar las conocidas medidas de *mobbing*. El guión fue el de siempre cuando entra en escena Naujoks, adaptado esta vez a la situación específica de Ludwigsburg:

- En primer lugar, se acusó a la presidenta, por medio del comité y en procedimientos de despido de haber ofendido a la dirección y de haber falseado gastos. Ambas acusaciones eran un puro invento y más tarde tuvieron que retirarlas. Además, se decía de ella falsamente que quería hacer carrera en el sindicato y que a tal fin instigaba al personal contra la dirección llevando a cabo acciones combativas disparatadas aun poniendo en peligro el futuro del banco. Cuando el conflicto se disparó en el sentido deseado, también terminaron acusándola –¡para variar!– de que lo único que quería era una indemnización elevada.
- Según confirmaron algunos empleados una vez terminado el conflicto, a los mandos intermedios los amenazaron para que se pusieran abiertamente en contra del comité. Que nunca más querían verse sometidos a semejante presión, dijeron. Algunos colegas recuerdan que varios directivos con corbata de seda muy cara, por lo demás de aspecto discreto y buenos modales, se vieron obligados a abuchear a la presidenta del comité en una asamblea de personal que duró cinco horas.
- En la *intranet* de la casa se creó una picota virtual para que los empleados se despacharan a gusto criticando a la presidenta. Sin embargo, ciertas características de las opiniones allí formuladas hicieron sospechar que todas habían salido de la misma pluma. A la única colega que se atrevió a criticar esas denuncias la convocaron a la dirección, al cabo de una hora salió llorando, y luego retiró la crítica por escrito.
- Se organizó una campaña de recogida de firmas contra el comité de empresa. Algunos de quienes la organizaron intenta-

ron por todos los medios de presión posibles implicar a conocidos e incluso a amigos de la presidenta del comité: uno de los recursos más pérfidos del *mobbing* empresarial. En algunos casos lo consiguieron; por ejemplo, amenazando con no ofrecer empleo una vez transcurrido el periodo de formación. Así pues, las firmas se reunieron y doscientos veinte empleados (de un total de trescientos setenta) firmaron. Alguna que otra colega se disculpó después ante la presidenta: no había tenido más remedio que hacerlo.

- A la presidenta también la martirizaron con una acusación tras otra; por ejemplo, haber cometido fallos o «alterar la tranquilidad de la casa» por haber permitido que miembros del sindicato ver.di. entrasen en su despacho.
- A todo ello hay que sumarle el terror en la vida privada. Había días en que la presidenta del comité encontraba decenas de llamadas en el contestador automático de su casa; la perseguían y la espiaban ya por la mañana, cuando salía de casa. En este caso trabajó también el mismo detective de Mannheim contratado para espiar a los empleados de Kabel BW y Doppstadt. Siempre con la misma táctica, llamaba al timbre los fines de semana y entregaba el «proyecto de denuncia». La presidenta recibió también una carta de amenaza enviada por la dirección del banco: en caso de que en las negociaciones no aceptase la rescisión del contrato de trabajo, el banco diría a los delegados de los comités de todas las sucursales del Volksbank y del Raiffeisenbank que era una estafadora.
- Por si fuera poco, en la empresa se divulgó que el banco, culpa del conflicto con la presidenta del comité, ya había tenido que encajar unas pérdidas de tres millones de euros. Y que pensaba exigir el resarcimiento a los delegados del comité en un procedimiento por lo civil.

Esta lista de actividades terroristas no es completa; los ejemplos han de exponer todo lo que la dirección, aconsejada por

Naujoks, tramó para destruir al comité. En efecto, al final seis miembros del comité tiraron la toalla. Varios cayeron enfermos. Uno, al que tras un accidente sólo le quedaba un ojo, sufrió un desprendimiento de retina en el ojo sano y estuvo a punto de quedarse ciego. A una colega de veinticinco años tuvieron que ingresarla con síntomas de infarto de miocardio. Cito: «Me desperté en mitad de la noche y le dije a mi novio: "¡Llévame al hospital, creo que tengo un infarto!" Creí que me moría.» A otro empezaron a zumbarle los oídos; otra empleada padeció durante semanas de problemas de estómago e intestinales. Y así el comité de empresa quedó incapacitado para actuar: aunque empezaron a trabajar colegas de la lista de reserva, en el órgano sólo quedaron siete miembros de los nueve prescritos.

También la presidenta del comité reaccionó como la dirección esperaba: comenzó a temer la posibilidad de un ataque por vías de hecho; todos los días tenía que ir al lavabo de la empresa a vomitar; empezó a dudar de sí misma y llegó a pensar en darse por vencida. A ese temor se añadieron angustiosas noches de insomnio; se despertaba sobresaltada a las tres o las cuatro de la mañana y no hacía más que darle vueltas a lo que le pasaba. Esos ataques también afectaron al marido y a los dos hijos del matrimonio.

Así y todo, a manera de reacción contra el terror psicológico, surgió en Ludwigsburg una gran solidaridad fuera de la empresa. El sindicato hizo público el conflicto y dejó claro que en el Volksbank el comité de empresa no había cometido errores ni tampoco que algunos colegas no hubiesen hecho lo correcto. En realidad, lo que estaba en marcha era una campaña de aniquilamiento: había que eliminar a un comité de empresa, y había que hacerlo con medios que eran moralmente perversos y jurídicamente improcedentes.

Y así se fue concienciando un número cada vez mayor de ciudadanos: el Volksbank de Ludwigsburg, con ayuda de abogados sin escrúpulos, había declarado una especie de guerra psicológica para no respetar los derechos de los trabajadores. Y los que habían declarado esa guerra aprobaron que se atentara también contra la integridad física y psíquica de muchas personas. Seguidamente se formó una alianza de sindicatos, comunidades religiosas y clientes del banco. Se formaron piquetes y se repartieron octavillas ante varias sucursales. Y cuando la alianza anunció que organizaría una manifestación con ocasión de la asamblea anual de representantes del Volksbank de Ludwigsburg, la dirección aceptó una propuesta que ya llevaba varios meses sobre la mesa y que apuntaba a solicitar una mediación y solucionar el conflicto por la vía del diálogo, y, en lo posible, amistosamente.

Sin embargo, lo que hizo Naujoks fue intentar convencer a la presidenta del comité para que dejara la empresa tras cobrar una indemnización de seis cifras; pero ella no estaba en venta. En una ronda de negociaciones entre las partes, que comenzó el 30 de abril de 2007 por la mañana y duró hasta las cuatro de la mañana del 1 de mayo, la dirección del banco desistió de alcanzar su objetivo de despedir a la presidenta del comité y retiró todas las acusaciones. Las nuevas elecciones al comité de empresa, necesarias ahora por las numerosas bajas, se celebraron sin problemas y significaron un éxito arrollador para la antigua y nueva presidenta. Finalmente se demostró que las listas de firmas, las opiniones hostiles en la *intranet* y los viles ataques de los mandos intermedios habían sido el resultado de coacciones.

Así pues, la estrategia del terror psicológico fracasó estrepitosamente. Había costado mucho dinero, había causado serias crisis a empleados del banco y alterado negativamente y durante mucho tiempo el clima interno. Los afectados fueron lo bastante inteligentes para discutir el conflicto en largas reuniones de supervisión, y las heridas curaron hasta el punto de que volvió a ser posible trabajar en condiciones normales.

El sacerdote católico Martin Zahner, que vivió el conflicto hasta el final, dice que aún hoy siente un escalofrío en la espalda cuando recuerda la violencia con la que los estrategas del banco pusieron en peligro la salud de muchas personas. «El poder soy yo», es el mensaje de Helmut Naujoks incluso delante del tribunal. «Sacando panza por entre los tirantes del pantalón, intentó humillar a la jueza con su arrogancia. Sólo poco a poco fui viendo con claridad que [Naujoks] es algo más que una persona con perfil neurótico. Aquí se practicó una estrategia que pretendía no dejar ningún cabo suelto.»

Zahner apoyó a las víctimas del *mobbing* junto con su colega protestante Esther Kuhn-Lunz. «En mis veinte años de profesión», dice él, «nunca había visto lo rápido que un órgano se desintegra a consecuencia de medidas tan violentas, cómo se hace pedazos la conciencia de los individuos y la gente termina padeciendo serios problemas de salud. Organizamos encuentros a los que asistían las familias, les dimos ánimos para que se recobrasen. Gracias a esas reuniones colectivas, y con la solidaridad de la opinión pública, pudimos detener el proceso. Tanto más incomprensible me resulta el hecho de que al abogado responsable no se le pidiera ninguna clase de explicaciones.»

También el párroco Paul Schoebel, entonces superior de Martin Zahner, se manifestó públicamente en contra del *mobbing* y así consiguió que se formase una amplia alianza para apoyar a los delegados del comité de empresa en Ludwigsburg. Incluso firmó una carta a los titulares de cuentas del Volksbank, tras lo cual el banco lo amenazó con exigirle reparación de daños. En opinión de este sacerdote, el caso de Ludwigsburg dio un auténtico giro porque se trataba de algo más que de un jefe malvado o agobiado que se había dedicado a mover los hilos y dirigir el espectáculo; en Ludwigsburg había actuado un abogado profesional con un programa pensado hasta el último detalle. «Aquí quisieron cargarse todo lo que yo había creído que era consenso social, es decir, el respeto a los trabajadores en su calidad de seres humanos. Con los ataques que hemos padecido, esa imagen del hombre se hizo añicos. Palabras como derechos y dignidad se volvieron extrañas; ante nuestros ojos tuvo lugar una liquidación cultural en toda regla. Y el profesional responsable puede seguir ejerciendo en otro lugar sin ningún problema.»

Pedir cuentas a los responsables

En efecto, Naujoks pudo marcharse de Ludwigsburg sin tener que asumir responsabilidad alguna por lo que hizo. Sigue ofreciendo a los empresarios y gerentes interesados sus métodos especiales en todos aquellos lugares en que se deja indefensas a las personas, donde éstas han de someterse incondicionalmente y resignarse, y a menudo sin que la opinión pública esté al corriente.

Naujoks está disponible siempre que lo llama una empresa que quiere librarse de trabajadores molestos («El despido sin motivos para despedir», se titula un seminario que ofrece a los empresarios en el marco de unos cursos de «perfeccionamiento»).[62] A Carola Lange (he cambiado el nombre; G. W.), por ejemplo, que trabaja desde hace años en una empresa japonesa radicada en Hesse, se la querían quitar de encima porque hacía preguntas incómodas. Las acciones de *mobbing* apuntaban a desacreditarla y destrozarla psíquicamente. La empresa, que había contratado los servicios de Naujoks, la agobió con amenazas de despido y numerosas demandas; entre otras cosas, la obligó a entregar el vehículo de la empresa aunque ella lo necesitaba para su trabajo. Naujoks la tuvo durante más de dos años expuesta a un auténtico fuego jurídico. Lange tuvo que defenderse de cinco despidos que Naujoks intentó sacar adelante ante la magistratura, pero el abogado perdió todos los juicios.

También allí trabajó Naujoks con una agencia de detectives de su confianza: Meng, de Mannheim. Y lo hizo de una manera que llevó a la magistratura de Trabajo a considerar que, con la ayuda de esa agencia, se habían inventado e incluso falsificado pruebas. Apoyándose en afirmaciones de la agencia, Naujoks afirmó que Carola Lange había falsificado firmas. La magistratura de Trabajo de Berlín falló al respecto: «A la vista de todas las circunstancias, este tribunal no está convencido de que la parte demandante haya falsificado firmas; antes bien, ha llegado a la convicción de que el demandado [el empleador de Carole Lange, representado por el abogado Naujoks; G. W.] se ha valido de un gran número de recursos para despedir a la demandante sin que existan para ello motivos reales, lo cual no puede contar con la aprobación de este tribunal.»[63]

Los jueces también desoyeron los motivos de los otros despidos que defendió Naujoks. Se rechazó, por ejemplo, un presunto fraude (se trataba dos veces de 2,64 euros de los que Carola Lange se habría apropiado subrepticiamente), y también los despidos por «razones de enfermedad» y por supuestos «cálculos (erróneos) de la jornada laboral».

Si bien puede considerarse que dichas sentencias beneficiaron a la víctima del *mobbing* orquestado por Naujoks, Carola Lange pagó con su salud las tensiones causadas por unas disputas jurídicas que duraron años. Madre de una hija menor de edad, Carola Lange quedó tan afectada psíquicamente que fue una seria candidata al suicidio. Y, en efecto, en octubre de 2006 habría saltado de un puente si no la hubiera sujetado un transeúnte que por casualidad pasaba por el lugar. Ella ya se encontraba en la barandilla. Hacía varios meses que no cobraba el sueldo y estaba completamente desesperada.

Acababa de admitirse a trámite una demanda de desahucio en primera instancia y Carola Lange debía de temer que la desalojaran. Todavía hoy, cuando ya han pasado casi dos años desde el último juicio ganado, sigue teniendo ataques. Porque su empleador, asesorado jurídicamente por Naujoks, sigue reteniéndole el sueldo, su vivienda sigue amenazada como antes, ha acumulado montones de deudas, no consigue estar nunca tranquila y una y otra vez enferma y tiene que solicitar la baja. Con un prestigioso abogado que defiende puntualmente a víctimas de *mobbing*, ahora Carola Lange prepara una demanda contra Naujoks por daños y perjuicios y por daños personales. Con todo, hasta el día de hoy Naujoks no ha tenido que rendir cuentas en ninguna parte.

Pese a las conocidas acciones en las que han participado Naujoks y otros, aún no se ha encontrado ninguna fiscalía que abra las diligencias oportunas. Y tampoco las asociaciones profesionales correspondientes han dado paso alguno con vistas a erradicar de sus filas a abogados semejantes. El ministro de Economía de Baden-Wurtemberg, Ernst Pfister (CDU), al que describieron las actividades de Naujoks e invitaron a que interviniese, dijo que no. Porque no tenía conocimiento directo del asunto. Qué extraño. Si en sus sesiones de entrenamiento privado Naujoks se jactaba de haber disertado en reiteradas ocasiones ante el consejo económico de dicho Estado...

Con todo, y al margen de si en las altas esferas o en los círculos jurídicos aumenta la disposición a declararse abiertamente en contra del *mobbing* deliberado y planificado por encargo, que practican empleadores y abogados muy bien remunerados, lo decisivo es que los ciudadanos críticos puedan sacar conclusiones de los casos aquí descritos. Tenemos que saber que hoy se vulneran en todos los niveles los derechos de los trabajadores, y que el arma empleada para conseguirlo es el terror psicológico sistemático encaminado a destrozar la integridad física y psíquica de seres humanos. Si una persona afectada por tales acciones se queda sola en la lucha individual por su honor, ha perdido y termina destrozada. Sólo tiene una oportunidad el que recibe apoyo solidario. Y el que observa desde fuera y advierte los métodos inescrupulosos que se utilizan para acabar con personas que siguen atreviéndose a defenderse contra unas injusticias aparentemente imposibles de vencer, debe ayudarlas, avisarles del peligro y llamar a los culpables por su nombre. Hay que dar

Izquierda: «He entendido adónde quiere llegar.» Helmut Naujoks, abogado de empleadores

Derecha: Günter Wallraff como empresario en busca de consejo: «Hay que enjoyar a la novia.»

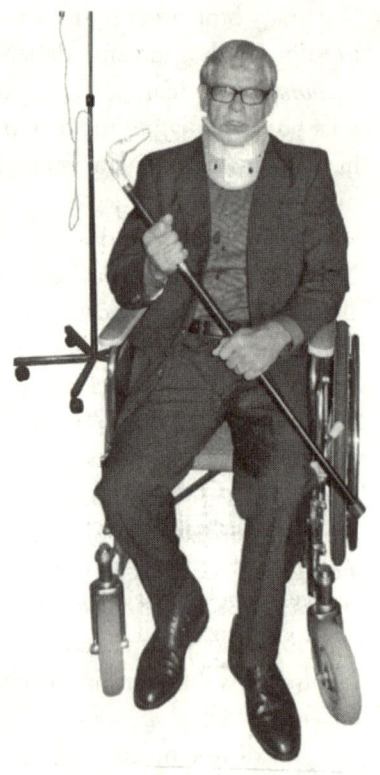

publicidad a esos hechos lo antes posible; de lo contrario las víctimas se quedan en el camino, y el derribo de lo que una vez se llamó Estado social seguirá avanzando a una velocidad insospechada.

Epílogo: Con Naujoks en el hotel

Después de todas las investigaciones sobre Naujoks, sobre su furia y su manera de actuar, resulta que me entran ganas de conocerlo personalmente, de ver desde primera fila cómo recomienda sus métodos. A tal fin solicito a este abogado excepcional –en sus propias palabras– una sesión de entrenamiento privado. Los seminarios *«in-house»* y el *«coaching»* individual forman parte de los servicios que ofrece. Y me dispongo a recibirlo en una suite del mejor hotel de Bochum, a pocos pasos de una clínica privada.

Al principio Naujoks conversa unos minutos con mis asesores particulares. El primero es el asesor de la empresa; el otro, un abogado laboralista conocido en toda Alemania, el doctor Rüdiger Knaup. «Mi» asesor explica sucintamente que soy el socio mayoritario de una empresa con trescientos empleados y quiero vender mis acciones por unos noventa millones de euros, un precio que los norteamericanos interesados sólo están dispuestos a pagar si antes la empresa despide a los delegados del comité de empresa. De lo contrario, el importe de la venta sería considerablemente inferior. Si se consigue sacar de la empresa al comité, todos los que hayan contribuido al éxito se beneficiarán con una prima.

«Entonces, ¿hay que enjoyar a la novia?», dice Naujoks, yendo inmediatamente al grano. En los círculos de iniciados esa expresión da a entender que hay que retocar los datos orientativos, lo que en este caso significa: echar a los delegados elegidos por el personal porque su presencia hace que el precio baje. Una especie de código entre «hombres de honor».

Mi asesor aprovecha el momento y confirma: «Así es, hay que hacer limpieza.» Naujoks demuestra tener capacidad de compenetración: «Naturalmente, el comprador se llevará un susto de por vida cuando se entere de lo que va a heredar; no cabe duda de que en ese caso el precio baja.» Y apunta que ni siquiera un matón de su categoría es capaz de hacer algo semejante de un día para el otro, pues todo eso lleva tiempo: «No tendría ningún sentido empezar ahora si el contrato se firma dentro de cuatro semanas. En casos así es imposible enjoyar a la novia. Para eso primero es necesario dar ciertos pasos. Pero si lo hacemos, tenemos que seguir adelante de manera consecuente. Necesitaría que me dieran ustedes, con todo detalle, impresiones y experiencias muy concretas. Después me estudiaré el caso a fondo y les presentaré un informe. Hay muchísimas posibilidades.»

Naujoks sigue hablando y se exalta: «Yo trabajo entre Múnich, Hamburgo y Düsseldorf, es decir, por todo el país. Y creo saber por qué mi porcentaje de éxito es tan alto: no dejo nada al azar. Lo que empezamos, lo terminamos. A mitad de camino no puede uno decir que no continúa por tal o cual motivo. Al fin y al cabo, yo estas cosas las hago todos los días. Soy un trabajador, y estoy en mejor forma que alguien que sólo se dedica a esto una vez al mes.»

Tras un breve compás de espera, una enfermera me lleva a la *suite* en silla de ruedas. Entro maquillado de «viejo», con una peluca canosa y grandes gafas oscuras; me he afeitado el bigote y he pedido prestado un traje de rayas. Es un escenario algo desacostumbrado el que he elegido, porque en tan poco tiempo no habría podido encontrar a ningún empresario dispuesto a preparar conmigo una recepción a la altura del célebre «asesino» de comités de empresa. Hay también una pequeña historia: supuestamente soy un empresario con varios cientos de empleados; por conducir bebido he tenido un accidente de coche (siniestro total; abajo, en la puerta, está aparcado «mi» nuevo Maserati); llevo un collarín porque me rompí una vértebra cervical y soy paciente de la clínica privada que se encuentra a unos pasos del hotel.

Al principio Naujoks sospecha de todo eso; en la conversación previa –cuando se supone que yo todavía estoy en la clínica–, dirigiéndose a mi asesor dice que el momento elegido para la reunión era muy extraño. «Ahora mismo me pregunto si no habrá aquí una cámara oculta», dice y ríe en tono amenazador, pero al instante cambia de actitud.

Cuando la enfermera me entra en la silla de ruedas, Naujoks se levanta pesadamente de su silla y se me acerca, se presenta brevemente y vuelve a sentarse. Después empieza a promocionarse, muy animado y ofreciéndose casi: «Sólo defiendo a empleadores. Sólo me ocupo de Derecho laboral, pero un Derecho laboral muy especial. Yo sólo empiezo a trabajar cuando los demás abogados dicen que no. Por lo general, mis adversarios son delegados de comité de empresa y sindicatos. Mi objetivo es que los delegados del comité dejen la empresa. Vivo de eso.» Y no me cabe duda de que no vive mal. Por sus servicios me cobraría trescientos cincuenta euros por hora. Lo mismo que cobra al mes un receptor del Hartz IV. En el caso de Kabel BW, la dirección declaró en varias asambleas del personal que en los juicios contra el comité de empresa se había gastado un total de setecientos mil euros. Del Volksbank de Ludwigsburg, donde aún no hace mucho que Naujoks hizo de las suyas, también cobró una suma de seis cifras; si por hora cobra trescientos cincuenta euros y trabaja doscientas horas por mes, no le cuesta mucho ganar unos doscientos mil o trescientos mil euros. Naturalmente, la agencia de detectives Meng, de Mannheim,[64] con la que Naujoks trabaja regularmente, y también el bufete Prinz Neidhart Engelschall, de Hamburgo, cobran sumas considerables.

En nuestra conversación Naujoks se presenta como un luchador: «En realidad, mi trabajo consiste en solucionar el problema. No soy de los que empiezan y después dicen que no. Si he entendido bien», prosigue, «se trata de un número determinado de personas a las que quiere echar. Tengo que conocer a ese círculo.» Y yo se lo expongo a su entera satisfacción.

¿Y después? Estoy en vilo; quiero saber cuán abiertamente hablará ante mí sobre violaciones de la ley, pues ése es el servicio que presta a las empresas más variadas, en todo caso si nos basamos en las leyes que prohíben el *mobbing* y la discriminación. Después de mi hora de entrenamiento individual conversé al respecto con uno de los abogados laboralistas más experimentados, un hombre que defiende en los tribunales a víctimas del *mobbing* y ya ha ganado algunas demandas por daños y perjuicios, el doctor Klaus Michael Alenfelder. Dice Alenfelder que, si bien es cierto que los tribunales alemanes están empezando a interesarse por las víctimas de *mobbing* y, especialmente, de *mobbing* empresarial, la voluntad del legislador es clara: hay que indemnizar a las víctimas por los daños que les han infligido.

Naujoks lo sabe. Me habla de sus secretos profesionales, entiéndase de sus consejos y truquillos, pero no inmediatamente. Por otra parte, hay una gran cantidad de dinero en juego. Una prima millonaria si se consigue el resultado deseado más unos ingresos diarios de casi tres mil euros: no es moco de pavo. Y el abogado deja claro lo siguiente: «Creo que eso ya lo he entendido. Si lo hacemos, tenemos que seguir hasta el final. Yo iré al meollo del asunto. Con una estrategia adecuada.» El modo en que, con tanta cautela, intentamos llegar a un acuerdo para alcanzar nuestro objetivo, ya tiene algo de conspiración.

De repente tengo un *déjà-vu*. Hace ya unas décadas me infiltré entre golpistas de ultraderecha en Portugal. Es probable que uno de los militares con los que traté, presentándome como «traficante de armas», desconfiara, razón por la cual me preguntó a bocajarro si conocía la novela *Odessa,* de Frederick Forsyth, thriller político que cuenta la historia de un reportero que se infiltra en una organización de ultraderecha. Por suerte, entonces no conocía el libro y pude contestar muy tranquilo que no.

Esta vez «mi» asesor jurídico, el profesor Knaup, me desconcierta. (Que me perdone por no haberle revelado de entrada mi verdadera identidad.) Intrigado, me mira y dice: «El señor Naujoks pregunta si tenemos aquí alguna cámara oculta.»

Yo sólo oigo «cámara», y eso me lleva a manifestar mi desconfianza respecto de Naujoks: «¿Cómo dice? ¿Está grabándonos con una cámara?»

Naujoks se sobresalta, se toca el pañuelo de seda roja que lleva en el bolsillo de la pechera de la americana y se disculpa: «No, al revés. Pero sólo era una broma.»

Lo importante es que se ha restablecido la «confianza».

Así pues, seguimos charlando un rato para averiguar hasta dónde llegaría cada uno. Luego Naujoks se pone a alardear de sus victorias: «Gano nueve de cada diez casos. Llevo trece años en este negocio.» Y después pasa a hablar de Doppstadt: «Allí la productividad ha disminuido. [En Doppstadt] Contratamos detectives que trabajaron como empleados en prácticas. Lo hicimos y apoyándonos en los informes de los dos detectives despedimos a veinte empleados sin previo aviso. Y fueron los primeros en irse.»

Como hemos visto, nada de eso es realmente cierto. Pero Naujoks se pone a hablar de otra cosa; lo que él quiere es dejarme bien claro que normalmente trabaja con detectives. Apoyándose en sus informes es posible inventar todos los motivos posibles para despedir a alguien. Ése es el código. Yo me hago el tonto y vuelvo a preguntar.

«A usted sólo puedo darle consejos generales», dice Naujoks; «un lema, para que se lo piense.» He entendido. La utilización encubierta de detectives sólo está permitida cuando existen sospechas fundadas de delito. Cuando no existen y a pesar de ello se los contrata, sus afirmaciones no pueden usarse a menos que ellos mismos creen «puntos de apoyo» para que se cometan delitos. Como en el caso de Carola Lange, la trabajadora de la empresa japonesa también representada por Naujoks.

Después el abogado cuenta el caso de un delegado del comité de una empresa hotelera que abandona constantemente su puesto de trabajo para conversar con los colegas. Según Naujoks, la actividad de un delegado que dedica mucho tiempo a esa función, puede, sin violar la ley, «conducir a un despido sin previo aviso». Cosa que, como me explica el profesor Knaup después de la conversación, en el mejor de los casos es posible si el trabajo del delegado sólo es simulado y detrás de él se oculta una actividad ajena a la empresa. No obstante, por encargo de la dirección del hotel, Naujoks ha efectuado un despido sin previo aviso basándose únicamente en la sospecha, aun cuando fuera a fracasar otra vez en los tribunales. Aunque, como he llegado a saber, eso no tiene ninguna importancia. Lo importante es actuar rápido, el ataque por sorpresa, por el *shock* que sufre el despedido.

Cito textualmente a Naujoks: «En este momento tengo un caso en el sector de la hostelería; el tipo es el encargado de mantenimiento. Aunque el hotel sólo tiene noventa empleados, ese encargado hace mucho años que está liberado. Sólo se dedica a las actividades del comité de empresa. Despido inmediato, para que no tarde mucho en conocer al alguacil.»

«Yo siempre hago todo para salir victorioso», resume Naujoks al final de la conversación, que ha durado más o menos una hora y media. «Estoy completamente motivado para ganar», añade después de haberme asegurado varias veces: «He entendido adónde quiere llegar.»

Después de la sesión de *coaching* individual, el profesor Knaup me transmite sus impresiones, a saber, que a Naujoks, cuando habló de sus éxitos, lo había animado «una voluntad de aniquilación agresiva y con un toque de alegría»; en sus largos años en la profesión, Knaup no había visto nunca nada comparable en un abogado que defiende los intereses de los empleadores. El profesor Knaup, especialista en Derecho laboral que asiste en calidad de observador, dice que lo que Naujoks ofrece, a saber, inventar «motivos arbitrarios para el despido», ha quedado claro, y ve en ello «una disposición pasmosa a pasar por alto las normas jurídicas». En suma, tal como se lo señaló a Naujoks, en uno de los procesos que perdió, la magistratura de Trabajo de Berlín en una sentencia: por lo visto, para la empresa por él representada había «un sinfín de medios legales para deshacerse de la demandante sin que existan motivos reales de despido, y eso no puede contar con la aprobación de la ley». Los mandantes de Naujoks conocen la manera en que Naujoks trabaja conforme a la «ley», y confían en que, como mínimo, su actuación sólo difícilmente sea atacable por la justicia. «Si sus clientes confían en él, si lo dejan hacer o se hacen cómplices.» En esta sesión individual también analizó la posibilidad de acusar de acoso sexual a un empleado *non grato* del que una empresa quiere deshacerse por la vía rápida. Naujoks sugirió que podríamos encontrar en la empresa a una mujer dispuesta a hacer de «testigo» para poder despedir sin previo aviso al presidente del comité. Y le preguntamos si podría ayudarnos a buscarla entre el personal de sexo femenino. Naujoks repuso que, con su experiencia, era totalmente capaz de valorar si la «testigo» no perdería los nervios ante los jueces. No lo dice indignado, sólo que hay que «mirárselo muy bien». «Si existe la posibilidad, entonces también eso hay que llevarlo hasta las últimas consecuencias.»

Nos separamos estando en todo de acuerdo y fijamos una nueva reunión para la semana siguiente en «mi» empresa, donde le daremos todos los datos para que empiece a trabajar como hemos acordado.

Es posible que se lo haya contado así a sus refuerzos: el penalista Sven Thomas, de Düsseldorf; los representantes de la agencia de detectives Meng, de Düsseldorf, y el bufete Prinz Neidhart Engelschall, de Hamburgo, donde trabaja Matthias Prinz y hasta finales de 2008 también prestó sus servicios el ex juez Manfred Engelschall, ya fallecido. Günther Prinz, el padre de Matthias Prinz, era jefe del *Bild* cuando, en los años setenta, fui el redactor Hans Esser y luego el periódico me bombardeó con procesos tras mi publicación, en el libro *Der Aufmacher,* de mis experiencias en el «órgano central del asesinato moral». Bajo su égida, algunas víctimas del *Bild* se suicidaron, pero eso no lo movió a dar marcha atrás. Manfred Engelschall fue el juez de Hamburgo que juzgó en mi contra en esos procesos hasta que el Tribunal Federal lo puso en su sitio y aprobó expresamente mi periodismo de investigación. De repente todo me resulta tan familiar...

POSFACIO
«Abajo del todo»* se está en todas partes

Hace tres años, cuando decidí ponerme otra vez en la piel de personas que están entre los perdedores de este «mundo feliz», «el mejor de los mundos» no sospeché todo lo que me tocaría vivir. Tampoco creía que en una empresa de márketing telefónico alguien pudiera, agobiado por la constante presión psicológica que es habitual en esos lugares, convertirse en un estafador, en un vendedor mentiroso, ni consideraba posible que esta sociedad abandonara a los indigentes entre los que pasé una temporada con temperaturas de hasta quince grados bajo cero. Tampoco se me ocurrió pensar que las grandes empresas ya estuvieran haciendo retroceder las condiciones de trabajo al nivel de los primeros días del capitalismo, como si los movimientos obrero y sindical –y sus logros– nunca hubieran existido. Por último, antes de padecerlo en mis propias carnes tampoco era consciente de la magnitud del racismo cotidiano.

No he estado personalmente en todos los lugares del «mundo feliz» sobre los que hablo en este libro. No trabajé de cocinero en un restaurante de lujo ni fui *barista* en Starbucks; nadie me espió ni me desvió a un aparcadero por ser un em-

---

* En alemán, *Ganz unten*, título original del libro publicado en castellano como *Cabeza de turco*. (N. del T.)

pleado de los ferrocarriles alemanes, y tampoco fui víctima de una campaña de *mobbing* empresarial ni de los asesinos que se dedican a cargarse a delegados de comités de empresa. No obstante, los reportajes sobre los lugares de este drama moderno se apoyan en un sinnúmero de declaraciones y en las vivencias y experiencias de muchas personas que depositaron en mí su confianza.

Hace cuarenta años, cuando empecé a hacer este trabajo, no sólo yo, sino tal vez la mayoría, esperábamos avanzar sin pausa hacia un mundo más humano y más justo. Con mis reportajes y mis libros todavía quiero contribuir a que ese proceso siga adelante, aunque ahora con un escepticismo cada vez mayor. En los últimos años hemos vivido muchos retrocesos: la injusticia ha aumentado y las condiciones de vida no se han vuelto más humanas, sino todo lo contrario.

De la mano de la nueva desprotección llega la desvergüenza con la que se enriquecen los altos directivos y determinada especie de ex cargos políticos, una clase a la que sólo le interesa su propio bienestar, la mejor colocación posible, los ingresos de capital y dinero y los privilegios fiscales. Esa «sociedad paralela», verdaderamente asocial y formada por auténticos sinvergüenzas, se proclama abiertamente ganadora mientras millones de desclasados creen que su pobreza, de la que no son culpables, es motivo de vergüenza.

Actualmente, casi uno de cada cuatro trabajadores cobra un salario bajo,[65] y el número de trabajadores subcontratados aumenta a velocidad de vértigo; en relación con las condiciones de trabajo vigentes en la Europa occidental, las suyas están entre las peores. También gracias a Wolfgang Clement, ministro de Economía y Trabajo de Gerhard Schröder y competente para las leyes que benefician a las empresas de trabajo temporal, un hombre que más tarde se pasó a una de las más grandes de dicho sector con un puesto de asesor muy, pero que muy bien remunerado.[66]

En 2004, Michael Rogowski, en calidad de presidente de la Bundesverband der Deutsche Industrie, la federación nacional de industrias alemanas, ya había hecho este llamamiento: «El trabajo no es una magnitud fija, sino una cuestión de oferta y demanda. Y, por eso mismo, una cuestión de precios. De ahí que en ningún caso necesitemos salarios mínimos. Al contrario, tenemos que derribar los límites inferiores fijados por convenio.»[67] Norbert Walter, el llamado economista en jefe del Deutsche Bank, anunció hace poco en tono triunfal: «Algunos tendremos que hacernos a la idea de que en el futuro cobraremos un sueldo que en Alemania ya no alcanza para sobrevivir.»[68] Los furiosos representantes de la política de la pobreza están desbocados, y de ello también dan un ejemplo espantoso las empresas asesoradas por abogados sin escrúpulos, cuyas prácticas describo en el último capítulo de este libro.

La Agenda 2010, el Hartz IV, los que trabajan por un euro, los empleos de cuatrocientos euros mensuales, los largos periodos de prácticas no remunerados, la destrucción de las relaciones laborales seguras y a largo plazo con el aumento simultáneo de formas de empleo precarias, el socavamiento del sistema público de pensiones... La política ha aplicado todas y cada una de las recetas de la economía. Y aunque las consecuencias se manifiestan de un modo brutal –aumento de la pobreza infantil; obstáculos cada vez más altos a la formación; más y más personas sin seguro médico y de jubilación; alejamiento prolongado de las capas más bajas de las actividades culturales y sociales; pobreza en la vejez–, hasta hoy los partidos que dicen preocuparse por el bienestar de grandes capas de la población no intentan cambiar la política neoliberal del desmantelamiento social.

En su novela *Un mundo feliz,* publicada en 1932 poco después de iniciarse la gran crisis mundial, Aldous Huxley pintó el cuadro de una moderna sociedad de castas en la que los hombres Alfa Más detentan el poder y el resto de los miembros de la sociedad se funden en una masa homogénea. En esa proyección negativa de la sociedad, el consumo y la compulsión al entretenimiento son las cadenas que coartan la individualidad, la capacidad de conocimiento y la capacidad de oponer resistencia. Hoy, los imperativos de la «sociedad del entretenimiento, del sentirse bien» están tan profundamente interiorizados que hemos de temer que el futuro sea de los «hombres de la norma-DIN». Los valores solidarios y el análisis y la reflexión críticos se contemplan con recelo, cuando no se difaman: «No hay ninguna alternativa a la realidad. Punto.»

De ahí que en mis viajes por el interior de Alemania siempre me diera ánimos la posibilidad de conocer a personas que no han perdido la esperanza de un mundo mejor ni el valor de luchar por hacerlo realidad. No obstante, a la vista de que hoy son cada vez más los que han de temer a la posibilidad de terminar «abajo del todo», esas personas aún siguen siendo demasiado pocas.

NOTAS

Negro sobre blanco

1. Günter Wallraff, *Zeugen der Anklage,* Colonia, 1979, p. 25.
2. http://www.spiegel.de/panorama/justiz/0,1518,540131,00.html.
3. *Schwarz auf weiss,* un film de Pagonis Pagonakis, Susanne Jäger, Gerhard Schmidt y Günter Wallraff; Captator Film Produktion con la cooperación de WDR y arte, X-Verleih.
4. Séptimo Informe de las delegaciones de Extranjería del Gobierno federal, p. 110. El informe de Forum Menschenrechte *(Rassistische Diskriminierung in Deutschland unterbinden. Parallelbericht an den UN-Antirassismusausschuss zum 16.-18. Bericht der Bundesrepublik Deutschland nach Artikel 9 des Internationalen Übereinkommens zur Beseitigung jeder Form von rassistischer Diskriminierung;* sin mención de lugar, 2008) dice en la página 11: «El estudio [del sociólogo Wilhelm Heitmeyer; G. W.] titulado *Vom Rand zur Mitte* se ha centrado básicamente en el fenómeno del extremismo de derechas. En ese contexto, los investigadores preguntaron también por actitudes xenófobas y antisemitas. Entre el 34,9 % y el 39,1 % se declararon total o predominantemente a favor de las manifestaciones de tinte xenófobo, y entre el 13,5 % y el 17,9 %, total o predominantemente a favor de las manifestaciones antisemitas. Si a dichos porcentajes se suman las respuestas de los que, como mínimo, aprueban parcialmente las actitudes xenófobas o antisemitas, el porcentaje de respuestas favorables a la xenofobia se sitúa entre el 64,1 %

y el 68,8%, y entre el 34,5% y el 41,4% las favorables al antisemitismo.»

5. Así, por ejemplo, en un reportaje publicado en el *Süddeutsche Zeitung* (abril de 2006): http://sz-magazin.sueddeutsche.de/texte/anzeigen/1777.

6. Séptimo Informe de las delegaciones de Extranjería del Gobierno federal, pp. 109 y ss.

7. http://www.ari-berlin.org/PE_deutsch_16.pdf.

8. http://www.mut-gegen-rechte-gewalt.de/news/chronik-der-gewalt/mordopfer-aus-templin-ist-138-todesopfer-rechter-gewalt/. Para una breve descripción de los actos de violencia, véase: http://www.mut-gegen-rechte-gewalt.de/news/chronik-der-gewalt/todesopfer/.

9. http://npd-blog.info/2009/03/09/berlin-rassistische-gewalt-stieg-2008-um-40/.

10. Forum Menschenrecht, *Schattenbericht*, pp. 62-73.

11. Hemos cambiado el nombre para proteger el establecimiento.

Bajo cero

12. www.ohnewohnung-wasnun.de

Llamar y timar, todo es empezar

13. http://www.heise.de/newsticker/Bankkonten-Datenhandel-nur-Spitze-des-Eisbergs--/meldung/114326.

14. ttp://www.infosat.de/Meldungen/?msgID=52412.

15. Para más información sobre Data Mining, véase: http://de.wikipedia.org/wiki/Data-Mining.

16. http://www.zeit.de/online/2008/30/payback.

17. http://www.ecsgroup.eu.

18. Véase el documental *Bei Anruf Abzocke*, de Pagonis Pagonakis y Günter Wallraff.

19. http://www.zdnet.de/it_business_erfolge_callcenter_missbrauch_vorprog– rammiert_story-39002357-39195138-1.htm.

20. http://www.voip-info.de/news/newsartikel__3017.php; según el estudio de tendencias 2009, el sector sigue en crecimiento, si bien se piden esfuerzos para mejorar la mala imagen: http://www.callcenterprofi.de/pdf/inin_trendstudie_call_contact_center_2009.pdf.

21. http://www.1oglinks.de/.
22. http://1oglinks.de/index.php?page=238.
23. http://www.derwesten.de/nachrichten/staedte/gelsenkirchen/2009/7/1/news124198000/detail.html.
24. http://www.youtube.com/watch?v=cdlRtTT5x8o&feature=fvw.
25. http://www.youtube.com/watch?v=FHX4yA0Gt3U.
26. http://www.youtube.com/watch?v=kWNYQaDO1Kg&feature=related.
27. http://www.channelpartner.de/news/604884/index.html.
28. http://de.wikipedia.org/wiki/Tectum_Group.
29. http://www.vz-berlin.de/UNIQ124334125614359/link4870 21A.
30. http://www.bmj.bund.de/cold-calling, con todas las referencias a la ley, sus antecedentes y varios discursos y ofrecimientos de ayuda a los consumidores.
31. http://www.snt-multiconnect.de/fileadmin/News/2009_04_08_Merkblatt_Gesetz_unerlaubte_Telefonwerbung.pdf.
32. http://www.snt-multiconnect.de/home.html.

Panecillos para Lidl

33. http://www.europarl.europa.eu/sides/getDoc.do?pubRef=-//EP//NONSGML+WDECL+P6-DCL-2007-0088+0+DOC+PDF+V0//DE&language=DE. Véase al respecto la Declaración del Parlamento Europeo sobre la necesidad de investigar los posibles abusos de poder de los grandes supermercados establecidos en la Unión Europea y de poner remedio a esta situación:

«El Parlamento Europeo,

A. Considerando que, en el conjunto de la UE, la venta al por menor está cada vez más dominada por un número reducido de cadenas de supermercados.

B. Considerando que estos minoristas se están convirtiendo en controladores del único acceso real de agricultores y otros proveedores a consumidores de la UE.

C. Considerando que existen elementos de juicio en el conjunto de la UE que indican que grandes cadenas de supermercados abusan de su poder de compra para presionar a la baja los precios pagados a los proveedores (establecidos tanto en la UE como en el extranjero) hasta niveles insostenibles e imponerles condiciones injustas.

D. Considerando que tales presiones sobre los proveedores tienen efectos negativos para la calidad de los puestos de trabajo y la protección del medio ambiente.

E. Considerando que los consumidores se enfrentan a una posible pérdida de diversidad de productos, de patrimonio cultural y de tiendas de minoristas (...). Solicita a la Comisión que proponga medidas adecuadas, incluidas las de carácter regulador, para proteger a los consumidores, a los trabajadores y a los productores de abusos de una posición dominante o de otro impacto negativo constatado en el curso de esta investigación...»

Un café perfecto

34. http://www.ihatestarbucks.com/why.php, punto 9.
35. http://www.youtube.com/watch?v=f7VHue7ZpyQ.
36. http://www.starbucksunion.org/.
37. http://www.labournet.de/branchen/dienstleistung/gast/starbucks.html.
38. Correo electrónico de Deutschlandzentrale (19 de agosto de 2009).
39. Un plan que no debió de ser sencillo de llevar a la práctica: la cosecha total de café para el comercio justo «sólo» fue de sesenta y cinco millones de toneladas; considerando las compras que Starbucks prevé para 2015, el café comercializado (y cultivado) según las pautas del comercio justo debería casi triplicarse en los cinco próximos años. Véase http://www.fairtrade.net/fileadmin/user_upload/content/2009/resources/FLO_ANNUAL_REPORT_08-09.pdf.
40. Naomi Klein, *No Logo*, Frankfurt, 2001, pp. 147 y 153. (Trad. esp.: *No logo. El poder de las marcas*, Barcelona, Paidós Ibérica, 2009.)

Un tren que descarrila

41. Véase, por ejemplo, el *Tagesspiegel* de 28.7.2009: http://www.tagesspiegel.de/zeitung/Titelseite-Berliner-S-Bahn;art692,285838 7; y un reportaje televisivo de RBB: http://www.rbb-online.de/kon

traste/archiv/kontrastevom_30_07/verpatzter_neustart.listall.on.print View.on.html.
42. *Tagesspiegel* (22.8.2009): http://www.tagesspiegel.de/berlin/ Verkehr-Verkehr-S-Bahn;art18614,2879841.
43. http://www.stern.de/wirtschaft/news/abfindung-fuer-ex-bahn chef-49-millionen-euro-fuer-mehdorn-662033.html; sin embargo, pocas semanas después la revista *Spiegel* publica que el consejo de administración de los ferrocarriles examina la posibilidad de llevar a juicio al ex jefe de la empresa y reclamarle daños y perjuicios: (http://www.spiegel.de/wirtschaft/0,1518,623857,00.html).
44. http://www.bahn-fuer-alle.de/pages/hintergrund/politische-entwicklung/bestandsaufnahme/spd-fuehrung-hintergeht-mit-bahnak tientausch-die-eigene-partei.php.
45. http://www.bahn-fuer-alle.de/pages/hintergrund/politische-entwicklung/bestandsaufnahme/spd-fuehrung-hintergeht-mit-bahnak tientausch-die-eigene-partei.php.

Por las malas

46. http://www.plexiweiss.de/de/index.php.
47. Ley de comités de empresa § 119 (http://bundesrecht.juris.de/betrvg/__119.html).
48. http://www.fachseminare-naujoks.de/pdf/092008/ruecktritt 15.pdf.
49. Helmut Naujoks, *Kündigung von «Unkündbaren»*, Düsseldorf, 2008, p. 154.
50. Ídem.
51. http://www.anwaltskanzlei-naujoks.de/philosophie.html; http://www.fachseminare-naujoks.com/.
52. Helmut Naujoks, *Kündigung von «Unkündbaren»*, Düsseldorf, 2008, p. 155. Aunque, por supuesto no de un modo explícito, en el texto citado Naujoks invita a los empleadores a que actúen en consecuencia. Hacerlo explícitamente sería punible. No obstante, al citar la mencionada sentencia por *mobbing,* dictada por la magistratura de Trabajo de Turingia, Naujoks deja claros los métodos que pueden demostrar a los empleadores «que la estrategia de desmoralización empleada ha surtido efecto» (p. 158) o cuándo la víctima «ya

no soporta la presión que se ejerce sobre ella» (p. 162). Naujoks sabe que la prudencia es de rigor cuando el *mobbing* conlleva una lesión física y se convierte en un acto punible; desde 2001 hay sentencias en vigor en dicho sentido. Con todo, Naujoks tranquiliza a sus lectores: por una parte, dice que, por ejemplo, el aislamiento social (en cuanto objetivo importante del *mobbing*) no se puede castigar por lo penal, pues «la "comunicación" es algo que no se puede forzar»; por la otra, «en general» los abogados no tramitan las denuncias por *mobbing* «por carecer éstas de interés público; lo que hacen es remitirlas al llamado procedimiento de acción privada». Naujoks concluye que una decisión de esas características equivaldría casi a una victoria: «Entonces en la empresa podría decirse: "Ya lo veis, X ha perdido. La fiscalía lo ha dado todo por terminado; ahora tiene que intentarlo por la vía de la acción privada"» (p. 178).

53. http://www.fachseminare-naujoks.de/pdf/092008/ruecktritt 15.pdf: «Voy a describirles con todo detalle un caso que llevó mi bufete y en el que finalmente se consiguió que los quince miembros del comité de empresa se marchasen.»

54. Los círculos de abogados interesados a los que pertenece Naujoks defienden con entusiasmo el plan de reemplazar a los miembros del comité de empresa con portavoces cuya actividad no es vinculante. Véase más abajo «El derecho natural del más fuerte».

55. Naujoks, p. 154.

56. Ídem.

57. Naujoks enumera los siguientes métodos: «terror psicológico sistemático (por parte del empleador)»; «estrategia de trabas y vejaciones al trabajador»; «provocar deliberadamente la inseguridad del trabajador = estrategia de desmoralización»; «tortura psicológica por parte del empleador»; «continuación de las vejaciones»; «atormentar al demandante»; «coerción para que el trabajador abandone el puesto por voluntad propia» (pp. 156-170). Naujoks no oculta que los empleadores que en una campaña de *mobbing* se hacen los tontos, es decir, a los que se les puede demostrar que han violado la ley, pueden perder en los tribunales los eventuales procesos por despido. Y, para evitarlo, ofrece sus servicios a los clientes.

58. http://www.fachseminare-naujoks.com/.

59. http://www.rae-schreiner.de/.

60. http://www.rakrause.de/. Bajo el epígrafe «Así terminan los empleadores cualquier relación laboral», Krause explica lo siguiente: «Con la estrategia adecuada, los empleadores pueden poner fin también a relaciones laborales "difíciles". (...) En nuestro seminario intensivo de dos días conocerán también las alternativas al despido y a las indemnizaciones costosas. Profundizarán sus conocimientos y les haremos sugerencias valiosas, también para encontrar soluciones creativas que les ayudarán a ahorrarse dinero contante y sonante.»

61. http://www.schreiner-praxisseminare.de/.

62. Así lo promociona Naujoks: «Teniendo en cuenta estos factores he preparado un curso de seis meses sobre el tema "EL GESTOR DE ESTRATEGIAS Y CONFLICTOS". En el marco de seis jornadas intensivas trataremos objetivos estratégicos actuales: introducción de la semana de cuarenta horas sin comité de empresa; el despido de trabajadores "indespedibles" sin tener que pagar sumas exorbitantes en concepto de indemnización; cómo aumentar la motivación de los trabajadores en momentos de escaso rendimiento; disminuir el índice de bajas por enfermedad; *despedir sin que haya motivos para el despido* [las cursivas son mías; G. W.]; reducir los costes del comité de empresa y su influencia enseñándole sus límites legales; explicar el derecho de codecisión del comité de empresa en asuntos como la toma de decisiones para realizar inversiones, los asuntos relativos al personal y las medidas de reestructuración; desarrollar tácticas para tratar con el comité de empresa; dirigir las negociaciones con el comité de empresa/el sindicato; diseño estratégico del contrato de trabajo; uso estratégico de medidas disuasorias» (http://www.fachseminare-naujoks.com/).

63. Magistratura de Trabajo de Berlín, Geschäftszeichen 84 Ca 14613/07 (13 de noviembre de 2007).

64. http://www.meng-detektive.de/. (El eslogan de la agencia: «Siempre un paso por delante.»)

Posfacio

65. Según la definición de salario bajo que da la OCDE, se considera que percibe un salario bajo el que cobra menos de las dos terceras partes del salario medio. En el oeste de Alemania, el límite se si-

túa en los 9,61 euros brutos por hora; en el este del país es de 6,81 euros. Tres cuartas partes de los que cobran un salario bajo tienen formación profesional, un dato que contradice por completo la suposición habitual de que el segmento de los salarios bajos está reservado a los trabajadores sin formación. Véanse al respecto los estudios de la Fundación Hans Böckler: http://www.boeckler-boxen.de/5451.htm, y del DGB: http://www.mindestlohn.de/argument/hintergrund/niedrigloehne-in-deutschland/.

66. «El grupo Adecco abre constantemente nuevos caminos a una moderna política de empleo. Especialmente en Alemania, Adecco participa desde hace años en el debate sobre la "redefinición del trabajo".» Así describe su función Global Player, para el que Clement trabaja a cambio de jugosos honorarios. En la entrevista que concedió a la revista *Cicero*, el ex superministro expone claramente cuál es para él esa «redefinición»: «Una política del mercado laboral que apueste por la flexibilidad y la cualificación y que, en lugar de proteger los puestos de trabajo, exija y fomente a las personas.»

67. http://www.welt.de/print-welt/article344555/Hartz_IV_reicht_ nicht_aus.html.

68. Citado según un discurso de Frank Bsirske, presidente de ver.di; véase: http://www.verdi-news.de/download/FrankBsirskeMaiRede2008.pdf.

ÍNDICE

NEGRO SOBRE BLANCO
Un extraño entre alemanes 7
«Negro, negro como el de la Heidi Klum» 14
Una caminata idílica 17
Busco plaza en un camping, pero «tengo la negra» . . . 21
El «negro» en un huerto de Schreber 24
«¡En toda la jeta! La peña alemana» 30
«¿Dónde está Roberto Blanco?» 37
Me reconocen 43
Como a un perro 44
De vuelta en la hermosa Colonia 46

BAJO CERO
La dignidad de la calle 51
Menudo regalito 58
Cuestión de competencia 62
Dormir en el asfalto 64
No es para tirar cohetes 67
Miedo frío 75
Exclusión y encierro 79
La asistencia social católica 88

LLAMAR Y TIMAR, TODO ES EMPEZAR
Entre teleoperadores 103
   Una batería de pollos con auriculares 112
   Gángsters de honor 123
   De compañero a cómplice 131
   El Estado también juega 134
   El grito y la soledad 138
   ¿Qué tiempo hace en Fürth? 144
   Creatividad por un tubo 148
   Comprometidos en cuerpo y alma con la máxima
      satisfacción del pueblo 156
   En lugar de la loto, altas telefónicas 159

PANECILLOS PARA LIDL
Trabajos malos, mala comida 169
   Todos los comienzos son difíciles 173
   Lesiones y caos 175
   Crear dependencia para aterrorizar y explotar 181
   Un pan que florece 184
   El sistema Lidl: opresión pura y dura 186
   ¿No vale nada el ser humano? 191
   Cómplices de la explotación: autoridades
      de inmigración y oficinas de empleo 199
   Las consecuencias (y aún no se ve el final) 202

UNA COCINA MUY POCO REFINADA
Alta gastronomía y explotación 207
   Trabajar hasta caer redondo 210
   ¿Un buen sueldo por un buen trabajo? 217
   La Inspección de Trabajo 224

UN CAFÉ PERFECTO
Starbucks sin filtro 235
   ¿Una sensación de bienestar colectivo? 238
   Pobres pese a tener trabajo 243

Uno de los mejores empleadores del mundo 247
Ecología y comercio justo: dos cosas buenas
    para el negocio 250
Una multinacional en expansión 252

UN TREN QUE DESCARRILA
El viaje suicida de una empresa estatal 257
    «Mobbing» al más alto nivel 258
    Hipocresía y contratos de asesores 268
    Caza a los críticos de la privatización 273
    Asesinato moral y manipulación de datos 276
    Coaccionar y silenciar 282
    ¿Adónde va este tren? 286

POR LAS MALAS
Los abogados del terror 289
    Unos impertinentes muy competentes 290
    Procesar hasta agotar 297
    Por las malas 305
    «El derecho natural del más fuerte» 317
    ¡Hacer frente públicamente al terror psicológico! 323
    Pedir cuentas a los responsables 329
    Epílogo: Con Naujoks en el hotel 332

POSFACIO
«Abajo del todo» se está en todas partes 341

Notas 345